Almanaque do Brasil
nos tempos da INDEPENDÊNCIA

Jurandir Malerba

Ilustrações: Cordeiro de Sá

editora ática

Almanaque do Brasil nos tempos da Independência
© Jurandir Malerba, 2022

PRESIDÊNCIA Mário Ghio Júnior
DIREÇÃO DE OPERAÇÕES Alvaro Claudino dos Santos Junior
DIREÇÃO EDITORIAL Daniela Lima Villela Segura
GERÊNCIA EDITORIAL E DE NEGÓCIOS Carolina Villari Tresolavy
COORDENAÇÃO EDITORIAL Laura Vecchioli
EDIÇÃO Juliana Muscovick (geral) e Ronald Polito (texto)
PLANEJAMENTO E CONTROLE DE PRODUÇÃO Flávio Matuguma, Juliana Batista e Juliana Gonçalves
REVISÃO Andréa Bruno e Caroline Silva
ILUSTRAÇÕES Cordeiro de Sá
CAPA Jurandir Malerba, Cordeiro de Sá e Enrico Marchi
ICONOGRAFIA Claudia Bertolazzi (coord.), Jad Silva (pesquisa iconográfica) e Fernanda Crevin (tratamento de imagens)
PROJETO PEDAGÓGICO Leila Iannone

Dados Internacionais de Catalogação na Publicação (CIP)
Malerba, Jurandir | Almanaque do Brasil nos tempos da Independência / Jurandir Malerba. -- 1 ed. -- São Paulo : Ática, 2022.

Bibliografia | **ISBN** 978-85-0819-627-2

1. Brasil – História – Independência, 1822 – Almanaque **I.** Título

21-5426 | **CDD** 981.04

Angélica Ilacqua | Bibliotecária - **CRB**-8/7057

CL 525077 | **CAE** 773721 | 2022 | 1ª Edição | 1ª Tiragem
Impressão e acabamento: Bercrom Gráfica e Editora

Direitos desta edição cedidos à Somos Sistemas de Ensino S.A.
Av. Paulista, 901, Bela Vista – São Paulo – SP – CEP 01310-200
Tel.: (11) 4003-3061
Conheça o nosso portal de literatura Coletivo Leitor:
www.coletivoleitor.com.br

Aos professores e professoras
de História que me educaram dos anos
iniciais à universidade; e aos que tive
o privilégio de ajudar a formar.
Não sei com quais eu mais aprendi!

Para D. Zezé, Tatiana, Dora e Giulia,
mãe, esposa e filhas. Alicerces.

AGRADECIMENTOS Um livro é sempre um trabalho coletivo. Muitas pessoas contribuíram para levantar esta obra, desde o desenho inicial até o acabamento. Fábio Weintraub acreditou no potencial do projeto e o encampou e enriqueceu, com suas dicas preciosas de composição, ritmo e respiração do texto. Nomeando Carolina Villari Tresolavy, reconheço a excelência profissional da equipe editorial do Grupo SOMOS. A generosidade de José Rivair Macedo, Aldrin Moura de Figueiredo, Beatriz Mamigoniam, Eduardo Neumann, Marcus Carvalho, Lorelai Cury, João José Reis, Hendrik Kraay e Maria Leônia Resende ajudou a apurar a narrativa em assuntos sensíveis como escravidão e tráfico negreiro, povos ameríndios e contato. Professor Mauro Bertoni leu as primeiras versões do manuscrito e ajudou a modular a linguagem. Foi um presente da vida o reencontro com Cordeiro de Sá, amigo de juventude que deu cor e vida à obra. Ronald Polito, de quem tenho o privilégio de privar da amizade, lapidou mais este trabalho meu. A todos e todas, minha gratidão!

Prefácio

"Almanaque" é termo de origem árabe – *al manãkh* – e seu significado é tão variado como as características que se colaram ao gênero: de lugar onde o camelo se ajoelha a local de parada, de estação do ano a clima do dia e do mês, do circuito de um relógio aos diferentes meses do calendário. ¶ O certo é que, de tão recorrentes, essas publicações acabaram fazendo parte da própria história literária e do jornalismo. Em Portugal, por exemplo, o primeiro livro desse gênero data de 1496, e levou o nome de *Almanach Perpetuum*, de onde se denota a vocação dessas publicações que pretendiam dar conta de tudo: das tábuas de logaritmo até o percurso do sol, passando pelas personalidades e fatos da história. ¶ No século XIX, os almanaques viraram uma verdadeira febre, sendo que por aqui, o primeiro deles é editado em 1912, com título igualmente enciclopédico: *Almanaque do pensamento*. Ágeis, variados, cheios de curiosidades, mas também de informações valiosas, esses livros podiam ser vistos nas mãos dos estudantes, dos curiosos, dos jornalistas é até dos pesquisadores. ¶ Fiel ao espírito necessariamente democrático e inclusivo da educação de qualidade, ainda mais num país profundamente desigual, o professor e historiador Jurandir Malerba nos proporciona uma renovada versão dos almanaques. A iniciativa é inovadora não só no formato e nas cores fortes que o projeto gráfico apresenta, como, e sobretudo, na proposta teórica que carrega. Se os antigos livros do gênero costumavam trazer uma história basicamente engrandecedora, feita por personagens coloniais, masculinos e europeus, no caso desse *Almanaque do Brasil nos tempos da Independência* "a história é outra". Em primeiro lugar, seu autor não se limita à data do 7 de setembro de 1822; mostra como a separação de Portugal implicou longo processo que começa em 1807, antes mesmo da vinda da Família Real, e termina pelo menos em 1835, com a Revolta dos Malês em Salvador. O historiador também não se restringe aos protagonistas de sempre; introduz a importante participação de mulheres, indígenas, pessoas negras e quilombolas e da comunidade LGBTQI+. Mostra, nesse sentido, como a trajetória brasileira é muito mais diversa do que nossos livros didáticos costumam apresentar. ¶ Todavia, se o livro ecoa uma historiografia renovada, que vem contestando o silêncio de nossos arquivos públicos, não deixa de ser e de se organizar como um "verdadeiro almanaque". Apresentando todo tipo de evento, documentos escritos e visuais originais, tabelas e outros recursos, o *Almanaque do Brasil nos tempos da Independência* é uma verdadeira festa para os olhos e para as mentes. Ele é divertido, instrutivo e plural – coadunado com esses novos tempos que assistiram à entrada de mais agentes sociais na agenda brasileira. Também expressa a excelência da pesquisa realizada por seu autor, que não tem receio de explorar outros formatos que almejam alcançar para muito além do público especializado. ¶ Esse é, pois, um almanaque *do* Brasil e *para* o Brasil, que nos fará compreender uma independência diferente: menos conservadora e apenas monárquica, uma vez que realizada por todos os povos que, de fato, fizeram a história desse país. ¶ Esse é um livro que funciona como os bons remédios: não tem limite de alcance ou prazo de vencimento. Leia sem parar!

LILIA M. SCHWARCZ

sumário

p. 08

Apresentação

p. 18

1808

p. 38

1809

p. 50

1810

p. 68

1811

p. 82

1812

p. 98

1813

p. 122

1814

p. 134

1815

p. 144

1816

p. 164

1817

p. 182

1818

p. 196

1819

p. 216

1820

p. 228

1821

p. 252

1822

p. 286

E a história continua...

p. 300

ÍNDICE DE IMAGENS
REF. BIBLIOGRÁFICAS

Aprese

Um dos primeiros livros não escolares que ganhei na vida, ainda criança, lá pelos idos de 1970, foi uma edição luxuosa do *Almanaque do Tio Patinhas*, que deve estar guardado em algum armário sentimental na casa de minha mãe. Um dia ela chegou do supermercado com aquele livro grande, em capa dura, que continha uma coleção das melhores estórias do velho pato avarento de Walt Disney — e fiquei encantado. Não entendia o nome daquele livro, "almanaque", mas na época me bastava seu delicioso conteúdo. O formato também me fascinava: a capa, o colorido, a diagramação, que eu nem sabia que se chamava assim, "diagramação". ¶ Na minha adolescência não existia ainda internet e muito menos o Google, então os estudantes tinham que fazer as pesquisas nas bibliotecas. O modo mais rápido de encontrar informação era nas enciclopédias, pois estava tudo ali: os reinos naturais, as espécies, a literatura, a geografia e a história, tudo arrumadinho em ordem alfabética. Lembro-me da *Enciclopédia do estudante*, que a gente colecionava por fascículos semanalmente — e, quando era disponibilizada uma capa dura, podíamos encadernar os volumes, um a um —, e do *Almanaque Abril*, também em fascículos colecionáveis, que nos atualizava com matérias curiosas e ilustradas. ¶ Logo descobri que os almanaques eram bastante presentes na vida das pessoas comuns. Morei em algumas cidades interioranas, onde os almanaques farmacêuticos eram muito populares. Tinha o *Almanaque Fontoura*, por exemplo, que trazia dicas de saúde, conhecimentos gerais e divertimentos, como jogos de erros e adivinhações. Eles estavam na casa de todas as famílias e por vezes eram a única fonte de informação. ¶ Quando fui estudar História descobri que o almanaque é um gênero literário muito antigo, embora seu formato tenha variado ao longo dos séculos. Ele sempre teve uma função prática, tanto de ordenamento do tempo, já que se organiza seguindo alguma forma de calendário, como de divulgação de informações úteis, relativas sobretudo às atividades agrícolas e aos cuidados com o corpo. No final da Idade Média, os astrólogos costumavam presentear os reis com almanaques no início de cada ano, para sua melhor instrução. Por isso, sempre continham dados sobre os astros (previsão meteorológica, eclipses), horóscopos e calendários. ¶ O surgimento da imprensa popularizou os almanaques, que começaram a circular na forma impressa na segunda metade do século XV. Essas publicações atualizavam, ano a ano, os saberes úteis à vida, além de oferecer um resumo dos acontecimentos importantes do ano anterior e uma cronologia para o ciclo que se iniciava. Tinham algo de um manual ao trazer informações de maneira sintética e didática. Cumpriam também a função de anuário estatístico, com dados e tabelas que sintetizavam os assuntos (de produção e circulação de mercadorias ou demográficas). Podiam ainda conter mapas e bandeiras, o que os assemelhava a um atlas. E não faltavam dados biográ-

ntação

↑ **01.** *Almanaque das Musas*. França. 1767.
→ **02.** *Almanak Administrativo Mercantil e Industrial do Rio de Janeiro (Almanak Laemmert)*. 1844.

ficos de homens ilustres, a compor um panteão. ¶ Ao longo dos tempos, o almanaque foi se reinventando, assumindo novas formas e funções. Surgiram então os almanaques literários, como o *Almanaque das musas*, primeiro na França, depois em outros países, como Portugal. O século XVIII é a época dos iluministas, pensadores que queriam tudo saber e controlar, organizando metodicamente o conhecimento adquirido. Assim, surgiram as enciclopédias, que sistematizavam alfabeticamente o conhecimento acumulado pela humanidade, em meio a um momento de grande desenvolvimento científico. Esse ímpeto enciclopédico contaminou os almanaques da época, quando também começaram a aparecer os primeiros almanaques históricos. ¶ Trazidos pelos portugueses, os almanaques se alastraram pelo Brasil, inclusive nos sertões distantes. Desde o século XIX, os "almanaqueiros" tornaram-se pessoas de muita distinção no interior do Nordeste. Alguns continuam sua arte até hoje, com uma estética que lembra a da literatura de cordel. ¶ Talvez por causa dessa tentativa de organizar o conhecimento de forma sintética e facilmente assimilável, por muito tempo as belas-letras e a academia esnobaram — e talvez ainda esnobem — o almanaque, considerando-o um formato menor. "Conhecimento de almanaque" ou "verdades de almanaque" são expressões que se usavam de modo depreciativo, mas, ao longo do tempo, muitos autores proeminentes começaram a observar as virtudes desse gênero tão popular. O grande mago da literatura realista portuguesa Eça de Queirós assim se referiu a ele:

> Por isso os homens se apressaram a arquivar essas verdades de Almanaque — antes mesmo de fixar em livros duráveis as suas Leis, os seus Ritos, os seus Anais. Antes de ter um Código, uma Cartilha, uma História, a cidade antiga teve um Almanaque. Só o Almanaque verdadeiramente nos penetra na realidade da nossa Existência, porque a circunscreve, a limita, a divide em talhões regulares, curtos, compreensíveis, fáceis de desejar e depois fáceis de recordar porque têm nome, e quase têm forma, e onde se vão depondo e vão ficando os fatos da nossa feliz ou desgraçada História. As datas, e só elas, dão verdadeira consistência à vida e à sua evolução (QUEIRÓS, 1895, p. 35).

Os almanaques adquiriram outras feições e funções nas sociedades ocidentais à época da indústria cultural de consumo. Apesar disso, não perderam presentemente traços comuns dos almanaques lidos por Eça e mesmo passaram a motivar outras formas de registro pessoal. As velhas "agendas" impressas (que hoje foram parar no celular) cumpriam a função de verdadeiros almanaques pessoais, onde, além de organizar o tempo, marcar os compromissos, as pessoas registravam como viveram acontecimentos marcantes ("Onde você estava no dia do 7 × 1 entre Brasil e Alemanha?"), inscreviam pensamentos, sentimentos, impressões, alguma poesia bissexta, clipavam fotografias e guardanapos de papel anotados, junto com a flor seca e o papel de embrulho do bombom que ganharam do *crush* (que então se chamava "paquera"). Hoje, as redes sociais funcionam, de alguma maneira, como almanaques pessoais e ainda interativos à medida que amigos vão comentando nossas postagens e acrescentando a elas *links* com arquivos de texto, imagem, áudio e vídeo. ¶ Os calendários continuam a ocupar um lugar importante na vida das pessoas ainda hoje. Além de organizarem nossas vidas no tempo linear do suceder dos anos, eles cumprem outra função muito primordial entre

Apresentação

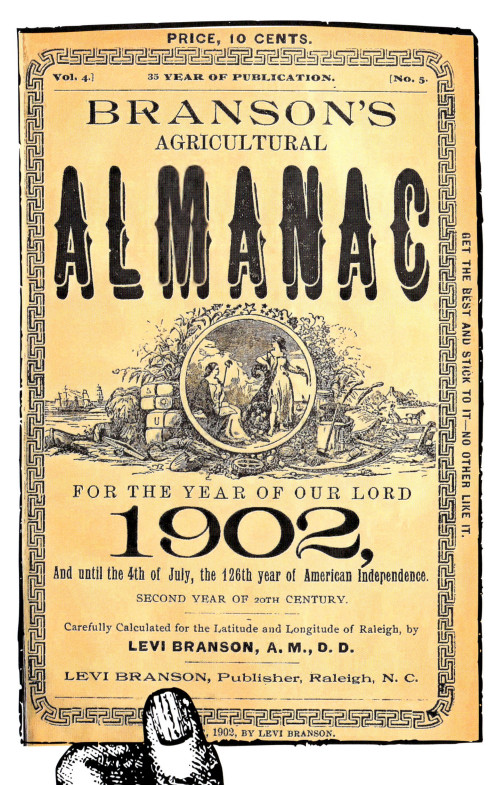

↑ 03. *Bransons's Agricultural Almanac.* Estados Unidos. 1902.

nós. Quando as sociedades elegem algum acontecimento de sua história como digno e necessário de ser lembrado, como um "acontecimento memorável", elas instituem um elemento de coesão social. Esse artifício existe em todo tempo e lugar, mas foi particularmente forte no século XIX, quando as nações começaram a ser inventadas, como ainda hoje as conhecemos.

■ **A INVENÇÃO DOS "HERÓIS NACIONAIS"** Monarcas ou presidentes e seus corpos treinados de funcionários, os arquitetos dos Estados-nação no século XIX, dentro da moldura do romantismo literário, foram grandes produtores de datas cívicas e heróis pátrios. Para lembrar seus feitos e condutas exemplares em acontecimentos estabelecidos como fundadores, inscreveram no calendário as ações notáveis dessas pessoas e as datas a serem lembradas e celebradas. Esses momentos de reprodução e reforço da mítica de acontecimentos fundadores e heróis abnegados eram e são particularmente fortes nas datas "redondas", como os centenários, bicentenários, etc. Nessas ocasiões, as autoridades, com repercussão das mídias disponíveis, mobilizam a sociedade com eventos comemorativos diversos, como aconteceu: no centenário da Proclamação da República (1989); nos quinhentos anos do "descobrimento" da América (1992) e do Brasil (2000); e nos duzentos anos da chegada da Corte portuguesa ao Brasil (2008). Os historiadores e críticos contemporâneos, porém, têm mostrado como a eleição de determinadas datas, acontecimentos e sujeitos a serem lembrados acaba jogando nas sombras do esquecimento outras datas, personagens e eventos. ¶ No caso da Independência do Brasil, esse movimento sempre se repetiu de forma ainda mais intensa. O cinquentenário da Independência (1872), por exemplo, foi rememorado e celebrado pela monarquia de dom Pedro II com uma série de ações, entre as quais o levantamento da famosa *Estátua equestre de d. Pedro I*, na praça hoje chamada Tiradentes — um herói republicano! —, no Rio de Janeiro. ¶ No primeiro centenário da Independência (1922), o presidente da República na ocasião, Epitácio Pessoa, fez da efeméride o carro-chefe da propaganda de seu mandato. Entre inúmeras atividades culturais, o Estado brasileiro realizou a Exposição Internacional do Centenário da Independência em 1922, inaugurada em 7 de setembro, no Rio de Janeiro, que contava com expositores de treze países de três continentes. O espírito comemorativo tomou o país. Em São Paulo, nomeado em 1917 diretor do Museu Paulista (o "Museu do Ipiranga") justamente para cuidar dos preparativos das comemorações do centenário, que aconteceriam cinco anos depois, o historiador Afonso D'Escragnolle Taunay coordenou várias ações importantes, como a encomenda de quadros históricos a grandes artistas brasileiros, entre os quais Oscar Pereira dos Santos, Domenico Failutti, Rodolfo Amoedo, Aurélio Zimmermann e Henrique Bernardelli (muitos reproduzidos a seguir). ¶ A ditadura civil-militar que assolou o Brasil entre 1964 e 1985 se apropriou da data do sesquicentenário da Independência (1972) para revigorar sua cartilha ideológica do progresso e do patriotismo. Campanhas cívicas da época eram lançadas no 7 de Setembro com bordões como: "Este é um país que vai pra frente" e "Brasil: ame-o ou deixe-o". Já no governo militar do general Médici, foi feita a transladação dos restos mortais de dom Pedro I de Portugal para o Brasil. Aqui, em uma espécie de culto "necrocívico", suas ossadas perambularam país afora, quando se reforçou a ideia do primeiro im-

perador do Brasil (que era português) como fundador da nacionalidade brasileira. ¶ Mais uma vez entramos num contexto em que o calendário pautará, e por alguns anos, uma verdadeira guerra de narrativas sobre como se deu e o que significou a Independência do Brasil. Não serão poucos que, em discursos veiculados nos mais variados formatos, repetirão noções típicas do século XIX, segundo as quais a história é produto da ação de homens iluminados que guiam o curso do tempo, agindo como verdadeiros salvadores da pátria; um "espírito nacional", que existia incubado nos brasileiros guiados pelo monarca-herói, libertou o Brasil e fundou uma nova nação; a Independência foi um processo tranquilo; no Brasil o povo é pacífico e respeitador da ordem, e tantas outras tópicas criadas no século XIX e que escutamos até hoje. Os historiadores e historiadoras profissionais já superaram essas visões patrioteiras há muito tempo. Mas esses usos do passado e disputas sobre a versão dos fatos a ser transmitida fazem parte das lutas políticas e ideológicas do presente — ainda mais em tempos de pós-verdades e *fake news*, como os que vivemos hoje.

■ **POR QUE ESTE LIVRO É UM ALMANAQUE?** Como historiador profissional, penso que este almanaque é uma forma de contribuir para a construção de uma cultura histórica e para a formação dos estudantes brasileiros, não apenas mais uma narrativa da Independência, seus agentes, suas circunstâncias, causas e consequências. Sempre que contamos uma história, estabelecemos uma sequência de começo, meio e fim, e, assim, atribuímos um sentido para ela. ¶ O gênero almanaque me permitiu reconstituir um pouco da complexidade dos tempos da Independência. Não havia bandidos e mocinhos, nem missões civilizadoras. Havia pessoas, povos, lutas, disputas sangrentas dentro de um grande mosaico que vinha sendo montado havia séculos, sobre um extenso tabuleiro que era o território brasileiro, de natureza prodigiosa e habitado por centenas de nações ameríndias. Povos originários que vinham sendo desempossados, escravizados e mortos pelos colonizadores desde o primeiro encontro, em 1500. A eles vieram se juntar, trazidos pela ganância e pelo tráfico intercontinental, milhões de africanos, que aqui continuavam chegando para serem escravizados à época da Independência, e ainda por décadas. ¶ Os tempos da Independência são múltiplos e sua cronologia é uma organização feita de maneira arbitrária, a depender de quem conta a história. Poderíamos ter dilatado esse período para muito antes e muito depois de 1822; ou circunscrito este almanaque ao tempo curto da política. Mas há um sentido em começar pelo desembarque da Corte portuguesa no Brasil em 1808. Muitas obras clássicas mostram como esse quadrante da primeira metade do século XIX é um divisor de águas na história do Brasil. A chegada da Corte marca o início de uma transformação que vai alterar as feições da velha colônia e que se acentuará depois, com o processo de imigração europeia, na segunda metade do século. ¶ Por outro lado, as temporalidades que atravessam um acontecimento são infinitas. Centenas de povos completamente alheios ao calendário cristão e ocidental habitavam o Brasil à época daquilo que entendemos por "Independência"; gentes que desconheciam esses acontecimentos da política a que os homens do século XIX atribuíram uma aura mítica. Muitos povos da floresta, por exemplo, viviam seus próprios tempos, que só se emaranhavam com o tempo dos brancos nos momentos críticos e violentos

Apresentação

do contato. O mesmo ocorria em relação aos povos africanos trazidos à força para a América, que tinham seus próprios marcos temporais. Portanto, a multiplicidade de temporalidades que atravessa o evento Independência move-se num perpétuo vaivém. Ora retrocede ao tempo longo, secular das estruturas coloniais, da exploração predatória dos recursos naturais, da escravidão e da produção mercantil, dos agentes e ações da administração da Coroa portuguesa na América, dos movimentos de resistência, das guerras, do mercado e das técnicas. Ora se projeta no futuro, nas adversidades que a Independência mesma reproduziu ou criou, nos usos de sua memória, nas lembranças e nos esquecimentos que os homens ativamente produziram sobre ela. Muitos são os tempos que cruzam esses passados presentes! ¶ Claro que nunca cabe tudo. Outro autor poderia escrever um almanaque a partir de parâmetros muito diferentes. Mas as referências históricas que foram usadas para compor este livro oferecem ao leitor e à leitora um grande painel com dados demográficos, econômicos, culturais, sociais e políticos. Por certo que não são informações brutas, já que há sempre interpretações delas; a própria seleção do material para esta obra já pressupõe uma interpretação. Aqui, a diversidade das gentes, a violência latente (de Estado em particular), quadros mentais, hierarquias sociais, identidades, lutas de resistência foram temas destacados. ¶ Respeitando a cronologia, foram feitas inserções de aspectos estruturantes daqueles tempos, como a presença dos povos originários e as atitudes do Estado português para com eles; o tráfico negreiro e a escravização de africanos e afrodescendentes, assim como algumas ruidosas explosões de rebeldia e resistência negra; questões macroeconômicas, que estariam depois na mesa quando dos debates da Independência; o patriarcalismo e a situação das mulheres na sociedade; o cotidiano e a sociedade de Corte. E, claro, as coisas da política de Estado, antes e durante a Independência. Misturadas com tudo isso entram referências cruzadas à memória e às comemorações da data em outros tempos, e a reverberação no tempo presente de alguns dos tópicos tratados. ¶ Para cada assunto, há sempre um comentário situando o tema, extratos de fontes de época, muitos cronistas e viajantes, referências a autores clássicos. E imagens, muitas imagens. Que o leitor tenha oportunidade, a partir deste almanaque, de se aproximar desse tema complexo, plural, disputado, que é o Brasil dos tempos da Independência e, a partir dele, sentir-se tentado a aprofundar seu conhecimento utilizando fontes confiáveis para poder avaliar, com discernimento, quais narrativas sobre o passado são dignas de crédito e respeito. Quem sabe as "verdades de almanaque" que encontrará aqui possam despertar a curiosidade de um historiador ou historiadora, profissional ou curioso, ou simplesmente mais um(a) colecionador(a). O *Almanaque do Brasil nos tempos da Independência* já terá cumprido plenamente seu papel, porém, se servir para a formação de cidadãos e cidadãs mais atentos e fortes.

1808

O ano de 1808 começou em 1807 para aquilo que viria a ser o Brasil. No imenso território americano banhado pelo oceano Atlântico ao sul da linha do equador, ainda coberto de exuberante natureza, formava-se uma complexa sociedade, forjada na brutalidade de relações coloniais, constituída do que havia sobrevivido dos 5 milhões de indivíduos de 900 etnias ameríndias existentes na época do contato com os europeus, hoje estimados em 800 mil; outros milhares de colonizadores portugueses migrados, estabelecidos e miscigenados ao longo de gerações; e mais alguns milhões de africanos e afrodescendentes traficados para a América. ¶ Nos anos posteriores à Revolução Francesa (1789), a guerra se arrastava na Europa, opondo os grandes impérios coloniais da França e da Grã-Bretanha. Diante da pressão dessas potências militares, impérios mais frágeis como as monarquias ibéricas foram sucumbindo um a um. Perante a ameaça de Napoleão Bonaparte, seguida pela invasão do reino pelas tropas francesas, o príncipe regente de Portugal encontrou na fuga para seus domínios na América sua tábua de salvação. Sob proteção da esquadra britânica, a Corte e parte dos altos funcionários do Estado fugiram para o Brasil em 29 de novembro de 1807, aportando parte da comitiva, na qual estava o príncipe regente dom João, na cidade da Bahia (Salvador) em 22 de janeiro de 1808.

Fuga da Corte para o Brasil

Documentos de época contam que, depois que o embaixador do Reino Unido em Lisboa, Lord Strangford, entregou ao príncipe o exemplar do jornal francês *Le Moniteur Universel*, em que Napoleão anunciava que a Casa de Bragança não reinava mais na Europa, só coube ao regente embarcar logo que conseguiu e zarpar. ¶ "A partir desse momento, tudo não passava de confusão; valetes, mulheres, soldados, objetos preciosos e os móveis maiores e mais inúteis eram carregados a bordo. O cais de Belém ofereceu um espetáculo triste e grotesco; o regente, chegando em uma carruagem com o infante da Espanha e com um único criado, não encontrou ninguém para recebê-lo; dois soldados da polícia jogaram pranchas ao pé da carruagem para impedir que o regente caísse na lama do cais. A princesa Carlota chegou em outro carro com todos os filhos, e a rainha, em um terceiro, com apenas uma dama de companhia; ela entrou em uma cadeira de sedan, gritando como sempre, e teve que ser forçada a embarcar. [...] Os conselheiros do governo, antecipando a catástrofe, acumularam por vários anos moedas de ouro nos cofres privados do regente. No dia de sua partida, não restavam 10 mil cruzados no tesouro público. Fazia três meses que os oficiais do exército [não] recebiam qualquer remuneração; o pagamento da dívida pública estava em atraso; bem como os salários dos diretores, funcionários e juízes. A maioria das pessoas que acompanhavam o regente era ligada ao tribunal; apenas um pequeno número de nobres seguiram o príncipe [...]" (HISTOIRE DE JEAN VI..., 1827, p. 48 ss).

← **01.** Nicolas-Louis-Albert Delerive. Embarque da família real portuguesa no cais de Belém, em 29 de novembro de 1807. ↓ **02.** Anônimo. *Senhora na liteira com dois escravos*. Salvador (BA). [c. 1860]. → **03.** Alberto Henschel. *Escravos transportando homem numa liteira*. Salvador (BA). [c. 1869].

CADEIRA DE SEDAN
Nome alternativo de uma liteira, uma cadeira, aberta ou fechada, suspensa por duas longas hastes de madeira, por meio das quais a conduziam dois carregadores.

22 JAN Depois de uma tempestade dispersar a frota à altura da linha do equador, uma parte da família real seguiu direto para a cidade do Rio de Janeiro. Nela estavam a rainha dona Maria I e as infantas. A outra, em que estava o príncipe regente, aportou em Salvador. Uma semana depois, em 29 de janeiro, decretava-se a abertura dos portos brasileiros às nações amigas. Uma lei de 1785 que proibia o funcionamento de indústrias na colônia foi abolida. O decreto da abertura dos portos pôs fim, na prática, ao sistema de monopólio português que estava vigente havia trezentos anos no Brasil.

← **04.** Cartaz comemorativo do 1º Centenário da Abertura dos Portos, no Rio de Janeiro. Exposição Nacional de 1908.

08 MAR ■ **DOM JOÃO DESEMBARCA NO RIO DE JANEIRO** Conta o cronista Joaquim Manoel de Macedo (1991) que dom Marcos de Noronha e Brito, conde dos Arcos, era vice-rei do Brasil quando, em 14 de janeiro de 1808, entrou no porto do Rio de Janeiro o brigue de guerra *Voador*, trazendo a notícia da iminente chegada da família real portuguesa. Inúmeras providências tiveram que ser tomadas a toque de caixa para recepcionar a família real e a "chusma de parasitas" que compunha sua Corte. A primeira coisa que o príncipe regente fez ao desembarcar foi mandar rezar uma missa. Daí por diante foram dias seguidos de festas. Afora a correria para arranjar aposentos para tantos homens e mulheres das mais distintas classes.

"APOSENTADORIAS" Do dia para a noite desembarcavam aproximadamente 10 mil pessoas numa cidade com população estimada em 60 mil almas, quase dois terços da qual composta de negros, africanos escravizados introduzidos na colônia por meio do tráfico intercontinental, e seus descendentes. Para tentar resolver o problema das acomodações, dom João instituiu o sistema das aposentadorias (de aposentos), que decretava que os habitantes da cidade do Rio de Janeiro tinham que entregar suas casas (com tudo dentro, móveis e inclusive criados), caso a administração requisitasse. Reza a crônica que os imóveis requeridos pela Coroa tinham suas portas marcadas com as iniciais "P.R.", de "príncipe regente", a que logo o povo satirizou como um "Ponha-se na Rua". Enquanto vigorou, esse sistema propiciou aos nobres lusos certo conforto no usufruto dos melhores edifícios da cidade, de que estiveram privados seus legítimos donos até 1818, quando foi extinto.

Estimativas da população do Brasil

Henry Hill, que serviu como cônsul americano na cidade da Bahia, avaliou a população do império em 1817 em 3.300.000 habitantes, ocupando uma superfície de cerca de 9.876.763 léguas quadradas, e fraccionando-se nas seguintes raças:

ÍNDIOS BRAVIOS	500.000
ÍNDIOS DOMESTICADOS	100.000
NEGROS E MULATOS ESCRAVOS	1.000.000
NEGROS LIVRES	80.000
MESTIÇOS	800.000
BRANCOS	820.000

Em 1825, Joaquim Pedro Cardoso Casado Giraldes estimou a população geral em cerca de 5.000.000 habitantes. Em 1830, Malte-Brun calculou-a em 5.340.000 habitantes, numa superfície de 401.600 léguas, isto é, treze indivíduos para cada légua quadrada. Já Adriano Balbi a restringia a 3.617.900. Segundo Malte-Brun, essa população constava das seguintes raças:

BRANCOS	1.347.000
NEGROS	2.017.000
MESTIÇOS	1.748.000
INDÍGENAS	28.000

Adaptado de: Silva (1951, p. 153).

11 MAR Desembarcado no Rio de Janeiro, o príncipe regente tomou várias medidas administrativas ao longo de 1808, como a implantação de repartições do Estado português na cidade do Rio de Janeiro: Real Arquivo Militar, Casa de Suplicação, Conselho Superior Militar, Conselho Supremo de Justiça, Mesa do Desembargo do Paço e Mesa de Consciência e Ordens, Erário Régio, Conselho da Fazenda. Instalou-se no Rio a primeira casa bancária, ainda portuguesa, mas que viria a se chamar Banco do Brasil. Também novas iniciativas foram postas em prática para atender às urgências do Estado e ao projeto de "civilizar" o Brasil. O problema é o entendimento que a administração portuguesa tinha de "civilizar". Se a ele se ligavam iniciativas como melhorias urbanas, de

comunicação e transporte, de saúde e educação, de mudança de hábitos e cultura, também cuidava de políticas relativas ao trato dos afro-brasileiros, escravizados ou libertos, e das populações indígenas. E tais ações não dispensavam o uso de violência física. ¶ Do ponto de vista político-administrativo, uma das medidas mais importantes tomadas pelo príncipe regente foi a organização do novo ministério, que dom João compôs com seus mais próximos e leais vassalos: dom Rodrigo de Souza Coutinho (que depois se tornou conde de Linhares), ministro da Guerra e do Estrangeiro; dom Fernando José de Portugal (vice-rei do Brasil e governador da Bahia entre 1788 e 1891); e conde de Aguiar, ministro da Fazenda e do Interior.

1º JUN ■ FUNDAÇÃO DO CORREIO BRAZILIENSE

Considerado o primeiro jornal brasileiro, o *Correio Braziliense*, fundado e editado por Hipólito da Costa, circulou ininterruptamente com periodicidade mensal entre 1º de junho de 1808 e 1º de dezembro de 1822, totalizando 175 números agrupados em 29 volumes. Como outros jornais portugueses produzidos no exílio, o *Correio Braziliense* inseriu-se no debate político da época, defendendo princípios liberais como a Constituição, a liberdade de imprensa, a publicidade dos orçamentos do Estado, o combate ao despotismo, o fomento à imigração europeia e o fim da escravidão, desde que lenta, segura e gradual. No Brasil, circulava clandestinamente. Muitos jornais surgiram em capitais europeias para combater o periódico de Hipólito da Costa, como *O investigador Portuguez em Inglaterra*, *O Espelho Político e Moral* e *O Campeão Portuguez*, todos de orientação conservadora. As transições "lentas, seguras e graduais" foram desde sempre buscadas pelas elites dirigentes. Dessa forma se efetuou a transição democrática após a ditadura civil-militar (1964-1985).

> O primeiro dever do homem em sociedade é ser útil aos membros dela; e cada um deve, segundo as suas forças físicas ou morais, administrar, em benefício da mesma, os conhecimentos ou talentos que a natureza, a arte ou a educação lhe prestou. O indivíduo que abrange o bem geral duma sociedade vem a ser o membro mais distinto dela: as luzes que ele espalha tiram das trevas ou da ilusão aqueles que a ignorância precipitou no labirinto da apatia, da inépcia ou do engano. Ninguém mais útil, pois, do que aquele que se destina a mostrar, com evidência, os acontecimentos do presente e desenvolver as sobras do futuro. ¶ Levado destes sentimentos de patriotismo, e desejando aclarar os meus compatriotas sobre os fatos políticos, civis e literários da Europa, empreendi este projeto, o qual espero mereça a geral aceitação daqueles a quem o dedico. Longe de imitar só o primeiro despertador da opinião pública nos fatos que excitam a curiosidade dos povos, quero, além disso, traçar as melhorias das ciências, das artes e, numa palavra, de tudo aquilo que pode ser útil à sociedade em geral. Feliz eu se posso transmitir a uma nação longínqua e sossegada, na língua que lhe é mais natural e conhecida, os acontecimentos desta parte do mundo, que a confusa ambição dos homens vai levando ao estado da mais perfeita barbaridade. O meu único desejo será de acertar na geral opinião de todos, e para o que dedico a esta empresa todas as minhas forças, na persuasão de que o fruto do meu trabalho tocará a meta da esperança, a que me propus (CORREIO BRAZILIENSE, 1808).

↑ **05.** Frei Velloso. *O fazendeiro do Brazil*. [c. 1806].

13 JUN ■ FUNDAÇÃO DO JARDIM BOTÂNICO NO RIO DE JANEIRO

A aclimatação de plantas exóticas foi praticada por todos os impérios coloniais da Era Moderna. Desde o século XVII, Portugal continuamente enviava especiarias do Oriente para suas possessões em Angola, Cabo Verde, São Tomé e, especialmente, Brasil. A partir da revolução científica dos séculos XVII e XVIII, essa prática ganhou novos padrões. Cacau, índigo, cochonilha (o corante cor carmim, não o inseto!), cravo, canela, baunilha e pimenta-do-reino estão entre as espécies exóticas mais conhecidas que se disseminaram em terras brasileiras, depois de terem passado pelos hortos e jardins de aclimatação — ou aclimação apenas –, como se dizia. A criação do Jardim Botânico do Rio de Janeiro, em 1808, se insere nessa política há muito tempo praticada por Portugal. ¶ Dom João VI incentivou muito a cultura do chá-preto, produzido a partir da *Camellia sinensis*. O pintor alemão Johann Moritz Rugendas, que viajou pelo Brasil entre 1822 e 1825, registrou os chineses que o príncipe real mandou "importar" por serem grandes conhecedores dessa cultura e do beneficiamento do produto. ¶ Além do setor de aclimatação de espécies de consumo, a área dedicada a espécies frutíferas e frondosas ganhou espaço importante, servindo à população fluminense como espaço de lazer. Lagos e cascatas foram construídos, assim como o aterramento e a drenagem de pântanos com vistas à ampliação da área. O Jardim Botânico foi um dos primeiros parques públicos do Rio de Janeiro.

REVOLUÇÃO CIENTÍFICA

Conceito criado por Alexandre Koyré em 1939 para designar uma série de mudanças nas formas de conhecimento do universo. Até o final da Idade Média, o conhecimento se fundava nos dogmas da fé e na revelação. A partir do Renascimento, o desenvolvimento do espírito crítico, da dúvida sistemática, gerou uma revolução nos modos de conhecer, que passaram a ser legitimados por meio da experimentação, da observação e do pensamento racional, dando início à ciência, como a conhecemos hoje. Galileu, Newton, Copérnico, Descartes e Bacon figuram entre os promotores da revolução científica.

JARDIM BOTÂNICO DO RIO DE JANEIRO *Algumas vezes tomávamos pela estrada da Praia de Botafogo, na direção da Lagoa Rodrigo de Freitas, uma hora distante, onde está a real fábrica de pólvora e um viveiro para vegetais estrangeiros, que é chamado Jardim Botânico [...] Atrás das casas está situado o dito Jardim Botânico. Diversas belas alamedas de árvores-do-pão do Oceano Pacífico (**Artocarpus incisa**), itus de folhagem cerrada (**Guarea trichilioides**) e mangueiras cortam a plantação, dividida em quadrados regulares, cujo mais importante objeto de cultivo é o arbusto do chá chinês. [...] O governo português dedicou especial atenção à cultura desse vegetal, cujo produto da China é anualmente exportado para a Inglaterra, no valor de 20 milhões de escudos. O ex-ministro, conde de Linhares, mandou vir umas centenas de colonos chineses, a fim de tornar conhecidas as vantagens do cultivo e do preparo do chá. [...] Além da árvore do chá, mostraram-nos ainda diversas plantas da Índia Oriental, a caneleira (**Laurus cinnamomum**), o craveiro-da-índia (**Caryophyllus aromaticus**), a pimenteira (**Piper nigrum**), o gneto (**Gnemon gneton**), a noz-moscada (**Mirystica moschata**), a caramboleira (**Averrhoa carambola**), cujas frutas ácidas têm muito bom sabor na sopa etc. Embora parte destas árvores tenha apenas um ano de idade, já a maioria deu frutos. Cuidadoso e perseverante trato fará aclimar aqui todas essas plantas, pois o Novo Continente foi preparado pela natureza para hospedar os produtos de todos os climas e aperfeiçoá-los tais como eram na sua pátria de origem* (SPIX; MARTIUS, 2017, p. 105-106).

O Jardim Botânico sempre atraiu grandes cientistas do Brasil e do exterior. Na foto, Albert Einstein o visitou em 1925. "A visita ao Jardim Botânico do Rio de Janeiro na agradável e amável companhia do professor Pacheco Leão significa para mim um dos maiores acontecimentos que tive mediante impressões visuais (externas). Quero aqui mais uma vez expressar meus profundos agradecimentos" (Albert Einstein, texto retirado do livro de visitantes do JBRJ – 1925).

→ **06.** Albert Einstein visita o Jardim Botânico. 1925. ↓ **07.** Pieter Godfred Bertichen. Jardim Botânico do Rio de Janeiro. 1856.

→ **08.** Antonio Caetano da Costa Ribeiro. *Jardim Botânico*. 1914. ↓ **09.** Johann Moritz Rugendas. Plantação chinesa de chá dentro do Jardim Botânico do Rio de Janeiro. 1835.

10 SET Com a prensa trazida na fuga da família real, começa a circular a *Gazeta do Rio de Janeiro*, primeiro periódico regular do país e tipo de diário oficial da Coroa.

> Tendo circulado às quartas-feiras e aos sábados, ou seja, como bi-hebdomadário, foi editada primeiro pelo frei Tibúrcio José da Rocha e, depois, redigida pelo primeiro jornalista profissional do Brasil, Manuel Ferreira de Araújo Guimarães. Precursora do *Diário Oficial da União*, foi o segundo jornal da história da imprensa brasileira, sendo, no entanto, o primeiro a ser redigido e publicado totalmente no Brasil, pela Impressão Régia, com máquinas trazidas da Inglaterra — o primeiro periódico nacional, o *Correio Braziliense*, editado por Hipólito José da Costa em postura contrária à Coroa, foi lançado cerca de três meses antes, totalmente editado em Londres. Até a década de 1820, apenas publicações da Impressão Régia e de poucos impressores ligados ao poder tinham licença para circular no Brasil. Todavia, com a Independência, a publicação da *Gazeta do Rio de Janeiro* acabou sendo suspensa, sendo sua edição nº 157, de 31 de dezembro de 1822, a derradeira (BNRJ, 1808).

↑ **10.** Primeira página da *Gazeta do Rio de Janeiro*. 1808.

02 DEZ ■ **DECLARAM-SE VAGAS AS TERRAS CONQUISTADAS AOS ÍNDIOS POR MEIO DA "GUERRA JUSTA"** Entre as medidas tomadas pela Coroa portuguesa no Rio de Janeiro para "civilizar" o território americano estava o enfrentamento da herança colonial da escravidão e dos povos indígenas que resistiam na luta por suas vidas e sua terra. Sobre a política de dom João dirigida aos povos originários do Brasil, os indígenas, ela é considerada por especialistas como Manuela Carneiro da Cunha e Maria Leônia

Chaves um enorme retrocesso em relação às diretrizes anteriores, estabelecidas pelo marquês de Pombal, que havia decretado não apenas o fim do cativeiro e a liberdade absoluta dos índios já desde 1755, mas seu reconhecimento como vassalos reais. ¶ O que se verificou sob ordens do príncipe regente, depois de instalado no Rio de Janeiro, foi uma verdadeira abertura da temporada de caça aos índios que viviam no rio Doce, nas capitanias de Minas Gerais e Espírito Santo, majoritariamente de etnia Kaingang, vulgarmente chamados de "botocudos" pelos portugueses. A Coroa se utilizou dos conflitos já existentes entre as diversas etnias para arregimentar povos coropós, coroados e puris, mais propensos ao contato com os brancos, contra os botocudos, avessos aos ocidentais. Ouvindo seu poderoso ministro dom Rodrigo de Sousa Coutinho, semanas após chegar ao Rio de Janeiro, dom João ordenou medidas violentas contra os indígenas, primeiro os daquela região, depois contra os "bugres" do Sul, em nome do "justo terror" contra os antropófagos, entendidos pela Coroa como uma demanda urgente para a civilização e metropolização da colônia, contra todo resquício de "selvageria" ou "barbárie". ¶ Na Carta Régia de 13 de maio de 1808 (COLEÇÃO DE LEIS..., 1808), alegando invasões e antropofagia na capitania de Minas Gerais, às margens do rio Doce, a Coroa portuguesa declarava "guerra ofensiva [,] que continuareis sempre em todos os anos nas estações secas e que não terá fim contra aqueles povos indígenas." ¶ A "guerra justa" lançada pela Coroa contra os índios do rio Doce em 1808 se arrastaria por anos, sendo oficialmente revogada apenas em 1831, já no período regencial — embora a perseguição aos povos indígenas iniciada no século XVI não tenha efetivamente acabado até os dias de hoje. Essa guerra alinha-se a outras medidas tomadas pela Coroa como parte de um grande esforço civilizador, por meio do qual o regente português buscava, com a introdução de "melhoramentos", "civilizar" o Brasil, ou seja, europeizar e ocidentalizar os povos da colônia, para fazê-la digna da presença da Corte real.

❝ ESCRAVIDÃO INDÍGENA A escravidão dos índios foi abolida várias vezes, em particular no século XVII e no século XVIII: ou seja, a abolição foi várias vezes, por sua vez, abolida. ¶ A partir de 1808, a declaração de guerra justa contra os botocudos e os Kaingang legaliza a escravização desses índios. Curiosamente, essa escravidão é prevista por tempo determinado, a ser computado a partir do dia de seu batismo (1/4/1809).Numa retórica característica do início do século XIX, vem expressa em termos pedagógicos: a escravidão temporária dos índios, dobrando-os à agricultura e aos ofícios mecânicos, deveria fazer-lhes perder sua 'atrocidade' e, sujeitando-os ao trabalho como os sujeitava às leis, elevá-los a uma condição propriamente social, isto é, humana. ¶ Declarada ou embuçada, porém, a escravidão indígena perdurou surpreendentemente até pelo menos os meados do século XIX. Vendiam-se crianças e adultos eram disfarçadamente escravizados também. No que é hoje o Amazonas, a escravização nas formas mais tradicionais — apresamento direto, estímulo à guerra indígena para compra de prisioneiros — continuava como se nada houvesse. Mas até na corte se encontravam escravos índios até pelo menos 1850. Nessa data, o viajante americano Thomas Ewbank anota:

'Os índios aparecem para serem escravizados tanto quanto os negros; no Rio muitos deles têm sido negociados'. Durante a seca do Ceará, os pais venderiam seus filhos, seguindo um procedimento inaugurado no século XVI: 'Antes era muito difícil conseguir um indiozinho por menos de setenta mil-réis, mas agora os seus pais, não tendo nada que comer, oferecem-nos de bom gosto por dez'. (CUNHA, 1992, p. 141-146).

■ **DADOS DEMOGRÁFICOS** Não há estatísticas precisas sobre as populações indígenas que habitavam os sertões banhados pelo rio Doce. Em 1827, o militar francês Guido T. Marlière estimou que os índios do Espírito Santo e de Minas Gerais contavam cerca de 20.000 indivíduos. No ano seguinte, calculou-se a população de Minas Gerais em 35.353 habitantes, sendo 22.165 pessoas livres, 8.094 das quais consideradas brancas; 5.788 índios civilizados, 5.601 mulatos e 2.682 negros comporiam o restante da população livre. Os escravos correspondiam a 37,3% da população total

(13.188 indivíduos) e eram a base da mão de obra de uma economia voltada à exportação, cujos principais produtos eram a farinha de mandioca e o açúcar. Diante de uma população indígena tão marcante, os colonos de origem europeia optavam por viver próximos ao litoral, sobretudo ao sul do rio Doce (MOREIRA, 2010). ¶ Sobre o rio Doce, o naturalista alemão príncipe Maximiliano de Wied-Neuwied registrou a narração da guerra dos botocudos tal como feita pelo oficial subalterno do Quartel do Riacho, que o hospedava em suas explorações científicas.

> De uma feita assaltaram repentinamente o 'quartel', mataram um dos soldados, e teriam apanhado e massacrado os outros se estes não fugissem e procurassem escapar pelo rio, tomando uma canoa, que aconteceu justamente vir chegando com a salvação. Não podendo alcançá-los, os selvagens encheram o canhão de pedras e retiraram-se para as selvas. Depois desse fato, o último

ministro de estado, conde Linhares, declarou-lhes guerra formal [...]. Desde então não se deu trégua aos 'botocudos', que passaram a ser exterminados onde quer que se encontrassem, sem olhar idade ou sexo; e só de vez em quando, em determinadas ocasiões, crianças muito pequenas foram poupadas e criadas. Essa guerra de extermínio foi mantida com a maior perseverança e crueldade, pois acreditavam firmemente que eles matavam e devoravam todos os inimigos que lhes caíam nas mãos (WIED, 1940, p. 150).

O príncipe pesquisador Wied deixou registro de inestimável valor histórico sobre a brutalidade, a logística e as táticas militares que os portugueses usavam contra os indígenas e defesa destes:

> A crueldade dos soldados nesses ataques excede a tudo quanto se possa imaginar. No ataque dirigido a Linhares, pouco antes de minha chegada, prendeu-se uma mulher, que não queria se entregar, defendendo-se por meio de dentadas e arranhões; um soldado abriu-lhe o crânio com um golpe de facão,

> tão violento, que chegou a ferir a cabeça do menino que ela trazia às costas. [...] Alcançada a vitória e postos em fuga os índios, cortaram-se as orelhas dos mortos, troféus que, segundo me contaram, tinham sido, não há muito tempo, remetidos ao governador, na vila de Vitória; foram também enviados muitos arcos e flechas obtidos no combate (WIED, 1940, p. 238).

Em outra passagem, Wied relata uma tática abominável, que tinha como princípio o conceito de guerra bacteriológica, quando os portugueses usavam de ardis para propositalmente disseminar doenças letais como a varíola entre os povos indígenas, contra a qual não tinham defesa imunológica.

> Dá-nos o sr. Eschwege algumas notícias sobre as rigorosas medidas tomadas pelo conde Linhares contra os botocudos, medidas estas que, significando embora uma guerra de extermínio contra eles, não foram todavia narradas de

↑ **11.** Debret. *Família de botocudos em marcha*. [c. 1834-1839].

modo suficientemente incisivo. Só há verdade no que conta o autor sobre as atrocidades praticadas contra os indefesos índios, pois nenhum meio ficou esquecido capaz de dizimá-los. Houve até pessoas desumanas que fizeram a tentativa de exterminá-los, lançando mão de roupas contaminadas com as pústulas de varíola, a fim de que eles espalhassem entre os seus a terrível doença (WIED, 1940, p. 311). O pintor francês Jean-Baptiste Debret, que veio para o Brasil em 1816, cujas tintas carregam toda sorte de preconceitos gerados por seu eurocentrismo, fez a seguinte descrição etnográfica dos "botocudos":

> Os selvagens conhecidos no Brasil pelo nome de *botocudos* descendentes dos antigos *aimorés*, da raça dos *tapuias* (botocudos ou puris). *Edgereck-mung* é o nome verdadeiro na sua própria língua e *epcoseck* (grandes orelhas) o que lhes dão os selvagens *malalis*, em Peçanha, nas margens do rio Doce superior, onde travam constantes batalhas. Consideram injúria o nome botocudos, que lhes foi dado pelos portugueses por causa da forma dos pedaços de madeira que usam nas orelhas e no lábio inferior, semelhantes a um tampo de tonel (botoque). Essa raça de selvagens sempre foi considerada a mais feroz e a mais terrível dentre os tapuias. Existe apenas um pequeno número de aimorés, os quais viveram outrora às margens do rio dos Ilhéus: trata-se de alguns anciãos que, com o nome de *jeréns*, vivem à beira do Itaipé. [...] Em 1816 vimos, no Rio de Janeiro, uma família de botocudos civilizados, trazida das margens do rio Belmonte pelo comandante Cardoso da Rosa, a fim de ser apresentada ao príncipe regente dom João VI. O chefe era notável pelo seu costume, composto de um manto e um diadema de pele de tamanduá. Para a sua apresenta-

↑ **12.** Debret. *Soldados índios de Moji-das-Cruzes*. [c. 1834-1839].

ção na corte, acrescentou-se ao costume do chefe, por decência, um colete e umas calças de nanquim azul, todos os outros indivíduos foram revestidos de uma camisa e de calças de algodão branco. Logo depois de voltar do palácio de São Cristóvão, eles se apressaram em tirar as roupas que lhes haviam sido emprestadas, para gozarem, como é de seu hábito, da liberdade de permanecer inteiramente nus. Voltaram em seguida para as suas aldeias, contentes por carregar os machados de ferro com que haviam sido presenteados (DEBRET, 1989, v. 1, p. 54).

Por que os portugueses deflagraram uma guerra de extermínio contra a população nativa do vale do rio Doce a partir de 1808? A antropóloga Manuela Carneiro da Cunha aponta duas razões conexas: terra e trabalho. A propriedade legal da terra só começaria a ser organizada pelo Estado monárquico a partir da Lei de Terras de 1850. Antes disso, ela não tinha valor venal. Mas, desde o Tratado de Tordesilhas (1494), as fronteiras da colônia portuguesa — e depois do império brasileiro — estavam indefinidas e o movimento constante de expansão da sociedade ocidental buscava consolidá-las. Os povos indígenas eram um problema para os brancos porque tinham que ser legalmente despossuídos de uma terra que legitimamente lhes pertencia. A espoliação da terra aos indígenas, sempre brutal, foi sendo feita aos poucos e ainda hoje está em curso.

EUROCENTRISMO

Visão de mundo vigente desde o Renascimento que dispõe a Europa como centro irradiador e carro-chefe da civilização moderna. Sua visão de história e sua escala de valores são baseadas numa ideia de tempo linear e de progresso, de acordo com a qual a cultura europeia seria mais "avançada" que a de outras civilizações. Essa foi a justificativa ideológica do imperialismo europeu no mundo no século XIX.

O PASSADO É PRESENTE ■ **UMA GUERRA DE CINCO SÉCULOS** Os ataques sistemáticos aos povos originários nunca cessaram. Tanto os propósitos quanto os métodos e a brutalidade da política deflagrada pelo decreto de dom João em 1808 perseveraram ao longo da história do Brasil. O filósofo e líder indígena Ailton Krenak costuma dizer que a guerra entre brancos e índios começou com a chegada das primeiras caravelas em 1500 e nunca parou desde então. É uma guerra contínua. Desde o édito de dom João VI que declarou guerra aos Kaingang em 1808, contam-se centenas de massacres, documentados ou não, contra os povos originários. No começo do século XX, quando a expansão agrícola pressionava as fronteiras dos sertões interior adentro (então Mato Grosso, Goiás, Paraná, Santa Catarina), autoridades falavam publicamente da necessidade de exterminar os indígenas avessos à ocidentalização. ¶ Quase meio século depois do Decreto de 1808 ordenando a guerra ofensiva contra os botocudos, o jornalista Teófilo Otoni, que presidiu a Companhia de Comércio e Navegação do rio Mucuri, deixou um impressionante relato da ferocidade dos brancos contra os indígenas do rio Doce, em carta escrita na Filadélfia (Estados Unidos), em 31 de março de 1856, dirigida ao escritor Joaquim Manuel de Macedo.

> Acossados pela população cristã que se estabelecia pela cordilheira central, os macunis, malalis, machalis, nanenues, aranaus, baués, biturunas, gipororós etc., que pela maior parte são da nação dos botocudos, se viram obrigados a concentrar-se na zona onde correm as águas do Mucuri [...] até o Suassuí Grande e rio Doce. É tradição constante que, antes da introdução da escravatura africana, o tráfico dos indigentes se fazia em Minas de um modo atroz quanto é possível. Os traficantes davam caça aos indígenas como a animais ferozes. Diz-se mesmo que, para adestrar os cães nesta caçada, dava-se-lhes a comer carne dos selvagens assassinados [...]. Eu conheci um oficial de Divisões do rio Doce, aliás pessoa de boas qualidades e excelente militar, que não era mais homem quando se lhe falava em botocudos. Ouvi-lhe a medonha declaração de que, quando os seus cães davam no rasto de alguns desses infelizes, sentia ele as mesmas emoções que os outros caçadores quando os cães dão na batida do veado (OTONI, 1853, p. 173).

Por ocasião das celebrações do Quarto Centenário do Descobrimento do Brasil, por exemplo, depois de uma missa campal na praia do Russell, no Rio de Janeiro, reedição da "primeira missa no Brasil" imaginada pelo pintor Victor Meirelles, um "Monumento ao Descobrimento" foi inaugurado na praça da Glória, composto das estátuas de Pedro Álvares Cabral, Pero Vaz de Caminha e Frei Henrique. A sessão magna foi dirigida pelo engenheiro André Gustavo Paulo de Frontin, que foi prefeito duas vezes da cidade e senador. No discurso oficial de abertura, disse o engenheiro:

> O Brasil não é o índio; este, onde a civilização ainda não se estendeu, perdura com os seus costumes primitivos, sem adiantamento nem progresso. Descoberto em 1500 pela frota portuguesa ao mando de Pedro Álvares Cabral, o Brasil é a resultante direta

da civilização ocidental, trazida pela imigração, que lenta, mas continuadamente, foi povoando o solo. A religião, a mais poderosa força civilizadora da época, internou-se pelos longínquos e ínvios sertões brasileiros e, sob o influxo de Nóbrega e Anchieta, conseguiu assimilar número considerável de aborígenes, que assim se incorporaram à nação brasileira. Os selvícolas, esparsos, ainda abundam nas nossas majestosas florestas e em nada diferem dos seus ascendentes de 400 anos atrás; não são nem podem ser considerados parte integrante da nossa nacionalidade; a esta cabe assimilá-los e, não o conseguindo, eliminá-los (FRONTIN, 1910, p. 187).

ÍNVIO

Em que não existem caminhos ("matas ínvias"); em que não se pode passar.

O antropólogo teuto-brasileiro e ex-diretor do Museu Paulista entre 1894 e 1916, Hermann von Ihering, gerou grande polêmica nos primeiros anos do século XX, ao afirmar que os indígenas do interior de São Paulo, pertencentes à etnia Kaingang, continuavam selvagens incorrigíveis, e por isso constituíam um obstáculo à colonização e ao progresso das regiões, sendo a única solução possível exterminá-los definitivamente.

> Os atuais índios do estado de S. Paulo não representam um elemento de trabalho e de progresso. Como também nos outros estados do Brasil, não se pode esperar trabalho sério e continuado dos índios civilizados e como os Kaingang selvagens são um empecilho para a colonização das regiões do sertão que habitam, parece que não há outro meio, de que se possa lançar mão, senão o seu extermínio. [...] É minha convicção de que é devido essencialmente a essas circunstâncias, que o estado de São Paulo é obrigado a introduzir milhares de imigrantes, pois que não se pode contar, de modo eficaz e seguro, com os serviços dessa população indígena, para os trabalhos que a lavoura exige (VON IHERING, 1907, p. 215).

Estudiosos e sertanistas como Teodoro Sampaio e o marechal Cândido Rondon responderam duramente à proposta genocida de von Ihering e o debate arrastou-se por meses nos jornais da época. Os ataques sistemáticos aos povos originários nunca cessaram. A Comissão Nacional da Verdade (CNV) conseguiu apurar que, além das 434 vítimas da ditadura civil-militar vigente no Brasil entre 1964 e 1985, pelo menos 8.350 indígenas foram mortos em massacres, remoções de suas terras, contágio por doenças infectocontagiosas, prisões, torturas e maus-tratos, e entre as vítimas contam 3.500 indígenas Cinta-Larga (RO), 2.650 Waimiri Atroari (AM), 1.180 índios da etnia Tapayuna (MT), 354 Yanomami (AM/RR), 192 Xetá (PR), 176 Panará (MT), 118 Parakanã (PA), 85 Xavante de Marãiwatsédé (MT), 72 Araweté (PA) e mais de 14 Arara (PA). De acordo com o relatório final da CNV, o número de indígenas assassinados no período pode ser muito maior. ¶ Após a ditadura civil-militar, já sob a Constituição Cidadã de 1988 e o início da redemocratização, se a guerra contra as populações indígenas foi contida, muito poucas iniciativas significativas foram efetivamente realizadas pelo Estado brasileiro em termos de política indigenista. O Decreto nº 1.775, de 1996, alterou protocolos administrativos de demarcação de terras, delegando à Fundação Nacional do Índio (Funai) o poder de delimitar as terras indígenas; além de tornar vedada a autodemarcação, o decreto propôs a reconceituação de "terra indígena". Em 2007, o Brasil subscreveu a Declaração das Nações Unidas sobre os Direitos dos Povos Indígenas, que reconhecia e afirmava os direitos fundamentais universais das nações ameríndias originárias, suas culturas, tradições e instituições. Apenas em 2012 o Estado Brasileiro, por meio do Decreto nº 7.747, de 5 de junho de 2012, instituiu uma Política Nacional de Gestão Territorial e Ambiental de Terras Indígenas (PNGATI). Nesse mesmo ano, por ação da Advocacia-Geral da União (Portaria nº 303), interditaram-se novas demarcações, bem como qualquer ampliação de áreas que tivessem sido supostamente "mal demarcadas". Já com o Brasil como signatário da Declaração Americana sobre os Direitos dos Povos Indígenas, da Organização dos Estados Americanos, em 2017 o Estado brasileiro, por meio do Parecer

n° 001 da AGU, reestabeleceu a eficácia daquela Portaria n° 303/AGU, congelando as demarcações, além de instituir o chamado "marco temporal", de acordo com o qual indígenas que não estavam de posse de suas terras em 5 de outubro de 1988 (data da promulgação da Constituição) perderiam o direito de posse de suas terras. Em 2018, essa decisão foi frontalmente contestada pelo Ministério Público Federal, sob o argumento de "manifesta nulidade do parecer normativo" e que o "governo brasileiro se utiliza de artifícios para sonegar os direitos dos índios aos seus territórios". ¶ Para além da negligência, a partir de 2019 o Estado brasileiro encetou um conjunto de ações governativas que significaram um verdadeiro retrocesso na política indigenista. Em 1° de janeiro, quando tomou posse o governo eleito no ano anterior, uma medida provisória (870) transferiu a competência de demarcação de terras indígenas da Funai para o Ministério da Agricultura! O Congresso Nacional reagiu imediatamente, determinando que a execução de demarcações caberia ao Ministério da Justiça. Nessa gestão iniciada em 2019, TIs localizadas na Amazônia começaram a ser certificadas, contrariando o que prescrevia a legislação estabelecida pela Funai desde 2012. Na data simbólica de 22 de abril (Dia do Descobrimento), a Funai alterou as normativas estabelecidas, passando a autorizar a certificação de posse particular de "TIs não homologadas" — aquelas que estão na última fase do processo de demarcação como área indígena, aguardando apenas o decreto da presidência da República para o registro definitivo. Desde 2018 nenhuma área nova foi homologada como TI, embora, de acordo com dados do Sistema de Gestão de Terras (Sigef) do Instituto Nacional de Colonização e Reforma Agrária (Incra), desde janeiro de 2019 foram certificadas 114 fazendas, que cobrem mais de 250 mil hectares sobre TIs não homologadas. Proprietários de terras são obrigados por lei a cadastrar suas propriedades no Sigef do Incra — sem a certificação, não é possível registrar a terra no cartório, tomar financiamentos legais ou licenciar obras, como hidrelétricas, e outras atividades, como pedidos de mineração. ¶ Essa nova instrução normativa da Funai de 22 de abril de 2019 autorizou o registro da propriedade da terra por particulares, a despeito do processo de homologação em trâmite das 235 terras indígenas da região. Também áreas formalmente já reivindicadas por povos indígenas, sob tutela de portaria de restrição de uso, de referência de índios isolados e cedidas para usufruto indígena deixaram de ter proteção do Estado. ¶ Em 2020, havia mais de 2 mil propriedades privadas autodeclaradas no Sistema Nacional de Cadastro Ambiental Rural (CAR/Sicar) do Ministério da Agricultura. Essas propriedades fundiárias sobrepõem-se às terras indígenas em sete estados da Amazônia — 500 delas sobre territórios onde habitam indígenas isolados. Como se vê, tanto os propósitos quanto os métodos e a brutalidade da política deflagrada pelo decreto de dom João em 1808 replicaram no tempo, ecoando até os dias de hoje.

13. Indígena acossado por policiais de choque em protesto contra despejo do antigo Museu do Índio, próximo ao estádio do Maracanã, em 22 de março de 2013, que seria demolido para a construção de um estacionamento para a Copa do Mundo de 2014.

1809

A um ano do desembarque da família real no Rio de Janeiro, as movimentações políticas são intensas. Dom João recebe de um rico comerciante a doação da Quinta da Boa Vista, que será seu refúgio preferido. Já no início do ano, como retaliação a Napoleão, o príncipe regente manda invadir a Guiana Francesa, mas tem que lidar, ao mesmo tempo, com problemas domésticos, como a eclosão da rebelião de escravizados de origem Haussá em Salvador e Nazaré das Farinhas, na Bahia. Para conter a turba nas ruas, como moleques fugidos e ciganos, cria-se a Guarda Real da Corte. Já no final do ano, é fundado o primeiro Banco do Brasil.

01 JAN ■ QUINTA DA BOA VISTA SOB NOVA DIREÇÃO

Os ricaços da praça mercantil do Rio de Janeiro, traficantes de africanos escravizados e empresários das rotas internacionais de comércio, conhecidos então como "negociantes de grosso trato", junto com os grandes fazendeiros fluminenses, foram atraídos pelo brilho da Corte desde o desembarque da família real. A aproximação entre o príncipe regente e os poderosos locais foi rápida, intensa e, não raro, marcada por conflitos. Os ricos residentes buscavam graças e favores do rei, como honrarias e postos vantajosos na máquina do Estado; o soberano precisava das reservas monetárias que aqueles homens detinham, para financiar o assentamento da Corte esbanjadora e a administração do Império no Rio de Janeiro. ¶ Um exemplo dessas trocas é o comerciante Elias Antônio Lopes, estabelecido na capital fluminense, que em janeiro de 1809 doou ao regente a Quinta da Boa Vista, em São Cristóvão, feita então residência oficial de dom João e seu retiro preferido. Diz-se que, quando nela entrou pela primeira vez, sua alteza real confidenciou ao negociante que o acompanhava: "Eis aqui uma varanda Real, Eu não tinha em Portugal cousa assim" (RELAÇÃO DAS FESTAS..., 1810, p. 10). Não se sabe se o príncipe regente pronunciou de fato essa frase nem se, tendo dito, foi sincero. Mas consta que, para retribuir o generoso presente de Elias Lopes, avaliado na pequena fortuna de 400$ cruzados, dom João o fez comendador da Ordem de Cristo, fidalgo da Casa Real, e administrador da mesma Quinta. ¶ A partir da doação da real Quinta da Boa Vista a dom João, os laços de amizade entre ambos se estreitaram, assim como se fortaleceram as influências do comerciante. Em sete anos de vida ao pé do trono

CAVALEIRO

Que tem a ordem da Cavalaria, a qual antigamente era dada por qualquer cavaleiro, a quem se distinguia em feitos d'armas notáveis. Os reis mesmos faziam cavaleiros antes de o serem, e o eram armados, ou recebiam a Ordem de outros cavaleiros. Hoje (1785), os reis são grão-mestres das Ordens, e dão licença para armar cavaleiros, e fazem essa mercê por serviços políticos.

FIDALGO CAVALEIRO, OU DE LINHAGEM

Que descende de pais cavaleiros e nobres, oposto aos que não tinham essa qualidade.

GRAÇA

Concessão, favor real; o mesmo que mercê.

MERCÊ

Concessão de uma graça honorífica; provimento num cargo público ou título honorífico.

(Elias Lopes faleceu em 1815), o comendador acumulou inúmeros cargos e patentes. Foi deputado da Real Junta do Comércio (1808); recebeu as <u>mercês</u>: da Alcaidaria-mor e do Senhorio da Vila de São José d'El-Rei, na comarca do Rio de Janeiro (1810); da propriedade do ofício de produtor e corretor da Provedoria de Seguros do Rio de Janeiro (1812); o hábito dos noviços da Ordem de Cristo (1810); o alvará do foro de <u>fidalgo cavaleiro</u> da Casa Real; o título do conselho de Sua Majestade (1811); a carta patente promovendo-o a alferes de infantaria de linha (1815).

↑ **01.** Debret. *Paço de Boa Vista em São Cristóvão*. 1817.

1809

↑ 02. Juan Gutierrez. *Paço de São Cristóvão*. s.d.

O PASSADO É PRESENTE A Quinta da Boa Vista, também chamada em diferentes momentos de Paço Imperial Quinta de São Cristóvão, Paço de São Cristóvão, Palácio Real ou Palácio Imperial, tornou-se um complexo paisagístico e arquitetônico de valor inestimável, tombado pelo Instituto do Patrimônio Histórico e Artístico Nacional (Iphan) desde 1938 e incorporado à Universidade do Rio de Janeiro — atual Universidade Federal do Rio de Janeiro (UFRJ) — em 1946. ¶ Localizado no interior do parque está o Museu Nacional do Rio de Janeiro, criado por dom João VI em 6 de junho de 1818. Ainda no período colonial, o vice-rei dom Luís de Vasconcelos havia criado um Gabinete de Estudos de História Natural, chamado de "Casa dos

← 03. Victor Frond. *Palácio Imperial da Quinta da Boa Vista*. 1865. **↓ 04.** Uriel Malta. *Antiga entrada da Quinta da Boa Vista*. 1952.

↑ **05.** Incêndio no Museu Nacional do Rio de Janeiro, na Quinta da Boa Vista. 2018.

Pássaros", onde se colecionavam espécies de aves brasileiras. O Museu Real começou a partir da rica coleção mineralógica conhecida por Coleção Werner. Como consta no decreto de sua criação, o equipamento foi primeiramente instalado na mansão do comerciante, fazendeiro e proprietário de navios negreiros João Rodrigues Pereira de Almeida, barão de Ubá, situada no campo de Santana (atual praça da República, no centro do Rio de Janeiro). Em 1892, o museu foi transferido para o palácio da Quinta da Boa Vista. ¶ Até 2018 abrigava um acervo de mais de 20 milhões de peças das áreas de ciências naturais e artefatos geológicos, paleológicos, antropológicos e arqueológicos, além de coleções e itens provenientes de diversas regiões do globo, ou produzidos por povos e civilizações antigas e coletados desde os tempos do Império. Além disso, contava com uma extensa biblioteca de mais de 450 mil volumes e 2,4 mil obras raras. Todo esse conjunto foi destruído por um incêndio em 2 de setembro de 2018, quando se perdeu quase a totalidade do acervo em exposição, um prejuízo incalculável para a história, memória e cultura do Brasil e do mundo. Registros de dialetos e cantos indígenas de comunidades extintas, por exemplo, perderam-se para sempre. Inúmeras instituições museológicas do planeta têm feito doações para a reconstituição do acervo do Museu Nacional. Com a destruição do Palácio Imperial, que serviu de residência da família real por todo o século XIX até a proclamação da República, restaram os ricos jardins que compõem o parque municipal da Quinta da Boa Vista, originalmente projetados pelo paisagista Auguste François Marie Glaziou. Mas mesmo esses jardins estão ameaçados por falta de preservação.

1809

↑ **06.** Frederico Guilherme Briggs. *Negro de ganho.* [c. 1832-1836].

05 JAN

Na luta de resistência contra a escravidão, não houve na história brasileira nada que se iguale à série de revoltas que sacudiram a cidade de Salvador, na Bahia, e seus entornos entre os anos de 1806 e 1835. No turbulento período marcado pelo esgotamento do sistema colonial, a transferência da Corte, a Independência, a abdicação de dom Pedro I e a agitação e instabilidade política geral, que se ligam a importantes insurreições como as que ocorreram no Nordeste em 1817 e 1824, eclodiram também as mais intensas rebeliões de escravos de que se tem notícia, principalmente na Bahia, e por obra de escravizados maometanos (seguidores do islamismo). Constituindo-se de uma série de combates de variada proporção, essas revoltas do início do século XIX podem ser definidas como batalhas na guerra contra a escravidão ou, como então se dizia, uma "guerra dos pretos". Obedecendo por vezes algum critério de organização étnico, essas insurreições muitas vezes uniram em ação homens e mulheres, escravizados e libertos, de origens étnicas variadas. ¶ Com o significativo crescimento da população de escravizados da capitania e da cidade de Salvador, um grande contingente de indivíduos originários da costa ocidental da África, particularmente os grupos ou "nações" que na Bahia eram chamados de Nagô (iorubá), Gegê (Aja-fon) e Ussá (Aussá ou Haussá), desembarcou naquele porto. Essas designações étnicas, em alguma medida, eram criações coloniais que não reconheciam divisões políticas ou religiosas africanas. Assim, os Nagô podiam todos falar iorubá, mas vinham de lugares e culturas diferentes e muitas vezes hostis. O mesmo pode ser dito dos daomeanos (do Daomé), chamados na Bahia de Gegê. Entre esses grupos havia inúmeros indivíduos cultos, alfabetizados (que escreviam em árabe), com uma alta capacidade de organização e, com toda a justiça, inconformados com a situação de cativeiro. ¶ Assim, eclodiu em 5 janeiro de 1809 uma das primeiras grandes rebeliões, a Revolta Haussá em Salvador, que se irradiou por todo o Recôncavo. Quilombos foram formados e atacados, que revidaram com ataques à vila de Nazaré das Farinhas. Dezenas de escravos foram mortos e presos em Salvador e Nazaré. Não se tem notícia do número de vítimas entre os repressores da Coroa. ¶ As insurreições não cessaram na região. Há novos registros deles em 1810. Em 1814 se intensificam, com revoltas de escravos das armações de pescas de Itapoã em fevereiro e outra haussá em março. Em 12 de fevereiro de 1816, ocorre outra Revolta Haussá, quando se insurgem escravos de engenhos de S. Amaro e S. Francisco do Conde: Lagoa, Crauassu, Itatinga, Guaíba.

12 JAN — A GUIANA FRANCESA SE RENDE A PORTUGAL

Desde 1807, com a deposição do rei Carlos IV e do herdeiro dom Fernando VII, a Espanha passou a ser governada pelo irmão de Napoleão, José Bonaparte, que pretendia estender seus domínios por toda a América, constituindo um vasto império. Dona Carlota Joaquina, esposa de dom João e herdeira presuntiva do trono espanhol, compartilhava dos mesmos impulsos imperialistas. Desde que veio para o Brasil, ela aspirou tornar-se regente do império espanhol na América, tendo tramado contra o Brasil, inclusive doando suas próprias joias à causa da Espanha. Com forte resistência da Inglaterra, o máximo que conseguiu dona Carlota foi a anexação da Banda Oriental ao Brasil em 1821, com o nome de Província Cisplatina.

A política externa de dom João foi extremamente agressiva durante seu reinado em terras brasileiras. Sempre fiel à parceria com os ingleses, declarou guerra à França logo que desembarcou no Brasil e já nos primeiros meses de 1808 começou a planejar a conquista de Caiena, capital da Guiana, receoso do perigo que sua situação geográfica representava. No extremo sul, os exércitos e mercenários a serviço da Coroa ocuparam o Uruguai. ¶ A invasão da Guiana em janeiro de 1809 deve ser entendida no contexto geral das guerras napoleônicas e da transferência da Corte portuguesa para o Brasil. O regente aproveitou-se da circunstância de que, envolvida na guerra continental europeia, a França não tinha condições logísticas de socorrer sua colônia. O apoio da esquadra inglesa foi decisivo, considerando que a Inglaterra já havia invadido a colônia holandesa do Suriname em 1804, o porto caribenho holandês de Curaçao em 1807 e, sob comando do almirante Cochrane, as ilhas de Martinica e Guadalupe em fevereiro de 1809. ¶ Por aviso de 22 de março de 1808 assinado pelo conde de Linhares, dom João declarou guerra à França, delegando o comando das operações a José Narciso de Magalhães de Menezes, governador e capitão-general da capitania do Grão-Pará e Rio Negro.

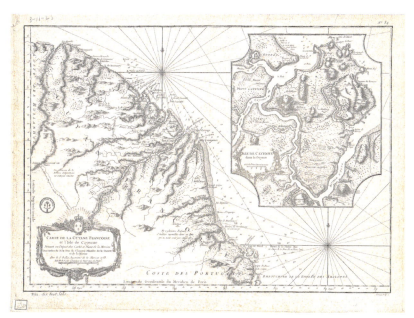

← **07.** Jacques Bellin. *Mapa da Guiana Francesa e da Ilha de Caiena.* 1763.

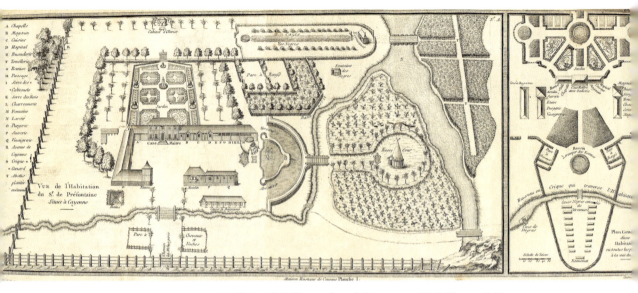

↑ **08.** Jean de Brûletout. Casa rústica para uso dos habitantes da França Equinocial, conhecida por Caiena. 1763. Reflete o cuidado com os levantamentos topográficos de baías, mares e portos que caracterizaram a cartografia naval francesa do século XVIII. Além de informações detalhadas sobre a costa, o mapa de Bellin inclui notas sobre o interior desta parte da América do Sul, cuja região ainda era desconhecida dos europeus.

O desembargador João Severiano Maciel da Costa foi nomeado governador da Guiana Francesa em 1809, ficando no posto até 1817, quando Caiena foi devolvida por Portugal à França, como parte dos arranjos diplomáticos feitos no Congresso de Viena após a queda de Napoleão.

05 FEV ■ CONCESSÃO DO HÁBITO DA ORDEM DE CRISTO AO MAESTRO PADRE JOSÉ MAURÍCIO NUNES GARCIA

Aficionado por música de câmara, dom João não poupou esforços e dinheiro para ter à disposição o que fosse necessário para suprir seu deleite. Em 1813, mandou levantar o Real Teatro de São João, com seus 112 camarotes e acomodações para 1.020 pessoas. Fez trazer da Europa os melhores maestros, músicos e cantores, como os famosos *castrati* italianos, e o maestro Sigismund Neukomm, discípulo de Joseph Haydn, que chegou ao Brasil em 1816 com a missão francesa e foi nomeado por dom João mestre de capela. ¶ Antes, em 1811, desembarcava no Rio de Janeiro o compositor e maestro dom Marcos Antônio Portugal, escoltado por vários cantores e instrumentistas para suprir funções de mestre de Capela Real e da Real Câmara. Esse último nutriu enorme ciúme de um grande músico e compositor brasileiro, o padre mestiço José Maurício Nunes Garcia, cujo talento encantou dom João. ¶ Apesar do preconceito contra sua cor e origem social e das mais sórdidas intrigas da Corte, José Maurício conseguiu alguma projeção e ascensão social. A grande consideração do príncipe regente por seu mestre de capela garantiu-lhe

MESTRE DE CAPELA

Expressão de origem alemã (*Kapellmeister*) que designa a pessoa responsável pela produção musical de uma igreja ou paróquia, desde a composição até a regência de coro e orquestra. O termo evoluiu consideravelmente em seu significado em resposta às mudanças na profissão musical.

a concessão do hábito da Ordem de Cristo. Conta o historiador Afonso d'Escragnolle Taunay que, durante um sarau musical realizado na Quinta da Boa Vista, em fevereiro de 1809, aconteceu a lendária cena em que dom João sacou a comenda do peito de seu lacaio, o visconde de Vila Nova da Rainha, e colocou-a pessoalmente na batina do padre (MATTOS, 1996, p. 77 ss). O gesto devia-se ao arrebatamento do príncipe diante da performance de José Maurício, que executou Mozart e Cimarosa ao cravo e vocal. ¶ Mas os inimigos da Corte atrapalharam como puderam o trâmite burocrático do processo, que durou mais de um ano. Essas complicações são atribuídas aos ciúmes de cortesãos, inconformados com a ideia de um compositor brasileiro e mestiço receber a honraria. Em 5 de abril, dois meses após a cena desenrolada no Paço Imperial, o padre deu entrada no processo, cujos termos revelam a sensibilidade em torno do assunto e as dificuldades que iria enfrentar.

COMENDA
Distinção honorífica atribuída a membros de ordens religiosas e/ou militares.

← **09.** *Retrato de José Maurício Nunes Garcia.* s.d. ↓ **10.** Henrique Bernardelli. *Dom João ouvindo o padre José Maurício ao cravo.* s.d.

1809

24 FEV ANÚNCIO DE ESCRAVO MOLEQUE PERDIDO | *GAZETA DO RIO DE JANEIRO*

No dia 17 de Fevereiro do corrente pelas 10 horas da manhã, se perdeo hum Moleque na praia do Peixe, o qual terá 15 annos de idade; chama-se Matheus, é da nação Cabumdá, com calças de Aniagem, e camiza de pano de linho; ignora a língoa Portugueza por ser comprado dias antes no Valongo : Quem dele souber, vá falar com João Pereira da Silva, morador na Rua da Ajuda N.o 52 ao pé do Coronel Antonio Correa da Costa; e delle receberá de quem receberá boas alvíssaras.

↓ **11.** Henry Chamberlain. *O mercado de escravos*. 1821. → **12.** Augustus Earle. *Valongo, ou Mercado de Escravos no Rio*. 1824.

13 MAI ■ CRIAÇÃO DA GUARDA REAL DA POLÍCIA DA CORTE

Com organização, armas e trajes idênticos aos da Guarda Real da Polícia de Lisboa, por um decreto de 13 de maio de 1809 foi criada a Divisão Militar da Guarda Real da Polícia do Rio de Janeiro, com o objetivo de garantir a segurança e a tranquilidade pública da cidade da Corte, que crescia vertiginosamente desde a chegada da família real e a abertura dos portos. A Guarda Real estava subordinada ao intendente-geral da polícia, que, desde a criação da Intendência até 1821, ano da morte do intendente, ficou a cargo de Paulo Fernandes Viana. ¶ Até 1808, as funções de polícia eram dispersas por várias autoridades, como:

- Quadrilheiros: oficiais inferiores de justiça ligados à Câmara Municipal do Rio de Janeiro.
- Ouvidor: magistrado especial de certas repartições públicas.
- Capitães de estradas e assaltos: "capitães-do-mato", que faziam busca de escravos fugitivos, ligados à câmara municipal e aos alcaides (incumbidos de diligências específicas).
- Desembargador ouvidor-geral do crime da Relação do Rio de Janeiro: intendente da polícia.

As aceleradas transformações urbanas experimentadas pela cidade do Rio de Janeiro levaram à necessidade de drásticas e imediatas adequações administrativas, sendo uma das mais importantes a criação da Intendência Geral da Polícia da Corte e Estado do Brasil, em 1808. Suas funções iam além da segurança pública; cuidava também das melhorias como: limpeza urbana; controle de cães; estrutura sanitária; iluminação pública; controle da ordem pública (mendigos, ciganos, capoeiras, etc.), manutenção de pontes, ruas e estradas; promoção dos festejos; administração das aposentadorias, e assim por diante. ¶ O corpo da Guarda Real criado em 1809 estava subordinado à intendência da polícia. Embora a legislação previsse um quadro de 218 homens, a Guarda nunca atingiu esse número, alcançando o máximo de 90 membros no final da década de 1820. Como aconteceu ao longo de todo o período monárquico, o recrutamento foi um problema constante, feito sempre de (ou contra) pessoas das camadas sociais mais baixas, geralmente homens pretos e pardos, livres e pobres.

13. Debret. *Guarda de honra* e *Defensor do batalhão do imperador* (detalhes). [c. 1834-1839].

11 DEZ ■ **INAUGURAÇÃO DO BANCO DO BRASIL** O Banco do Brasil foi criado no papel com o Alvará de 12 de outubro de 1808 e iniciou suas atividades em 11 de dezembro de 1809, ação que se alinha ao conjunto de esforços de organização econômica e financeira do reino após a transferência da Corte para o Brasil. Concebida por dom Rodrigo de Sousa Coutinho, essa medida respondia à incapacidade do governo português de financiar os urgentes gastos públicos e à grave escassez de moeda em circulação. Comerciantes e traficantes daquela praça mercantil garantiram lastro para a nova instituição bancária. ¶ Nos cinco primeiros anos, o Banco do Brasil funcionou no prédio de esquina entre as ruas Direita e São Pedro, transferindo-se depois para a sede do Real Erário (onde atualmente funciona o Centro Cultural Banco do Brasil), ali permanecendo até sua liquidação em 1829.

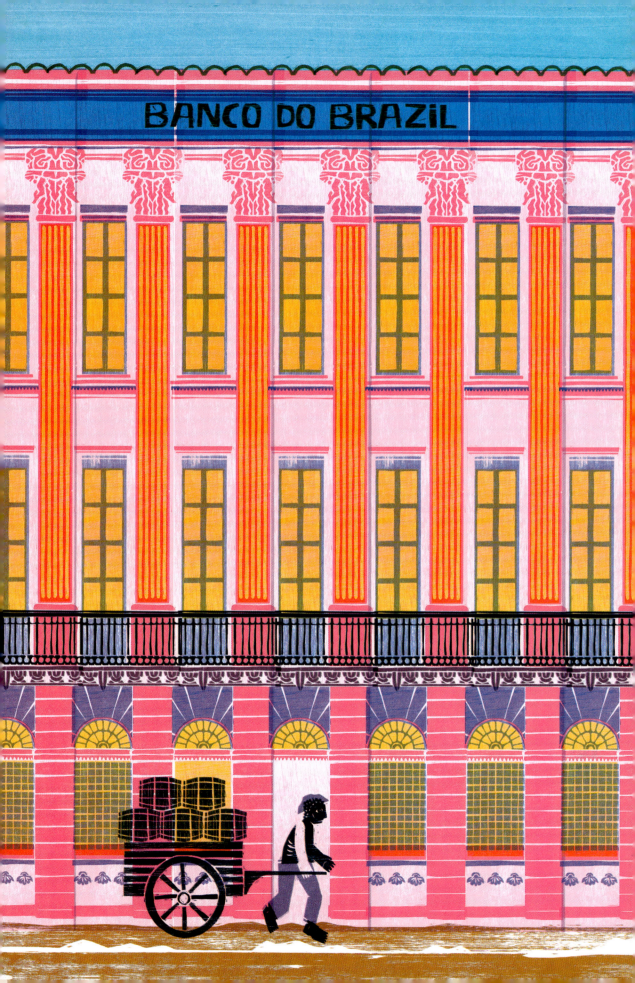

No segundo ano no Brasil, dom João envida todos os esforços para a sobrevivência da Coroa. Assina o Tratado de Aliança e Amizade com a Inglaterra, que, na prática, significou o fim do monopólio que Portugal exercia sobre o comércio do Brasil e, portanto, o fim do regime colonial. Não obstante, os vícios antigos perduram e mesmo se intensificam, com o aumento do tráfico negreiro. A força de trabalho dos pretos e pretas trazidos da África sustenta a economia e a sociedade brasileira. As guerras atlânticas que marcam o fim do Antigo Regime eclodem também na América espanhola, com a Revolução de Maio, em Buenos Aires. Durante décadas, a Bacia Platina será como um barril de pólvora.

19 FEV ▪ ASSINADOS OS TRATADOS DE COMÉRCIO PREFERENCIAL COM O REINO UNIDO QUE ANUNCIAM AS PRESSÕES PELO FIM DO TRÁFICO INTERCONTINENTAL

Desde os primeiros meses no Brasil, um dos assuntos mais urgentes do governo foi a reorganização da economia, sobretudo as relações comerciais. A abertura dos portos em 1808 exigiu reformas urgentes. Na prática, os tratados de 1810 sacramentaram o fim do monopólio do comércio que os portugueses detiveram sobre suas possessões americanas nos três primeiros séculos de domínio colonial. ¶ Sob o discurso do liberalismo, base ideológica das revoluções que derrubaram as monarquias absolutistas na Europa e das guerras de independência na América Latina, os tratados de 1808 e 1810 deixavam em segundo plano os interesses lusos, com grandes vantagens para Inglaterra, como:

- direito à extraterritorialidade, que permitia aos cidadãos ingleses que moravam no Brasil serem julgados por juízes ingleses e de acordo com a lei inglesa;
- direito de construir cemitérios e templos protestantes, até então negado pela Igreja católica, detentora do monopólio da religião oficial junto às coroas ibéricas;
- compromisso de que a Inquisição não seria instalada no Brasil;
- taxação dos produtos ingleses em portos portugueses mediante uma taxa de 15% sobre o valor da mercadoria, abaixo da taxação dos próprios produtos portugueses (que pagavam 16%) e dos demais países (de 24%).

Nesses tratados ficou acordada a abolição gradual do tráfico negreiro, sendo permitido aos portugueses fazer o comércio de seres humanos apenas nos domínios africanos de Portugal. Previu-se ainda a intensificação da ação repressiva inglesa, com a busca e apreensão de navios suspeitos de tráfico. A reação da elite econômica residente no Rio de Janeiro foi imediata, pois os traficantes fluminenses acreditaram que seus negócios seriam prejudicados. Por outro lado, as lideranças católicas não aceitavam a liberdade de culto para os protestantes, bem como os magistrados brasileiros sentiam seu poder diminuído com a autonomia

↑ **01.** Frontispício do Tratado de Amizade e Aliança. 1810.

de um juiz inglês. Não sem um fundo de verdade, esses grupos protestavam que o Brasil deixava de ser colonizado por portugueses para ser agora submetido à "preeminência inglesa". ¶ O artigo X do Tratado de Aliança e Amizade, de 19 de fevereiro de 1810, aborda diretamente o tráfico e a escravidão.

> Sua Alteza Real o príncipe de Portugal, estando plenamente convencido da injustiça e má política do comércio de escravos, e da grande desvantagem que nasce da necessidade de introduzir e continuamente renovar uma estranha e factícia população para entreter o trabalho e indústria nos seus domínios do Sul da América, tem resolvido de cooperar com Sua Majestade britânica na causa da humanidade e justiça, adotando os mais eficazes meios para conseguir em toda a extensão dos seus domínios uma gradual abolição do comércio de escravos. E movido por este princípio, Sua Alteza Real e príncipe regente de Portugal se obriga a que aos seus vassalos não será permitido continuar o comércio de escravos em outra alguma parte da costa da África, que não pertença atualmente aos domínios de Sua Alteza Real, aos quais neste comércio foi já descontinuado e abandonado pelas potências e Estados da Europa que antigamente ali comerciavam; reservando contudo para os seus próprios vassalos o direito de comprar e negociar em escravos nos domínios africanos da Coroa de Portugal. [...]
> (BONAVIDES; AMARAL, 2002, p. 436).

← 02. Robert Walsh. *Compartimentos de um navio negreiro*. 1830. ↓ 03. Johann Moritz Rugendas. *Negros no fundo do porão*. 1835.

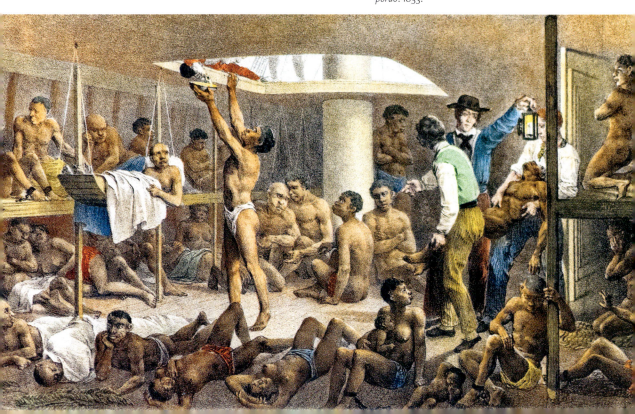

■ TRÁFICO NEGREIRO A escravidão negra dominava a vida nos trópicos. Valores aristocráticos das classes ricas, como a repugnância ao trabalho, geravam no ambiente entorpecido o desprezo ao outro, negros e negras e indígenas forçados sob chicote a executar todas as atividades laborais, nos campos e vilas. A aversão ao trabalho foi percebida por inúmeras testemunhas, como o viajante inglês James Wetherell, que viveu na Bahia na primeira metade do século XIX e registrou o costume bizarro de os homens ricos deixarem crescer as unhas para mostrar que não usavam as mãos para o trabalho manual, considerado coisa de "escravo e preto" (WETHERELL, 1860, p. 47). ¶ Negros e negras vinham sendo trazidos à força da África desde as primeiras décadas da colonização, no século XVI, com a finalidade de abastecer de mão de obra as grandes plantações de produtos tropicais e lavras de minerais preciosos. Assim, o comércio humano tornou-se um fim em si mesmo, pelos lucros astronômicos que gerava aos traficantes. Junto com a exportação de cana-de-açúcar, o tráfico humano era a base da economia portuguesa no Brasil no começo do século XIX. Isso explica os números desse "nefando comércio", como o chamava o padre Antônio Vieira.

Tráfico negreiro em números

A plataforma de pesquisa *The trans-Atlantic slave trade: a dataset on-line* organizou um extenso banco de dados sobre o tráfico atlântico, reunindo esforços coletados por pesquisadores ao longo de gerações.

FLUTUAÇÕES DAS EXPORTAÇÕES/IMPORTAÇÕES DE ESCRAVOS ENTRE A ÁFRICA E O PORTO DO RIO DE JANEIRO (1790-1830)

PERÍODO	NÚMERO DE VIAGENS (ENTRADAS REGISTRADAS)	NÚMERO DE ESCRAVOS EXPORTADOS	NÚMERO DE ESCRAVOS IMPORTADOS
1790	-	6.260	5.740
1791-1795	-	52.159	48.021
1796- 1800	121	50.583	46.384
1801-1805	104	54.219	50.667
1806-1810	134	67.566	58.496
1811-1815	223	98.973	91.444
1816-1820	251	111.703	100.447
1821-1825	288	137.686	121.733
1826-1830	515	208.435	192.168
TOTAL	**1.660**	**787.584**	**715.100**

↑ **04.** W. L. Walton. *Revolta a bordo de um navio negreiro*. 1851.

■ **O NEFANDO COMÉRCIO AOS OLHOS DE ESTRANGEIROS** A abertura dos portos permitiu que centenas de estrangeiros finalmente entrassem legalmente no Brasil, seja como naturalistas (cientistas), seja como artistas ou, principalmente, como negociantes, entre os quais John Luccock, Henry Koster e Louis-François Tollenare deixaram importantes registros da época. ¶ O letão Ernest Ebel foi outro desses comerciantes que vieram para o Rio de Janeiro, tanto para conhecer a realidade brasileira como para vender produtos russos. A Letônia fazia parte do Império Russo naquela época. Ebel retratou, de modo muito preconceituoso, os costumes da vida na cidade do Rio de Janeiro e seus arredores nos primeiros anos da monarquia.

> Há dias fundeou um [negreiro] com 250 negros, na maioria crianças de dez a quatorze anos, que, acocoradas nesses galpões em filas de três, pelo chão, assemelham-se mais a macacos, dando mostra, por sinal, de bom humor e satisfação, embora repelentes no aspecto e depauperados. Alguns compradores andavam à escolha dos que mais lhes convinham, o preço variando entre 150 a 300 mil-réis a peça. [...] O tratamento aqui dispensado aos escravos é, de modo geral, bom, seus senhores sendo severamente proibidos de puni-los com mais de quarenta chibatadas e, nos casos de crimes graves, devem ser entregues às autoridades, [...] tal rigor sendo necessário para mantê-los sob o jugo, já que ultrapassam de longe, em número, a população branca (EBEL, 1972, p. 42).

A amiga e confidente de dona Leopoldina, Maria Dundas Graham, que assistiu e participou diretamente nos acontecimentos da Independência, produziu valiosa documentação sobre o Brasil em forma de diário e cartas. Viajando pelo Recife, deixou testemunho sobre as atrocidades do tráfico e a escravidão (GRAHAM, 1990, p. 18).

Terça-feira, 6 de novembro de 1821

O Morgiana, sob comando do capitão Finlaison, chegou do Rio de Janeiro. Pertence à estação da África, e veio ao Brasil por causa de algum negócio ligado ao comércio de escravos. O capitão Finlaison conta-me coisas que me fazem gelar o sangue acerca de horrores cometidos, especialmente nos navios negreiros franceses: jovens negras, metidas em barricas e atiradas ao mar quando os navios são perseguidos; negros presos em caixas quando o navio é revistado, com uma remota possibilidade de sobreviver à prisão. Mas uma vez que se admite o tráfico, não admira que o coração se torne duro para os sofrimentos individuais dos escravos. Outro dia tomei alguns jornais velhos da Bahia, exemplares da Idade do Ouro, e encontrei na lista dos navios entrados durante três meses deste ano os seguintes dados:

Navios negreiros	Entrada	Vivos	Mortos
Navios de Moçambique	25-março	313	180
id.	6-março	378	61
id.	30-março	293	10
id. de Molembo	29-junho	357	102
id.	26-junho	233	21
Totais		**1.754**	**374**

De modo que da carga desses cinco navios, calculada assim acidentalmente, mais de um quinto morreu na travessia. Parece que os vasos de guerra ingleses na costa d'África estão autorizados a alugar negros livres para completar seus quadros, quando deficientes. Há vários agora a bordo do Morgiana, dois dos quais são oficiais inferiores, e são considerados auxiliares utilíssimos. Recebem o pagamento e a ração tal qual nossos marinheiros.

O francês Tollenare, testemunha ocular da Revolução de 1817, deixou impressionante relato sobre o desembarque de africanos dos tumbeiros no porto do Recife, no começo de 1817. Como Maria Graham, denunciava a inoperância da lei (TOLLENARE, 1905, p. 136).

1810

Desde que estou em Pernambuco tenho visto chegar um grande número de navios negreiros da costa d'África e de Moçambique. As embarcações empregadas neste comércio são de 200 a 400 toneladas; os escravos são amontoados no porão, e acorrentados juntos; o alimento consiste em farinha de mandioca cozida com feijões; como vestuário trazem apenas uma tanga; exalam um fedor nauseabundo, assaz incômodo para perturbar o repouso das tripulações dos outros navios fundeados junto deles. Os carregamentos, em geral, se compõem aproximadamente de 1/10 de homens feitos; 2/10 de mulheres de 18 a 25 anos, e o resto de crianças de ambos os sexos. Semelhantes carregamentos não apresentam probabilidades de revolta. Há regulamentos que prescrevem o número de escravos que os navios, de acordo com a sua tonelagem, podem transportar; mas, são iludidos como quase todas as leis portuguesas. ¶ A travessia da costa d'África é muito curta; vi-a ser feita em 13 dias; nestes casos a mortalidade é quase nula. Um negreiro de Moçambique que perde 10% do seu carregamento é considerado como tendo feito uma boa viagem. Ao chegarem no Recife os negros devem ser depositados em um lugar chamado Santo Amaro, designado pela autoridade para nele fazerem quarentena, serem visitados e tratados pelos médicos; mas, esta sábia disposição é ainda quase inteiramente desdenhada. Os negros são desembarcados, por chalupas, em Santo Amaro, mas vêm quase logo depois, por terra, para a cidade. São expostos à venda nas ruas do Recife diante das casas dos seus senhores. Veem-se ali 400 a 500 juntos, acocorados sobre tábuas; empestam o bairro todo, tanto quanto repugnam à vista pelas pústulas e outras moléstias de pele de que um grande número está afetado; estão sortidos nestes mercados por lotes de homens, mulheres, moleques e molecas. Todas as manhãs os conduzem ao mar para se banharem. À tarde são fechados em armazéns, não com receio de que se evadam — onde iriam parar estes pobres miseráveis que não sabem a língua da terra? — mas, com medo de que não sejam furtados, cousa, dizem, assaz frequente. [...] ¶ Quando se apresenta um comprador fazem erguer os que indica; ele os apalpa, toma-lhes o pulso, examina-lhes a língua, os olhos, assegura-se da força dos seus músculos, fá-los tossir, saltar, sacudir violentamente os braços. O escravo que se negocia presta-se a todas estas verificações, procura mesmo fazer valer as suas qualidades. Vê-se nos seus olhos o desejo de ser comprado; não há, com efeito, condição mais penosa do que ser assim exposto, em plena rua, durante semanas inteiras, reduzido à imobilidade em presença do movimento de toda uma população, que parece gozar da sua liberdade trabalhando. [...] Quando um negro é comprado [...] dão--lhe um chapéu de palha e levam-no para o engenho; é, porém, raro comprar-se um negro só para o mato; vi-os sempre passar em pequenos comboios de 4 a 10. A lei não proíbe a separação dos membros de uma família; o senhor pode vender a mãe de um lado e o filho de outro; mas, por vezes, o interesse se alia à humanidade para que esta dolorosa ruptura das afeições naturais não se realize.

1810

"Apesar do Recife receber navios negreiros desde o século XVI, só no final do XVIII foi estabelecido que os "negros-novos" deveriam ser encaminhados ao Lazareto de Santo Amaro. Situado à margem do rio Beberibe, o Lazareto ficava a uma distância considerada segura de Olinda e dos bairros centrais do Recife, o que protegeria os habitantes dos miasmas pestilenciais que emanavam dos corpos das pessoas lá internadas. O bairro de Santo Amaro era ainda arejado pelos ventos oceânicos, que, antes de chegar lá, atravessavam o istmo em cujas pontas estavam Olinda e Recife. Esse regime de ventos, de acordo com a teoria miasmática, protegeria os locais mais habitados das doenças que na época eram consideradas contagiosas. Em 1810, foi então criada a Provedoria-Mor da Saúde da Província de Pernambuco. A partir daí, os navios negreiros deveriam ser visitados por peritos que, após examinarem os cativos, encaminhariam os portadores de doenças consideradas contagiosas ao lazareto (CARVALHO E ALBUQUERQUE, 2016, p. 44).

▪ **A FORÇA DE TRABALHO DE PRETOS E PRETAS MOVE A SOCIEDADE E A ECONOMIA ESCRAVISTAS** Na sociedade escravocrata, o trabalho era uma desonra, porque era considerado uma coisa de escravo. E a rua era toda preta: carregadores, barbeiros, quitandeiras, curandeiros, oficiais carpinteiros, artesãos corriam a cidade a ganhar o sustento de seus senhores. Não recebemos deles testemunhos próprios, mas os relatos deixados por viajantes, não raro cheios de preconceitos, são povoados dessa presença, da legião de negros e negras pelas ruas.

> O barulho é incessante. Aqui uma chusma de pretos, seminus, cada qual levando à cabeça seu saco de café, e conduzidos à frente por um que dança e canta ao ritmo do chocalho ou batendo dois ferros um contra o outro, na cadência de monótonas estrofes a que todos fazem eco; dois mais carregam ao ombro pesado tonel de vinho, suspenso de longo varal, entoando a cada passo melancólica cantilena; além, um segundo grupo transporta fardos de sal, sem mais roupa que uma tanga e, indiferentes ao peso como ao calor, apostam corrida gritando a pleno pulmão. Acorrentados uns aos outros, aparecem acolá seis outros com baldes d'água à cabeça. São criminosos empregados em trabalhos públicos; também vão cantando em cadência [...] (EBEL, 1972, p. 12).

Mulheres ambulantes iam também ligeiramente vestidas, transportando tudo à cabeça, sempre a cantar e a berrar, competindo com os sinos e os canhões que mantinham a cidade compassada. No Rio de Janeiro, que passava por acelerada transformação, a população era marcada pela diversidade extrema de cores e raças, riqueza que atraía o olhar dos viajantes, como escreveu o francês Fernand Denis.

> Uma das cousas, que sempre excita a admiração do estrangeiro, que chega à rua, que conduz à Alfandega, na qual se efetuam quase todos os transportes da cidade, é o ajuntamento de negros, de tantas raças africanas, que o primeiro golpe de vista confunde sempre: a sua seminudez, porque apenas usam umas bragas de pano de linho; esses robustos membros, que à memória trazem belas formas de estatuária antiga; esses exóticos debuxos do corpo, mediante os quais se conhecem as nações; o tumulto, que quase sempre acompanha a

BRAGA
Calça larga e curta, espécie de calção, bufante ou não, usada antigamente.

DEBUXO
Desenho de um objeto em seus contornos gerais, sem precisão nem detalhes; bosquejo; esboço.

menor operação aos negros confiada; a espécie de harmonia compassada da voz, que à dita operação sucede, e se ouve sempre que conduzem algum fardo; tudo isso forma um quadro, que em breve se torna indiferente; mas que à primeira vista admira como revelação dum mundo desconhecido (DENIS, 1844, v. 1, p. 208).

Havia ainda entregadores, "negrinhos a recado" ou vendedores de frutas, doces, armarinhos, ervas e outros gêneros, que expunham sobre os tabuleiros. "Todos eles eram pretos, tanto homens como mulheres, e um estrangeiro que acontecesse de atravessar a cidade pelo meio-dia quase que poderia supor-se transplantado para o coração da África" (DENIS, 1844, v. I, p. 208). Esse cenário perdurou por algumas décadas, como se estampa nas fotos feitas por Christiano Junior, na segunda metade do século.

> **NEGROS DE CARRO** Seis negros são empregados no serviço de semelhante carro; quatro puxam à frente com corda e dois outros empurram por trás a massa rodante. A carreta e os seis negros pertencem ao mesmo proprietário, sendo cada viagem paga à razão de duas patacas e quatro vinténs. ¶ Encontram-se inúmeros carros desse tipo junto ao muro que se prolonga até a porta da alfândega. Aí, durante as horas de abertura do estabelecimento, parte dos negros descansa nas carretas, enquanto os camaradas espiam o negociante de quem esperam trabalho. Mas este deve também encarregar um fiscal de acompanhar o transporte das mercadorias, para evitar os roubos dos carregadores infiéis, efetuados durante as inevitáveis paradas do trajeto. ¶ A cena se passa na rua Direita, na altura da porta da Alfândega. [...] No fundo do quadro, vê-se o perfil da porta do Arsenal da Marinha, dominado pelo convento de São Bento, que se situa na colina do fim da rua Direita (DEBRET, 1989, v. 2, p. 152).

↓ **05.** Debret. *Negros de carro.* [c. 1834-1839].

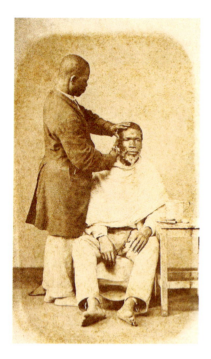

↑ **06.** Christiano Junior. *Escravo barbeiro*. 1865. → **07.** Christiano Junior. *Vendedora e menino*. [c. 1864-1865].

Em 1880, o tráfico já havia sido extinto, mas a escravidão era uma ferida aberta no império do Brasil. Data desse ano a carta autobiográfica que o poeta e abolicionista Luís Gama escrevia ao jornalista e escritor Lúcio de Mendonça (apud MENUCCI, 1938, p. 19-26), um pungente relato dos sofrimentos e preconceitos raciais sofridos por sua família.

São Paulo, 25 de julho de 1880 ¶ Meu caro Lúcio ¶ Recebi o teu cartão com a data de 28 de pretérito. [...] ¶ Nasci na cidade de S. Salvador, capital da província da Bahia, em um sobrado da rua do Bângala, formando ângulo interno, em a quebrada, lado direito de quem parte do adro da Palma, na freguesia de Sant'Ana, a 21 de julho de 1830, por às 7 horas da manhã, e fui batizado, 8 anos depois, na igreja matriz do Sacramento, da cidade de Itaparica. ¶ Sou filho natural de uma negra, africana livre, da Costa Mina, (Nagô de Nação) de nome Luiza Mahin, pagã, que sempre recusou o batismo e a doutrina cristã. ¶ Minha mãe era baixa de estatura, magra, bonita, a cor era de um preto retinto e sem lustro, tinha dentes alvíssimos como a neve, era muito altiva, geniosa, insofrida e vingativa. ¶ Dava-se ao comércio — era quitandeira, muito laboriosa, e mais de uma vez, na Bahia, foi presa como suspeita de envolver-se em planos de insurreições de escravos, que não tiveram efeito. ¶ Era dotada de atividade. Em 1837, depois da revolução do dr. Sabino, na Bahia, veio ela ao Rio de Janeiro, e nunca mais voltou. Procurei-a em 1847, em 1856 e em 1861, na Corte, sem que a pudesse encontrar. Em 1862, soube, por uns pretos minas, que conheciam-na e que deram-me sinais certos, que ela, acompanhada com malungos desordeiros, em uma "casa de dar fortuna", em 1838, fora posta em prisão; e que tanto ela como os seus companheiros desapareceram. Era opinião dos meus informantes que esses "amotinados" fossem mandados por fora pelo governo que, nesse tempo, tratava rigorosamente os africanos livres, tidos como provocadores. ¶ Nada mais pude alcançar a respeito dela. [...] ¶ Meu pai, não ouso afirmar que fosse branco, porque tais afirmativas neste país constituem grave perigo perante a verdade, no que concerne à melindrosa presunção das cores humanas: era fidalgo; e pertencia a uma das principais famílias da Bahia, de origem portuguesa. Devo poupar à sua infeliz memória uma injúria dolorosa, e o faço ocultando o seu nome. ¶ Ele foi rico; e, nesse tempo, muito extremoso para mim: criou-me em seus braços. Foi revolucionário em 1837. Era apaixonado pela diversão da pesca e da caça; muito apreciador de bons cavalos; jogava bem as armas, e muito melhor de baralho, amava as súcias e os divertimentos: esbanjou uma boa herança, obtida de uma tia em 1836; e, reduzido à pobreza extrema, a 10 de novembro de 1840, em companhia de Luiz Candido Quintela, seu amigo inseparável e hospedeiro, que vivia dos proventos de uma casa de tavolagem na cidade da Bahia, estabelecida em um sobrado de quina, ao largo de praça, vendeu-me, como seu escravo, a bordo do patacho "Saraiva". ¶ Remetido para o Rio de Janeiro, nesse mesmo navio, dias depois, que partiu carregado de escravos, fui, com muitos outros, para a casa de um cerieiro português, de nome Vieira, dono de uma loja de velas, à rua da Candelária, canto da do Sabão. Era um negociante de estatura baixa, circunspecto e enérgico, que recebia escravos da Bahia, à comissão. Tinha um filho aperaltado, que estudava em colégio; e creio que três filhas já crescidas, muito bondosas, muito meigas e muito compassivas, principalmente a mais velha. A senhora Viera era uma perfeita matrona: exemplo de candura e piedade. Tinha eu 10 anos. Ela e as filhas afeiçoaram-se de mim imediatamente. Eram cinco horas da tarde quando entrei em sua casa. Mandaram lavar-me; vestiram-me uma camisa e uma saia da filha mais nova, deram-me de cear e mandaram-me dormir com uma mulata de nome Felícia, que era mucama da casa. ¶ Sempre que me lembro desta senhora e de suas filhas, vêm-me as lágrimas aos olhos, porque tenho saudades do amor e dos cuidados com que me afagaram por alguns dias. ¶ Dalí saí derramando copioso pranto, e também todas elas, sentidas de me verem partir. ¶ Oh! Eu tenho lances doridos em minha vida, que me valem mais que as lendas sentidas da vida amargurada dos mártires. ¶ Nesta casa, em dezembro de 1840, fui vendido ao negociante e contrabandista alferes Antonio Pereira Cardoso, o mesmo que, há 8 ou 10 anos, sendo fazendeiro no município de Lorena, nesta província no ato de o prenderem por ter morto alguns escravos a fome, em cárcere privado, e já com idade maior de 60 a 70 anos, suicidou-se com um tiro de pistola, cuja bala atravessou-lhe o crânio. ¶ Este alferes Antonio Pereira Cardoso comprou-me em um lote de cento e tantos escravos; e trouxe-nos a todos, pois era este o seu negócio, para vender nesta província. ¶ Como já disse, tinha eu apenas 10 anos; e, a pé fiz toda a viagem de Santos até Campinas. ¶ Fui escolhido por muitos compradores, nesta cidade, em Jundiaí e Campinas; e por todos repelido, como se repelem cousas ruins, pelo simples fato de ser eu "baiano". [...] ¶ Em 1848, sabendo eu ler e contar alguma cousa, e tendo obtido ardilosa e secretamente provas inconcussas de minha liberdade, retirei-me, fugindo, da casa do alferes Antonio Pereira Cardoso, que aliás votava-me a maior estima, e fui assentar praça. Servi até 1854, seis anos; cheguei a cabo de esquadra graduado, e tive baixa de serviço, por ato de suposta insubordinação, quando tinha-me limitado a ameaçar um oficial insolente, que me havia insultado e que soube conter-se. ¶ Estive, então, preso 39 dias, de 1 de julho a 9 de agosto. [...] ¶ Durante o meu tempo de praça, nas horas vagas, fiz-me copista; escrevia para o escritório do escrivão major Benedito Antonio Coelho Neto, que tornou-se meu amigo; [...] fui eu seu ordenança; por meu caráter, por minha atividade e por meu comportamento, conquistei a sua estima e a sua proteção; e as boas lições de letras e de civismo, que conservo com orgulho. ¶ Em 1856, depois de haver servido como escrivão perante diversas autoridades policiais, fui nomeado amanuense da Secretaria de Polícia, onde servi até 1868, época em que por "turbulento e sedicioso" fui demitido a "bem do serviço público", pelos conservadores, que então haviam subido ao poder. [...] ¶ A turbulência consistia em fazer eu parte do Partido Liberal; e, pela imprensa e pelas urnas, pugnar pela vitória de minhas e suas ideias; e promover processo em favor de pessoas livres criminosamente escravizadas; e auxiliar licitamente, na medida de meus esforços, alforrias de escravos, porque detesto o cativeiro e todos os seus senhores, principalmente os reis. ¶ [...] ¶ Agora chego ao período em que, meu caro Lucio, nos encontramos no "Ipiranga", à rua do Carmo, tu, como tipógrafo, poeta, tradutor e folhetinista principalmente: eu, como simples aprendiz-compositor, de onde saí para o foro e para a tribuna, onde ganho o pão para mim e para os meus que são todos os pobres, todos os infelizes; e para os míseros escravos, que, em número superior a 500, tenho arrancado às garras do crime. ¶ Eis o que te posso dizer, às pressas, sem importância e sem valor; menos para ti, que me estimas deveras. ¶ Teu Luiz

↑ 08. Eduard Hildebrandt. *Fonte no Rio de Janeiro*. 1844.

13 MAI ■ CASAMENTO DE DOM PEDRO CARLOS COM A PRINCESA DA BEIRA

Maria Teresa de Bragança (1793-1874) era a primogênita de dom João e dona Carlota Joaquina. No dia do aniversário de seu pai, como era o costume, casou-se com seu primo, o infante Pwedro Carlos de Bourbon, sobrinho e protegido do príncipe regente, que o acompanhou na fuga de Lisboa. Dom Pedro Carlos morreu dois anos depois do casamento. Então, Maria Teresa viria a aliar-se a seu irmão dom Miguel contra dom Pedro, na guerra civil portuguesa, após a morte de dom João VI. Assim o cronista padre Luís Gonçalves do Santos, ou "padre Perereca", narrou a parte final da cerimônia:

> Findo o cortejo, passou o príncipe regente nosso senhor com as pessoas reais a ir apresentar os augustos noivos a Sua Majestade, a rainha nossa senhora, que os recebeu com muito prazer, e dando a sua real mão a beijar a ambos os augustos noivos, seus prezados netos, lhes lançou a bênção, que receberam de joelhos. Pelas nove horas, pouco mais ou menos, passaram Suas Altezas para o teatro, que estava ornado com magnificência, achando-se já ali toda a nobreza, por especial convite, grande número de senhoras ricamente adornadas, e um numeroso concurso de pessoas distintas de diferentes hierarquias. Ao entrarem Suas Altezas com os augustos desposados, rompeu aquela nobilíssima assembleia em repetidos vivas ao príncipe regente nosso senhor, aos serreníssimos noivos, e a toda a real família. Depois disto os cômicos passaram a desempenhar um novo drama intitulado O *triunfo da América*, expressamente composto para se recitar nesta faustíssima noite. Entretanto, para entretenimento do imenso povo, que vagava pelo Terreiro de Paço, gozando das iluminações da terra e do mar, se postaram em vários lugares coros de música instrumental, que alternadamente tocavam agradáveis sinfonias (SANTOS, 2013, p. 415-420).

09. Cyrillo Volkmar Machado. *Casamento do infante D. Pedro com a princesa da Beira em 1816.* 1816.

20 MAI ■ **INSTALAÇÃO DO GOVERNO REVOLUCIONÁRIO EM BUENOS AIRES** Entre 18 e 25 de maio de 1810 ocorreu na cidade de Buenos Aires, capital do Vice-Reino do Rio da Prata, uma série de eventos que ficou conhecida como Revolução de Maio. A cidade portenha era capital do Império espanhol na América, que compreendia o vasto território do que hoje são Argentina, Paraguai, Uruguai e Bolívia. O vice-rei Baltasar Hidalgo de Cisneros foi tirado do poder e se estabeleceu a *Primera Junta*, uma espécie de governo local. ¶ A Revolução de Maio foi o estopim das guerras de independência na América do Sul. Nos desdobramentos das guerras napoleônicas na Europa, o rei espanhol Fernando VII foi deposto em 1808 por Napoleão Bonaparte, que colocou no trono espanhol seu irmão mais velho, José Bonaparte. Quando notícias das campanhas peninsulares chegaram ao Vice-Reino do Rio da Prata, um grupo de advogados e militares nascidos na América começou a tramar a destituição de Cisneros, até que em 22 de maio de 1810 instalaram um governo provisório. A junta de Buenos Aires tentou se impor pela força às outras províncias próximas, que não aceitaram essa centralização do poder. Esse foi o estopim da guerra de independência na Argentina, que colocou em lados opostos os mandatários que aceitaram e os que rejeitaram a proeminência de Buenos Aires.

↑ **10.** Juan Manuel Blanes. *O juramento dos trinta e três orientais*. [c. 1875-1878].

29 OUT ■ **FUNDAÇÃO DA BIBLIOTECA NACIONAL** Patrimônio pessoal do rei e uma das dependências de sua Casa, a biblioteca real começou a ser transferida para o Brasil no ato da fuga da família real para o Brasil em 1808 e continuou até 1810, quando chegou praticamente todo o resto do acervo. A princípio acomodada improvisadamente no antigo Hospital da

Ordem Terceira do Carmo, junto com o Gabinete de Instrumentos de Física e Matemática, recebeu visita de praticamente todos os sábios que passaram pelo Rio de Janeiro no período joanino, como Maria Graham, príncipe Maximiliano de Wied-Neuwied, Auguste de Saint-Hilaire, Debret e comerciantes como John Luccock. ¶ O decreto de 29 de outubro de 1810, que estabelecia a Biblioteca Real no lugar onde antes estavam as catacumbas dos religiosos do Carmo, junto à Real Capela, tornou-se o marco de sua fundação oficial. A coleção particular de obras raras e manuscritas dos Bragança era impressionante para os padrões da época. Compunha-se o acervo de obras sobre religião, história, filosofia, belas-artes, ciências naturais, atlas, mapas, estampas, gravuras, medalhas e moedas. Originalmente instalada no Palácio Real da Ajuda, em Lisboa, a Real Biblioteca da Corte foi aberta ao público em 1797. No âmbito administrativo, sendo uma das dependências do Paço, estava sob responsabilidade do mordomo-mor da Casa Real. ¶ Uma vez instalada no Rio de Janeiro, a Biblioteca Real ficou sob os cuidados de dois prefeitos, frei Gregório José Viegas, responsável pela administração, e frei Joaquim Dâmaso, responsável pela organização e preservação do acervo. O bibliotecário Luís Joaquim dos Santos Marrocos e alguns serventes da Biblioteca Real da Ajuda vieram em 1811 completar o time de funcionários que cuidou com zelo do acervo. A Biblioteca Real trazida por dom João foi a base da atual Fundação Biblioteca Nacional do Rio de Janeiro, a maior da América Latina e que comporta um dos acervos mais importantes do mundo.

↑ **11.** Foto do jornal *O Malho*, de 12 de novembro de 1910, retratando a inauguração da Biblioteca Nacional no atual endereço (avenida Rio Branco). ↓ **12.** Grandjean de Montigny. Biblioteca Imperial do Rio de Janeiro. 1841.

1810

↑ **13.** Julio Durski e Leuthold. *Fábrica de Ferro de São João de Ypanema.* 1879.

04 DEZ ■ CRIAÇÃO DA REAL FÁBRICA DE FERRO SÃO JOÃO DE IPANEMA, PIONEIRA DA SIDERURGIA NACIONAL

Considerada o berço da siderurgia nacional, a lendária Fundição Ipanema, ou Fábrica Ipanema, em Sorocaba, na capitania de São Paulo, foi criada em 4 de dezembro de 1810 e batizada de Real Fábrica de Ferro São João de Ipanema a partir de 1814. Custeada em parte pela Real Fazenda, em parte por iniciativa de particulares, a fábrica tornou-se um imenso complexo econômico, formado por uma fundição, administração, armazéns de carvão, açude, senzalas, vila de operários livres, fábricas de armas brancas, hospital, oficinas, quartel, represa e fornos. Os cativos africanos formavam o grosso da mão de obra, constituída também por trabalhadores livres, nacionais e estrangeiros, que dominassem conhecimentos técnicos. ¶ Os mineiros e administradores suecos inicialmente trazidos para tocar a fábrica não apresentaram os resultados esperados. Em 1814, chegou para assumir a direção o engenheiro Ludwig Wilhelm Varnhagen, pai do historiador Francisco Adolfo de Varnhagen, visconde de São Leopoldo (um dos patronos da historiografia brasileira). Auxiliado pelo engenheiro de minas Guilherme von Eschwege (fundador da Escola de Minas de Ouro Preto), Varnhagen gerenciou o complexo até 1821 com relativo êxito. Nesse período, dois altos-fornos foram inaugurados em 1818, contrataram-se mestres fundidores alemães e concluiu-se a construção dos prédios da fábrica. ¶ Em 1820, o mineralogista José Bonifácio de Andrada e Silva visitou o complexo e redigiu uma *Memória*, na qual teceu críticas à construção dos altos-fornos. O historiador Varnhagen nunca perdoou Bonifácio pelas críticas ao trabalho de seu pai.

↑ **14.** Julio Durski. *Fábrica de Ferro de São João do Ipanema, em Sorocaba, província de São Paulo.* 1884.

> A entrada principalmente de José Bonifácio no Ministério veio a dar-lhe mais unidade, o que foi de grande consequência para a marcha que seguiram os negócios. O seu grande saber, o seu gênio intrépido, o seu caráter pertinaz que quase chegava a raiar em defeito, contribuíram a fixar a volubilidade do príncipe. E o conhecimento especial, que a estada de tantos anos em Portugal lhe dera desse País, dos seus recursos, do forte e do fraco de seus habitantes e especialmente dos que dirigiram a política em 1821 e 1822, a este respeito principalmente, nenhum outro brasileiro de então lhe levava a palma. Cegava-o por vezes, como a seus irmãos, o muito orgulho, a falta de prudência e o excesso de ambição, bem que acompanhada de muita instrução e natural bonomia, mas a sua vivacidade e o seu gênio entusiasta o levavam a falar demasiado e a ser de ordinário pouco discreto e pouco reservado, como estadista. [...] Entretanto, cumpre confessar que parte dos seus defeitos na crise que atravessava o Brasil foram qualidades recomendáveis, conforme também sucedeu com respeito ao chefe do Estado, o príncipe-regente e fundador do Império (VARNHAGEN, s.d., p. 101-102).

Não obstante o reconhecimento, Varnhagen insere uma nota após mencionar que Bonifácio "falava demasiado", a qual não deixa traço de dúvida sobre os sentimentos negativos que por ele nutria:

> Esta qualidade [de Bonifácio, de falar muito] tenho eu ainda muito presente desde a meninice, quando em abril de 1821, pela única vez, vi ao mesmo José Bonifácio em nossa casa em Ipanema [a mina de ferro de Ipanema, em Sorocaba]. Era o dia do batizado de uma irmã minha (Gabriela): eu fui incumbido da 'derrama de confeitos' e ainda tenho nos ouvidos a voz rouquenha do mesmo José Bonifácio, acompanhada de alguns borrifos e perdigotos, que me amedrontaram, e não mais lhe apareci, apesar de estar nosso hóspede (VARNHAGEN, s.d., p. 101-102).

As atividades da fábrica foram encerradas em 1912, no governo do general Hermes da Fonseca. Cerca de um quinto do complexo arquitetônico original da Real Fábrica de Ferro de Ipanema existe até hoje, sob guarda do Instituto Chico Mendes de Conservação da Biodiversidade (ICMBIO).

Não só a Corte do Rio de Janeiro receberá políticas públicas de caráter "civilizatório". A 13 de maio, aniversário do príncipe dom João, inaugurava-se a Biblioteca Pública da Bahia e, no dia seguinte, começava a circular em Salvador um dos primeiros jornais do Brasil, o *Idade d'Ouro do Brazil*. No Rio de Janeiro mobilizam-se os ricos empresários, comerciantes e traficantes de escravos para levantar um teatro para deleite da família real, com o estabelecimento de uma loteria, a cargo de Fernando Carneiro Leão. Em meados do ano desembarcava na Corte o maestro Marcos Portugal, junto com uma escola de músicos e cantores. As turbulências ao sul se intensificam, com a primeira Campanha da Província Cisplatina, assim como a guerra eterna contra os povos indígenas, dessa vez na Província de Goiás.

ALMANAQUE DA CIDADE DO RIO DE JANEIRO PARA O ANO DE 1811
Editado por Alexandre José Curado de Figueiredo e Albuquerque
ANO DE 1811.

Do nascimento de N.S. Jesus Cristo
Da Aclamação de el-rei d. João I, chefe e fundador da Real Casa de Bragança, 422.
Do Descobrimento do Brasil, 311.
Do reinado da rainha n. senhora, 33.
Da regência do príncipe regente n. senhor, 12.
Da feliz chegada da família real ao Brasil, 3.

Do estabelecimento e estado presente das Ordens Militares deste Reino e da Torre e Espada Esta Ordem foi instituída em Portugal reinando el-rei d. Diniz no ano de 1319, depois de extinta a dos Templários, cujas rendas lhe foram aplicadas: tem 21 vilas e lugares, e 434 comendas, além dos dízimos das conquistas, que pertencera ao grão-mestre. Dignidade que el-rei d. João III uniu à Coroa e se não verificou mais desde esse tempo em nenhum vassalo. O mesmo se deve entender das duas seguintes [Ordens Militares], cuja administração e governo é igualmente reservado aos soberanos deste Reino, que hoje trazem juntamente as insígnias de todas as Ordens, e do mesmo modo o príncipe regente nosso senhor, como comendador-mor de todas elas. ¶ **Ordem de Avis** Esta Ordem é coeva da fundação da monarquia e a mais antiga da Espanha, mas não principiou a ser conhecida por este nome, senão desde que os cavaleiros dela por determinação de el-rei d. Afonso II passaram a Évora a ocupar o Castelo de Aviz: tem presentemente 18 vilas e 49 comendas. ¶ **Ordem de Santiago** Esta Ordem começou em Portugal no reinado de el-rei d. Afonso I. Foi separada de Castela por el-rei d. Diniz no ano de 1290: possui hoje 47 vilas e 157 comendas. ¶ **Ordem de Torre e Espada** Esta Ordem foi criada pelo senhor rei d. Afonso V no ano de 1459, e instaurada pelo príncipe regente n. senhor por Carta de Lei de 9 de novembro de 1808.

INTENDÊNCIA GERAL DA POLÍCIA DA CORTE E ESTADO DO BRASIL O modo de conseguir os passaportes é o seguinte. ¶ A pessoa que se quiser transportar para as terras minerais, primeiramente deve pagar os emolumentos ao Real Erário, e com o reconhecimento vai ao Conselho de Fazenda buscar a competente Guia, e com ela se apresenta na Intendência Geral da Polícia com o passaporte, ou folha corrida, que esteja dentro do prazo de três meses, levando consigo um fiador idôneo, que reconheça a identidade da pessoa para se lhe dar o passaporte. ¶ Os que vão para S. João Marcos, Resende e outras partes dentro da comarca com o despacho ou folha corrida na forma dita, se apresentam com seu fiador na Intendência, aonde, depois de legitimados, se lhe dará o passaporte. Levando escravos novos na forma já declarada, prestam fiança no Conselho de Fazenda de não os passar às terras minerais, e com a guia vão buscar o passaporte à Intendência. Dentro de um ano apresentarão certidão em como se conserva o dito escravo para parte que foi despachado, para desonerar a fiança no Conselho de Fazenda. ¶ Sendo passaporte para barra fora, é bastante levar folha corrida ou despacho na forma já dita, e com fiador se apresenta na Intendência. ¶ Os escravos despachados para os portos do Sul, a saber, vila de Santos, pagam direitos no Real Erário, ou prestam fiança, e para os mais portos tanto do Sul como do Norte, só prestam fiança no Conselho de Fazenda, e com a Guia competente vão à Polícia buscar o passaporte. ¶ Sendo para Lisboa, ou Porto, primeiro se vai justificar na Junta de Comércio que não é comissário volante, e com a provisão que se lhe dá, vai à Intendência para se lhe dar o passaporte.

← 01. Oscar Pereira da Silva. *Carga de canoas.* 1920.

13 MAI ■ INAUGURAÇÃO DA BIBLIOTECA PÚBLICA DA BAHIA

A ideia de instituir uma biblioteca pública no Brasil foi do coronel Pedro Gomes Ferrão Castelo Branco, autorizada pelo então governador da província da Bahia dom Marcos de Noronha e Brito, conde dos Arcos, em 13 de maio de 1811. Foi aberta ao público no mesmo ano, no dia 4 de agosto, com acervo de 3 mil livros e seis funcionários. O periódico baiano *Idade d'Ouro do Brazil* saudou entusiasticamente as luzes que a biblioteca trazia para a cidade, na edição de 6 de agosto de 1811:

> Domingo 4 do corrente se fez a abertura solene da Livraria desta Cidade na mesa casa, que foi Livraria do Colégio dos proscritos Jesuítas. A presença do Excelentíssimo Senhor Conde dos Arcos nosso amável Governador deu o maior lustre a este ato brilhantíssimo pela deliciosa situação da sala, que elevada na eminência da Cidade, e do edifício do Colégio domina esta Bahia; pelo concurso de pessoas de todas as Ordens; e pelas doces esperanças de melhoramento, que prognostica a difusão das luzes. Conhecimentos de todos os gêneros postos ao alcance de todos os curiosos hão de excitar os talentos até agora amorrecidos (sic), e a Bahia no Zenith de sua glória abençoara perpetuamente os dias verdadeiramente d'ouro desta não pensada regeneração. Nesta ocasião recitou o Coronel Pedro Gomes Ferrão Castel-Branco uma elegantíssima oração, em que se notava erudição escolhida, e a literatura vasta com profundas reflexões adequadas às circunstâncias, e atual situação política do mundo. Todos os dias á exceção das Quartas feiras estará a Livraria patente a todas as pessoas de qualquer condição.

A biblioteca fez boa impressão ao francês Tollenare, que por ali passou em julho de 1817 (TOLLENARE, 1817 apud MORAES, 2006, p. 157).

1811

Um estabelecimento muito notável na Bahia é o de uma biblioteca pública. Isso se deve à administração ativa do sr. conde dos Arcos. Ela ainda consiste apenas de uma pequena coleção de cerca de 4.000 volumes, mas todas as obras são muito bem escolhidas. Não vemos ali aqueles colossos assustadores de fólios teológicos e místicos que formam os suportes mais imponentes das bibliotecas do convento. É muito lisonjeiro para um francês verificar que pelo menos 3.000 volumes estão escritos em seu idioma.

Um ano após festejar seu primeiro centenário, a biblioteca perdeu praticamente todo o seu acervo de mais de 60 mil livros, por conta do bombardeio executado sob ordens do presidente Hermes da Fonseca (em 10 de janeiro de 1912) à cidade de Salvador, decorrência das lutas políticas entre oligarquias provincianas típicas da República Velha. Hoje denominada Biblioteca Central do Estado da Bahia (BCEB), seu acervo compõe-se de aproximadamente 600 mil títulos.

← **02.** Biblioteca Pública e Telégrafo Nacional. Salvador, Bahia. s.d. → **03.** Salão de leitura da então Biblioteca Pública da Bahia, atual Catedral Basílica de Salvador. s.d. ↓ **04.** Palácio do Governo situado na praça Rio Branco, destruído pelo incêndio após o bombardeio de Salvador ocorrido em 10 de janeiro de 1912.

↑ **05.** Benjamin Mulock. *Cidade da Bahia vista do Forte*. 1859.

14 MAI ▪ COMEÇA A CIRCULAR O *IDADE D'OURO DO BRAZIL*

Lançado no dia 14 de maio de 1811, em Salvador, sob as bênçãos do governador-geral da Bahia dom Marcos de Noronha e Brito, *Idade d'Ouro do Brazil* foi o segundo periódico publicado no Brasil, seguindo a *Gazeta do Rio de Janeiro*, que começou a circular em 1808 na Corte. ¶ Assim como a *Gazeta do Rio de Janeiro*, o jornal baiano fazia as vezes de diário oficial da época, dando publicidade a atos oficiais e defendendo a Coroa portuguesa no Brasil. Mas, diferentemente daquela, que era patrocinada pelos cofres públicos, o *Idade d'Ouro do Brazil* era bancado por particulares, impresso em tipografia fundada pelo comerciante, livreiro, editor e tipógrafo português Manuel Antônio da Silva Serva, embora "com permissão do governo", conforme expresso ao final de cada número. Contando com quatro páginas, circulou entre maio de 1811 e junho de 1823, sempre às terças e sextas-feiras.

↑ **06.** Primeira página do *Idade d'Ouro do Brazil*, de 14 de maio de 1811.

Fundada por decreto de 13 de maio de 1808 com o fim de imprimir a legislação e documentos produzidos pelo Estado, a **Impressão Régia** representou o fim da proibição de tipografias, vigente por toda a época do período colonial. O alto funcionário da Coroa Antônio de Araújo e Azevedo, futuro conde da Barca, trouxe os prelos e tipos para o Brasil na fuga da Corte para o Brasil. Já em junho de 1808, a Impressão Régia ganhou um regimento provisório e se estabeleceu sua primeira junta diretiva, formada por frei Mariano Pereira da Fonseca, José Bernardes de Castro e José da Silva Lisboa, futuro visconde de Cairu. Entre outras atribuições, cabia a essa junta nomear funcionários e indicar publicações úteis para a instrução do povo, assim como examinar os papéis e livros mandados para impressão, funcionando como uma espécie de mesa censória. ¶ Entre 1808 e 1821, cerca de mil títulos foram impressos, além dos atos governamentais. ¶ A partir de 1821, acabou o monopólio da Coroa sobre a impressão, o que propiciou a instalação de tipografias particulares no Brasil. Em 1830, a Junta de Direção foi extinta e, sob nova organização, surgia a Tipografia Nacional.

27 MAI ■ **LOTERIA DO REAL TEATRO DE SÃO JOÃO** Para atender às demandas do príncipe regente dom João, apreciador de boa música e teatro, esforços foram feitos para se levantar na Corte do Rio de Janeiro uma sala que correspondesse à dignidade do rei. Mobilizaram-se, então, as grandes figuras da cidade. Em meados de 1811, noticiava-se a criação de uma loteria com o fim de angariar os fundos necessários para a construção do prédio do teatro. O comerciante Fernando Carneiro Leão foi designado para responder pelas contas e pagamentos dos prêmios. ¶ Assim, se lê na *Gazeta do Rio de Janeiro*, edição de 7 de maio de 1811, que os números da loteria começariam a ser vendidos em 15 de maio na casa do negociante, à rua Direita:

> [...] e quando estiverem quase vendidos, se participará o lugar da extração, e o seu começo. Os prêmios serão pagos de tarde em todos os dias que andar a roda, depois do terceiro dia de extração, e em tudo o mais se observam as formalidades com que se faziam as loterias da Santa Casa de Misericórdia de Lisboa. É escusado ponderar ao Público a segurança e exatidão e pontualidade de todas as transações a isto respectivas.

Para se ter uma ideia da aderência da sociedade a essa iniciativa, o bibliotecário de dom João, Luís Joaquim dos Santos Marrocos, dizia a seu pai, no final do mesmo ano, ter concorrido nessa primeira loteria, comprando um bilhete (ao preço de 8$000) e entrando em sociedade em outro.

11 JUN ■ MARCOS ANTÔNIO PORTUGAL: MAESTRO NA CORTE

Desembarca no Rio de Janeiro o compositor da Corte Marcos Antônio Portugal, escoltado por um séquito de cantores e músicos. Maestro consagrado na Europa, com óperas encenadas em várias cidades italianas e em outras importantes cortes europeias, como Paris e São Petersburgo, rumou para o Brasil atendendo à vontade manifesta do príncipe regente. ¶ Após sua chegada, foi imediatamente nomeado mestre de música dos infantes e infantas reais e incumbido da escrita e execução das peças nas ocasiões festivas de caráter religioso, social e político na presença do soberano, ou seja, produzir a música própria à representação do esplendor do poder real, em geral apresentada na Capela Real e no Real Teatro de São João. Estabeleceu com o padre José Maurício Nunes Garcia uma rivalidade que foi muito além da música. O *Hino da Independência*, cuja letra foi escrita por Evaristo da Veiga em agosto de 1822, foi primeiramente musicado pelo maestro Marcos Portugal.

↑ **07.** Livreto do Hino da Independência do Brasil. Letra de Evaristo da Veiga e música de Marcos Portugal. 1822. ↓ **08.** Debret. *A coroação de dom Pedro I*. 1828.

↑ **09.** Igreja de Nossa Senhora do Carmo, antiga Sé metropolitana. 2017. ← **10.** Marc Ferrez. *A aclamação de Princesa Isabel como regente do Império do Brasil.* 1887.

1811

19 JUN A Corte do Rio de Janeiro não era só pompa e circunstância. Apesar dos esforços dos funcionários reais para "civilizar" a cidade, o Rio de Janeiro pulsava. O empenho constante da Intendência Geral de Polícia da Corte para conter a multidão errante documenta-se na correspondência cotidiana do órgão. Menores abandonados, mendigos, matilhas de cães, ciganos, pobres infratores, bandos de capoeiras tiravam a tranquilidade das autoridades, como se pode observar neste ofício expedido ao juiz do crime do bairro de São José pelo intendente Paulo Fernandes Viana, em 19 de junho.

> Procure vossa mercê pelo seu bairro os rapazes pobres que, de idade de sete anos inclusive, existirem sem poderem subsistir sem ser a mendigar, os faça conduzir a minha presença com os seus nomes em lista e o dos seus pais, para serem empregados nas fábricas onde serão por ora vestidos, sustentados e por diante irão vencendo conforme o seu merecimento. Servem brancos mulatos, mestiços e pretos: e caso pelas suas averiguações os não possa conseguir por meios amigáveis, mande prender pelas ruas os que se encontrarem a mendigar e isto desde que receber esta carta e com toda a atividade. Deus guarde a Vossa Mercê. Rio 19 de junho de 1811. P.F.V. ao senhor desembargador Luiz Joaquim Duque Estrada Furado de Mendonça. = Do teor deste Ofício também se expediram aos Juízes criminais dos Bairros, de Santa Rita, Candelária e Sé (ANRJ, 1811-1812).

↓ **11.** Debret. *Interior de uma habitação de ciganos*, [c. 1834-1839].

↑ **12.** Félix Émile Taunay. *Rua Direita*. 1823. ↓ **13.** Rugendas. *Rua Direita*. 1834.

↑ **14.** Augusto Ballerini. *Morte do coronel Brandsen durante a batalha de Ituzaingó.* s.d.

17 JUL ■ PRIMEIRA CAMPANHA DA PROVÍNCIA CISPLATINA

Desde a Revolução de maio de 1810 em Buenos Aires, e depois ao longo de todo o século XIX, a região platina (que abrange o sul do Brasil e os atuais Uruguai, Paraguai e Argentina) foi sempre um barril de pólvora. Todos buscavam a hegemonia na bacia fluvial do rio da Prata, escoadouro natural das riquezas do interior do continente. Essa região já tinha sido palco de disputas desde a época colonial. ¶ Depois de instalado no Rio de Janeiro, dom João autorizou a invasão da região, respondendo a pretensões expansionistas portuguesas. Agiu também em represália à Espanha, que havia se aliado a Napoleão na tomada de Portugal, em 1807. ¶ Contrariando os interesses ingleses, dom João concedeu auxílio solicitado pela atual Argentina para combater o general uruguaio José Artigas, invadindo a Banda Oriental do Uruguai pela primeira vez em 1811 (e depois em 1816), dando início às chamadas Guerras Cisplatinas, como é denominada essa sequência de conflitos militares entre luso-brasileiros e hispano-americanos nas fronteiras entre o Brasil e o rio da Prata. ¶ O primeiro deles foi a invasão pelas tropas portuguesas na Banda Oriental, em 1811. Nesse ano, as tropas do general Artigas sitiaram Montevidéu, onde o vice-rei espanhol Francisco Javier de Elío havia se refugiado. Temendo desdobramentos de toda essa hostilidade na fronteira sul, a Coroa portuguesa organizou uma ofensiva, a pretexto de socorrer o vice-rei, invadindo a Banda Oriental. ¶ Com a intermediação do embaixador inglês Lord Strangford, Elío assinou um armistício com a Junta Revolucionária de Buenos Aires, ainda em 1811, estipulando a retirada das tropas portuguesas no ano seguinte. A região platina será palco de violentas disputas e conflitos militares ao longo de todo o século XIX, desde a Batalha do Passo do Rosário (também conhecida como Batalha de Ituzaingó), em 1827, considerada a maior batalha campal ocorrida em solo brasileiro, no contexto das revoltas das Províncias Unidas do Rio da Prata contra o Império do Brasil pelo domínio da Província Cisplatina, até a Guerra do Paraguai, de 1864 a 1868.

1811

15 SET ▪ AUTORIZAÇÃO DE GUERRA CONTRA OS ÍNDIOS KARAJÁS, APINAJÉS, XAVANTES E CANOEIROS EM GOIÁS

Desde sua chegada ao Brasil em 1808, dom João instituiu uma política de hostilidade contra os povos indígenas. ¶ Em 5 de setembro de 1811, uma carta régia autorizou iniciar a guerra contra as tribos Karajá, Apinajé, Xavante, Xerente e Canoeiro, que habitavam o norte da província de Goiás, mais ou menos entre os rios Araguaia e Tocantins. Nesse documento, não obstante reconhecer que a hostilidade dos indígenas dessas nações tinha origem "no rancor que conservam pelos maus tratamentos que experimentam da parte de alguns comandantes das aldeias, não resta, presentemente, outro partido a seguir senão intimidá-las, e até destruí-las, se necessário for, para evitar os danos que causam" (COLEÇÃO DAS LEIS DO IMPÉRIO, 1839-81, p. 102-103).

↑ **15.** Rugendas. *Habitantes de Goiás*. 1835.   ↓ **16.** Debret. *Dança dos selvagens da Missão de São José*. 1834.

1811

O PASSADO É PRESENTE Os Apinajé são um povo indígena que habita a região do rio Tocantins. No final do século XX, imigrantes invadiram seus territórios. Rodovias como a Belém-Brasília e a Transamazônica cortaram suas terras. Parte delas, separada pela Transamazônica, lhes foi tirada, e o povo Apinajé hoje luta por recuperá-las.

→ **17.** Joaquim Rodrigues de Moraes Jardim. *Carta da província de Goyaz*. 1875.

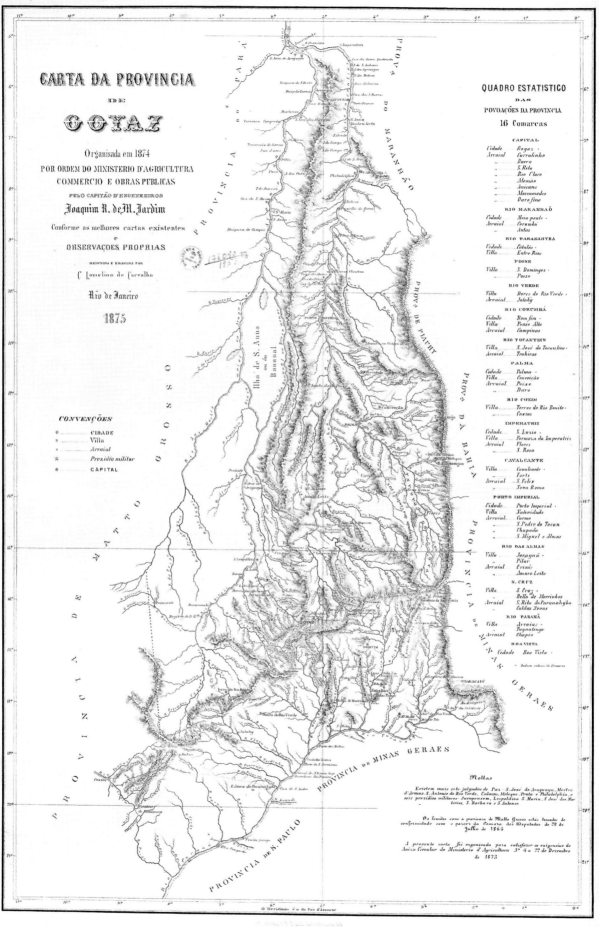

O estadista dom João não teve que enfrentar apenas os franceses ao norte e seus aliados espanhóis na fronteira sul. Teve que vigiar seu "inimigo íntimo", dona Carlota Joaquina, que conspirou contra Portugal visando fundar um imenso império sob o comando de sua casa dos Bourbon, por meio da anexação do Brasil às colônias espanholas. Enquanto o maestro Marcos Portugal executava óperas no palácio, as ruas ecoavam as cores e sons da cultura popular, principalmente de origem africana, como acontecia nos dias de entrudo. A população se adensava de povos de todas as regiões do globo, provocando um choque de civilizações que afetaria a todos.

17 JAN ■ O INIMIGO MORA EM CASA Em 17 de janeiro, o bibliotecário Marrocos escrevia ao pai:

« Chegou aqui a notícia de haver sido desfeita a Junta de Buenos Aires, e assassinados alguns membros pela populaça armada: consta que a nossa Tropa se retirara para as nossas fronteiras, tomando o partido da defensiva, fazendo-se aí fortes. A s.ra princesa d. Carlota ainda existe no Sítio de Botafogo com suas filhas, menos a s.ra d. maria Thereza; e não se sabe até quando ali existirá. S.A.R. parece q. vai passar uns dias à ilha do Governador ou a S.ta Cruz, e por esta ocasião faço tenção de ir ali beijar-lhe a mão, e ver pela 1ª vez esses sítios (MARROCOS, 1939, p. 110).

POPULAÇA
(pejorativo) Multidão de pessoas de classe baixa; populacho.

Intrigas, fofocas e complôs constituem a essência de uma sociedade de Corte. Nesses quesitos, ninguém brilhou mais intensamente na Corte de dom João que sua esposa, dona Carlota Joaquina. Viviam separados e praticamente só se encontravam em solenidades públicas. De personalidade forte, a rainha se meteu em todo tipo de confusão. O primeiro grande atrito com o esposo aconteceu em 1806, no episódio conhecido como Conspiração de Alfeite, quando Carlota e apoiadores tramaram tomar o trono de Portugal. Os conspiradores alegavam que, devido a uma grave depressão, o regente se encontrava incapacitado de conduzir o reino em meio às convulsões que abalavam a Europa. Reprimida a conspiração, Carlota foi considerada traidora e ficou em cárcere privado, incomunicável e com sua correspondência controlada até o embarque para o Brasil, nos últimos dias de novembro de 1807. ¶ Já no Rio de Janeiro, alimentando em sua alma absolutista o desejo de apoderar-se da coroa do marido e criar um imenso império sob o comando de sua casa dinástica (dos Bourbon da Espanha) por meio da anexação do Brasil às colônias espanholas, Carlota meteu-se em numerosas confusões, vivendo a maior parte do tempo separada do cônjuge, e em companhia das cinco infantas e do príncipe dom Miguel. Na expressão de Otávio Tarquínio de Sousa, biógrafo de dom Pedro I, o rei e a rainha foram "inimigos íntimos". ¶ Em outubro de 1808, o ministro plenipotenciário da Inglaterra Lord Strangford e o almirante Sir William Sidney Smith passaram alguns dias na fazenda de Santa Cruz a convite do príncipe regente dom João quando ali chegaram cartas de dona Carlota endereçadas umas ao esposo, outras ao almirante inglês. Chamando Strangford em privado, dom João mostrou-lhe as cartas chegadas na véspera. Naquela dirigida ao marido (FREITAS, 1958, p. 239), dona Carlota participava-lhe de que:

> [...] *era sua intenção seguir imediatamente para Buenos Aires, ou acompanhada ou precedida pelo almirante Sir Sidney Smith; que havia resolvido levar em sua companhia o infante d. Miguel e todas as princesas; que, ainda mais, tinha combinado com Sir Sidney Smith o projeto de um tratado a ser concluído entre ela e o príncipe regente, pelo qual se obrigava a restituir as colônias do rio da Prata, outrora pertencentes aos portugueses, sob a condição de que fosse aberta aos espanhóis a navegação do rio Amazonas; e que Sir Sidney Smith tinha se comprometido a ser seu plenipotenciário nessa negociação.*

Narra o ministro inglês que dom João se ressentiu daquelas informações, por não ter sido consultado por sua esposa, e que não reconheceria o resultado de qualquer ação maquinada por Carlota, com apoio do almirante Smith, pois ambos não tinham direito sobre esses assuntos. O regente reclamou francamente a Strangford da "extrema falta de respeito e consideração" da indevida ingerência do almirante em assuntos domésticos. Em relato a seu superior, o primeiro-ministro George Canning, Strangford concluía que toda a conduta de Sidney Smith lhe causara muito embaraço junto ao príncipe regente, ressalvando que, embora reconhecesse "seu zelo, ardor e atividade", lamentava que o almirante se tivesse deixado empolgar "pelo desejo de prestar um serviço repleto de circunstâncias de uma nova e romântica natureza" (FREITAS, 1958, p. 239). ¶ Quem dá detalhes das maquinações de Carlota Joaquina, repleto de insinuações comprometedoras da "romântica natureza" das relações de Carlota e Smith, é o espanhol José Presas, secretário de confiança da rainha, odiado e vigiado pelo rei. Em função do calote que alega ter recebido da patroa, Presas resolveu se vingar, escrevendo as memórias secretas sobre os empreendimentos de Carlota nos delicados negócios das províncias do Sul e outros tantos casos mais apimentados em que ela se envolveu. Assim relata o espanhol:

↓ **01.** Thomas Ender. Enseada da praia de Botafogo com chácara de D. Carlota ao fundo. 1817.

" O contra-almirante [Smith], ansioso que a princesa honrasse com a sua presença um lugar tão aprazível [uma chácara no interior de Niterói], convidou-a por meio de uma carta, que S.A. imediatamente me respondeu com outra, escrita e concebida nos seguintes termos: ¶ 'Presas, envio a ti a carta que me dirigiu Sir Sidney Smith, quero que vejas o que deve ser respondido sem me comprometer e depois me envies a resposta, porque quero enviá-la, terei de fazê-lo esta noite até as dez e meia; venha nessa hora, porque não posso falar-te primeiro, mas a resposta para Sir Sidney Smith envie-me o mais breve possível. 08 de abril de 1809'. ¶ O conteúdo da carta de Smith, além do convite, se estendia também para tratar dos negócios do rio da Plata. [...] a prevenção de que me fazia a princesa de que não fosse de modo algum antes das 22:30 horas, por ela ter o que fazer, não deixava de despertar bastante a minha curiosidade, porque eu me perguntava: que coisa ou que negócio pode ser oferecido à princesa que eu não posso saber? Não foi S.A.R. quem me confiou os segredos mais ocultos da sua vida particular e privada? Que assunto ou negócio pode acontecer esta noite que torne minha presença desconfortável a ponto de ser despachada? (PRESAS, 1830, p. 56-57).

26 JAN MORRE RODRIGO DE SOUSA COUTINHO, CONDE DE LINHARES, EX-MINISTRO DA GUERRA E DOS NEGÓCIOS ESTRANGEIROS

O conde de Linhares foi o mais importante político português depois do marquês de Pombal. Por três décadas, esse estadista foi protagonista da política portuguesa, pois conhecia como poucos a colônia brasileira. Na formulação de diretrizes e em sua execução prática, usou do vasto conhecimento científico disponível na época e de sua capacidade de congregar jovens talentos, como Manuel de Arruda Câmara e José Bonifácio de Andrada e Silva, para alcançar a maior eficiência na exploração da colônia. ¶ Foi o cérebro por trás de inúmeras

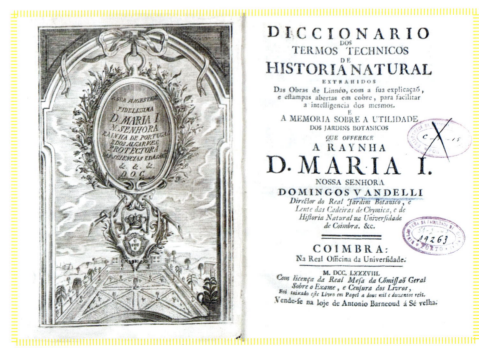

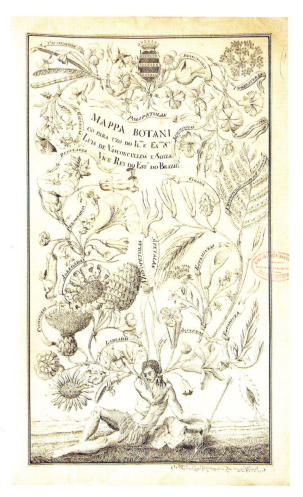

↑ **02.** José Correa Rangel. *Mappa botanico para uzo do Ilmo. e Exmo. Sr. Luis de Vasconcellos e Soiza*. s.d.
← **03.** Domenico Vandelli. *Dicionário dos termos técnicos de história natural extraídos das obras de Lineu*. 1788.

↑ **04.** José Mariano da Conceição Velloso. *Trabalho do terreno para se plantar hum [um] indigoal, e para o colher*. Mostra várias fases da plantação de índigo (anileira): fig. 1 (topo) descreve o preparo da terra para o plantio, usando um arado; fig. 2 (centro) mostra o uso de enxadas para fazer os buracos onde as sementes de índigo são lançadas; fig. 3, descreve a colheita da planta, juntando-as em feixes, e seu carregamento para tanques na etapa seguinte do processo. O painel inferior mostra as ferramentas e instrumentos usados no indigoal. 1806.

ações governativas de dom João ainda no reino e depois no Brasil. Entre suas ações, criou a Tipografia do Arco do Cego, que, entre 1799 e 1801, publicou uma série de obras técnicas (científicas e de agricultura) e mapas, funcionando também como oficina para o aprendizado das artes tipográficas e gravura. Atribuída sua direção a frei José Mariano da Conceição Veloso, botânico autodidata autor da célebre *Flora fluminensis*, a editora adotou as técnicas tipográficas e editoriais mais arrojadas existentes da época. A Tipografia publicou dezenas de traduções de obras francesas e inglesas sobre história natural aplicada, além da obra do próprio Veloso, *O fazendeiro do Brasil*, ilustrada e em dez volumes, com dicas sobre agricultura e pecuária. D. Rodrigo de Sousa Coutinho foi também o cérebro por trás da guerra deflagrada contra os botocudos do rio Doce; a expansão e a conquista do território; a demarcação de fronteiras; a criação da Academia Militar, do Arquivo Militar, do Banco do Brasil, da fábrica de pólvora na lagoa Rodrigo de Freitas e da Fábrica de Ferro do distrito de São João do Ipanema, em São Paulo.

↑ **05.** Debret. *Cena de carnaval*, [c. 1834-1839].

FEV ▪ CARNAVAL

Quando chegou ao Brasil a festa popular mais celebrada de nossa cultura, o Carnaval chamava-se entrudo. Brincavam-no os portugueses nas ilhas africanas de Cabo Verde e da Madeira às vésperas da Quaresma, sem música nem dança. O ponto alto da festa ali eram os limões de cheiro, pequenas bolas ocas feitas de parafina do tamanho de uma laranja, que os foliões enchiam ou com água perfumada de canela ou rosas, ou com água suja e xixi, para saírem atirando uns nos outros nos dias de folia. Por ser coisa de "gente pobre", era reprimido pelas autoridades. Mas todas as classes se jogavam na brincadeira, da qual o próprio dom João desfrutava com suas filhas e filhos. ¶ Consta que dom Pedro I e seu filho dom Pedro II também foram foliões aficionados dos limões de cheiro. As reformas urbanas feitas pelo prefeito do Rio de Janeiro Pereira Passos (1902-1906) marcam o declínio do entrudo e a popularização do Carnaval, tal como o conhecemos hoje. Já no século XIX o velho entrudo se modificava também em função das modas francesas e italianas, como os bailes mascarados, adotados nos carnavais de salão da elite local na segunda metade do século XIX.

LINHA
Antiga medida de comprimento equivalente ao duodécimo de uma polegada; portanto, com pouco mais de dois milímetros.

❝ **CENA DE CARNAVAL** O limão de cheiro, único objeto dos divertimentos do carnaval, é um simulacro de laranja, frágil invólucro de cera de um quarto de linha de espessura e cuja transparência permite ver-se o volume de água que contém. A cor varia do branco ao vermelho e do amarelo ao verde; o tamanho é o de uma laranja comum; vende-se por um vintém, e os menores a dez réis. ¶ Para o brasileiro, o carnaval se reduz aos três dias gordos, que se iniciam no domingo às cinco horas da manhã, entre as alegres manifestações dos negros, já espalhados nas ruas a fim de providenciarem o abastecimento de água e comestíveis de seus senhores, reunidos nos mercados ou em torno dos chafarizes das vendas. Vemo-los aí, cheios de alegria e saúde, mas donos de pouco dinheiro, satisfazerem sua loucura inocente com a água gratuita e o polvilho barato que lhes custa cinco réis. [...] ¶ Vi, durante a minha permanência, certo carnaval em que alguns grupos de negros mascarados e fantasiados de velhos europeus imitaram-lhes muito jeitosamente os gestos, ao cumprimentarem à direita e à esquerda as pessoas instaladas nos balcões; eram escoltados por alguns músicos, também de cor e igualmente fantasiados. ¶ Mas os prazeres do carnaval não são menos vivos entre um terço, pelo menos, da população branca brasileira; quero referir-me à geração de meia-idade, ansiosa por abusar alegremente, nessas circunstâncias, de suas forças e sua habilidade, consumindo a enorme quantidade de limões de cheiro disponíveis. [...] ¶ É natural que, após semelhante combate, toda a sociedade de um balcão, molhada como ao sair de um banho, se retire para mudar de roupa; mas logo volta com o mesmo entusiasmo. E uma moça sempre se orgulha do grande número de vestidos que lhe molharam nesses dias gloriosos para seus dotes de habilidade (DEBRET, 1989, v. 2, p. 134).

↓ **06.** *Carnaval de rua*, início do século XX.

1812

" **UM DIA DE ENTRUDO.** Era no tempo em que ao *Carnaval* se chamava *Entrudo*, o tempo em que em vez das máscaras brilhavam os limões de cheiro, as caçarolas d'alma, os banhos, e várias graças que foram substituídas por outras, não sei se melhores se piores. ¶ Dois dias antes de chegar o entrudo já a família de d. Angélica Sanches estava entregue aos profundos trabalhos de fabricar limões de cheiro. Era de ver como as moças, as mucamas, os rapazes e os moleques, sentados à volta de uma grande mesa compunham as laranjas e limões que deviam no domingo próximo molhar o paciente transeunte ou confiado amigo da casa. [...] ¶ O dia começou bem; alguns sujeitos que passavam foram alvo de meia dúzia de limões de cheiro, que os deixaram um tanto úmidos; e mais nada. ¶ Jantou-se mais cedo. ¶ Às três horas e meia estavam as moças vestidas e prontas à janela; a sala estava cheia de tabuleiros com limões de cheiro. ¶ Os rapazes ausentaram-se. ¶ Correu assim uma hora sem incidente notável. Constante fogo de água trazia a rua agitada. Os gamenhos, munidos de limões iam atirando às senhoras que estavam às janelas, e estas correspondiam ao ataque com um vigor nunca visto. ¶ Havia em casa de d. Angélica cerca de 1.200 limões; imaginem se o combate podia fraquear (ASSIS, 1874).

GAMENHO
Indivíduo que se enfeita para namorar; casquilho; janota; indivíduo vadio, malandro.

↑ **07.** Foliões da Mangueira desfilam com bandeiras com o rosto de Marielle Franco. Além da vereadora assassinada em 2018, a escola homenageou outros heróis da resistência negra e indígena, como Dandara dos Palmares e Luísa Mahin, guerreiras negras que lutaram pela libertação dos escravos. 2019.

13 MAI ■ ÓPERA NO PALÁCIO | EXECUÇÃO DA ÓPERA BURLESCA *A SALOIA NAMORADA*, DO MAESTRO MARCOS PORTUGAL

❝ A corte foi convidada à Quinta da Boa Vista para aplaudir à representação de uma ópera burlesca, A saloia namorada, em que Marcos Portugal regeu o corpo de alunos negros do Conservatório instituído na Real Fazenda de Santa Cruz pelo príncipe regente d. João. A respeito da exibição, comentou o padre José Maurício: 'Antes de ontem houve festa na Chácara de Sua Alteza. Houve missa grande de Marcos com instrumental, e tudo pelos pretos de Santa Cruz, que deram excelente conta de si' [apud Mattos, 1996, p. 107]. Essa farsa já havia sido musicada em 1793 pelo compositor português Antônio Leal Moreira, sendo o texto de autoria do poeta brasileiro Domingos Caldas Barbosa (ANDRADE, 1967, p. 72).

O maestro Marcos Portugal tornou-se uma figura-chave na estratégia de dom João. Ele foi responsável tanto por desenvolver um estilo de música adequado à encenação do poder real, potencializando o esplendor das aparições públicas do monarca na Capela Real, quanto por assegurar que tudo correria bem e em boa ordem quando o príncipe regente comparecesse ao teatro e às performances públicas. ¶ O compositor foi diretor musical da casa de ópera, escrevendo pessoalmente para as magníficas vozes que tinha à disposição, entre as quais as dos *castrati* (cinco deles contratados em 1816 e 1817), os favoritos do soberano. A vasta produção musical de Marcos Portugal desse período é composta quase exclusivamente de música religiosa (missas, matinas, salmos e hinos), incluindo algumas novas versões de obras escritas para a Basílica de Mafra. As três exceções são: *A saloia namorada*, farsa cantada na Quinta da Boa Vista (1812); *Augurio di felicità*, serenata para comemorar o casamento de dom Pedro com dona Leopoldina (1817); e o *Hino para a feliz aclamação de d. João VI* (1817). Por seus "bons serviços", Marcos Portugal recebeu a comenda da Ordem de Cristo em 12 de outubro de 1820, aniversário do príncipe dom Pedro. *A saloia namorada* teria sido composta no Rio de Janeiro, em 1812, configurando-se como sua única obra para cena feita no Brasil. ■ **CHOQUE DE CIVILIZAÇÕES** A transferência da Corte portuguesa para o Rio de Janeiro produziu uma verdadeira revolução cultural nos hábitos dos que chegavam e dos que já residiam na então capital do vice-reino do Brasil. Aos poucos, a mudança se irradiou por toda parte, a começar pelos centros urbanos das capitais litorâneas. A rotina da nova sede da Coroa já não era mais tão apática e a vida dos residentes e da legião de estrangeiros, que passaram a desembarcar ininterruptamente na cidade, começou a ser mais dinâmica. Muitos cronistas e viajantes perceberam esse movimento.

↑ **08.** Domingos Caldas Barbosa. *A saloia namorada ou O remédio é casar: pequena farsa dramática*. A composição do drama é de Lereno Selencintino; a música é de Leal Moreira. 1793.

> ❝ No Rio e em todas as grandes cidades da América, o caráter dos habitantes varia ao infinito, segundo a idade e profissões: porém, não se poderia dissimular que o movimento, que o império imprimiu nos costumes, estabeleceu uma diferença assaz sensível entre as duas gerações. Mui limitado é o número de famílias que, até certo ponto, não têm adotado os usos ingleses e franceses. [...] Doutra parte, as classes elevadas, sobretudo nos portos do mar, renunciam ao que têm de primitivo, para se darem à imitação dos costumes ingleses; imitação, que não pode redundar em proveito dos habitantes, e que, infelizmente, só é própria para disfarçar a fraqueza e falta de estabilidade sob exigências e formalidades de toda a espécie (DENIS, 1844, v. 1, p. 125).

Os sinais da transformação nos costumes estavam por toda parte: nos modos de tratamento, nas aulas de música, "de ensinar" (contar e escrever), nas lojas de roupas e toucadores (como os atuais salões de beleza, para damas e cavalheiros) que se abriam, na moda, no teatro e nas maneiras à mesa, sobretudo nas aparições públicas, que se tornaram mais constantes. ¶ Vários observadores deixaram testemunhos, por exemplo, sobre a etiqueta à mesa, desde o bibliotecário Luís Joaquim dos Santos Marrocos, a desenhista e escritora Maria Graham, ao comerciante John Luccock e o viajante Fernand Denis. Todos atribuem ao clima a lassidão das maneiras à mesa. Há relatos detalhados de recepções, que diferiam muito conforme a extração social de cada família, fossem nobres da Corte, burocratas migrados, comerciantes, brancos de poucas posses, libertos, entre outros grupos. John Luccock conta que, em geral, a família ficava à varanda dos fundos da casa, em calmo isolamento do mundo.

> ❝ As mulheres, sentadas em roda, na postura costumeira, costuram, fazem meia, renda, bordados ou coisas semelhantes, enquanto que os homens se encostam a tudo quanto possa servir para isso ou ficam a vaguear de quarto para quarto. É ali também que tomam suas refeições, usando de uma velha tábua colocada sobre dois cavaletes, um par de tamboretes de pau para completar e, quando existem dessas coisas, uma ou duas cadeiras. A refeição principal consta de um jantar ao meio-dia, por ocasião da qual o chefe da casa, sua esposa e filhos às vezes se reúnem ao redor da mesa; é mais comum que a tomem no chão, caso em que a esteira da dona da casa é sagrada, ninguém se aproximando dela senão os favoritos reconhecidos. As vitualhas [os comestíveis] constam de sopa, em que há grande abundância de legumes, carne seca e feijão de várias qualidades. Em lugar de pão, usam de farinha de mandioca; esta, quando úmida, é servida em cabaças ou terrinas; quando seca em sestas, sendo comida em pequenos pratos de Lisboa. Somente os homens usam faca; mulheres e crianças se servem dos dedos. As escravas comem ao mesmo tempo, em pontos diversos da sala, sendo que por vezes suas senhoras lhes dão um bocado com as próprias mãos. Quando há sobremesas, consta ela de laranjas, bananas e outras poucas frutas (LUCCOCK, 1975, p. 81).

Segundo seu relato, os bons modos seguiam até certa altura. O dono da casa tinha a preferência para sentar-se à cabeceira da mesa e servir as iguarias, que eram trazidas uma a uma e passadas a cada conviva sucessivamente, ninguém recusando ou principiando a comer antes de o último ser servido. Só então podiam os comensais iniciar a refeição, o que faziam em grandes quantidades e avidamente. A aia de dona Leopoldina, Maria Graham, deixou registro precioso sobre a dieta e as maneiras dos recifenses quando por lá passou em 1821.

> Comecei a tomar conta da casa em terra. Encontramos verduras e aves muito boas, mas não baratas; as frutas são muito boas e baratas, a carne verde é barata, mas ruim; há um açougueiro monopolista e ninguém pode matar um animal, sequer para seu próprio uso, sem pagar-lhe uma licença; consequentemente, não havendo concorrência, ele fornece o mercado à sua vontade. A carne é tão má que três dias em quatro mal pode ser empregada sequer em sopa de carne. A que é fornecida no navio é tão má quanto esta. O carneiro é raro e mau. A carne de porco é muito boa e bonita. [...]. O pão de trigo usado no Rio é feito principalmente de farinha americana e, de um modo geral, bem bom. Nem a capitania do Rio, nem as do Norte produzem trigo, mas nas terras altas de São Paulo e Minas Gerais e nas províncias do Sul, é cultivado em boa escala e com grande sucesso. O grande artigo de alimentação aqui é a farinha de mandioca. Usa-se sob a forma de um bolo largo e fino como um requinte. Mas o modo habitual de comê-la é seca. Na mesa dos ricos é usada em todos os pratos que se comem, tal como comemos pão. Os pobres empregam-na de todas as formas: sopa, papa, pão. Nenhuma refeição está completa sem ela. Depois da mandioca, o feijão é a comida predileta, preparado de todas as maneiras possíveis, porém mais frequentemente cozido com um pedacinho de carne de porco, alho, sal e pimenta. Como gulodice, desde os nobres até os escravos, doces de todas as espécies, desde as mais delicadas conservas e confeitos até as mais grosseiras preparações de melaços, são devoradas em grosso (GRAHAM, 1990, p. 196).

↑ 09. Sir Thomas Lawrence. *Maria, Lady Callcott*. 1819.

1812

Maria Dundas Graham (1785-1842) foi pintora, ilustradora, escritora e historiadora inglesa. Depois de morar na Itália, viajou para o Brasil pela primeira vez em 1821, a caminho do Chile, acompanhando seu marido, o capitão Thomas Graham, quando conheceu Pernambuco, Bahia e Rio de Janeiro. Depois de enviuvar em 1822, morou no Rio de Janeiro até o início de 1823, quando retornou para a Inglaterra. De volta ao Rio de Janeiro, no mesmo ano, tornou-se preceptora da princesa dona Maria da Glória, filha do imperador dom Pedro I. Em 1824, publicou um diário com suas impressões sobre o Brasil, *Journal of a Voyage to Brazil and Residence There During Years 1821, 1822, 1823*, com ilustrações e aquarelas de sua autoria e do pintor Augustus Earle. Retornou definitivamente à Inglaterra em 1825 e, dois anos depois, casou-se com o pintor Augustus Wall Callcott.

O depoimento que mais se firmou no imaginário e na cultura brasileira sobre os hábitos alimentares e modos à mesa dos brasileiros é a prancha 7, "O jantar no Brasil", na *Viagem pitoresca e histórica* de Debret. Nele, toda a perversão da escravidão no ambiente doméstico é retratada sem filtros.

> No Rio de Janeiro, como em todas as outras cidades do Brasil, é costume, durante o *tête-à-tête* de um jantar conjugal, que o marido se ocupe silenciosamente dos seus interesses e a mulher se distraia com os seus negrinhos, que substituem os doguezinhos. Esses molecotes, mimados até a idade de cinco ou seis anos, são em seguida entregues à tirania dos outros escravos, que os domam a chicotadas e os habituam, assim, a compartilhar com eles das fadigas e dissabores do trabalho. [...] ¶ Quanto ao jantar em si, compõe-se, para um homem abastado, de uma sopa de pão e caldo grosso, chamado caldo de substância, porque é feito com um enorme pedaço de carne de vaca, salsichas, tomates, toucinho, couves, imensos rabanetes brancos com suas folhas, chamados impropriamente nabos etc., tudo bem cozido. No momento de pôr a sopa à mesa, acrescentam-se algumas folhas de hortelã e mais comumente outras de uma erva cujo cheiro muito forte dá-lhe um gosto marcado bastante desagradável para quem não está acostumado. Serve-se ao mesmo tempo o cozido, ou melhor, um monte de diversas espécies de carnes e legumes de gostos muito variados embora cozidos juntos. Ao lado coloca-se sempre o indispensável pirão (de farinha de mandioca) misturado com caldo de carne ou de tomates ou ainda com camarões. Uma colher dessa substância farinhosa meio líquida, colocada no prato cada vez que se come um novo alimento, substitui o pão, que nessa época não era usado ao jantar. ¶ [...] A esses pratos, sucedem, como sobremesa, o doce-de-arroz frio, excessivamente salpicado de canela, o queijo de minas, e mais recentemente, diversas iguarias da Holanda e da Inglaterra. As laranjas tornam a aparecer com as outras frutas do país, como abacaxis, maracujás, pitangas, melancias, jambos, jabuticabas, mangas, cajás, frutas do conde, etc. Os vinhos da Madeira e do Porto são servidos em cálices com os quais se saúdam cada vez que bebem. Além disso, um copo muito grande, que os criados têm o cuidado de manter sempre cheio de água pura e fresca, posta à mesa, serve a todos os convivas para beberem à vontade. A refeição termina com o café. ¶ Passando-se ao humilde jantar do pequeno negociante e sua família, vê-se, com espanto, que se compõe apenas de um miserável pedaço de

carne seca, de três a quatro polegadas quadradas e somente meio dedo de espessura; cozinham-no à grande água com um punhado de feijões pretos, cuja farinha cinzenta, muito substancial, tem a vantagem de não fermentar no estômago. Cheio o prato com esse caldo, joga-se nele uma grande pitada de farinha de mandioca, a qual misturada com os feijões esmagados forma uma pasta consistente que se come com a ponta de uma faca arredondada, de lâmina larga. [...] O dono da casa come com os cotovelos fincados na mesa; a mulher com o prato sobre os joelhos, sentada à moda asiática na sua marquesa, e as crianças deitadas ou de cócoras nas esteiras se enlambuzam à vontade com a pasta comida nas mãos. [...] completam a refeição bananas e laranjas. Bebe-se água unicamente. As mulheres e crianças não usam colheres nem garfos; comem todos com os dedos. ¶ Os mais indigentes e os escravos nas fazendas alimentam-se com dois punhados de farinha seca, umedecidos na boca pelo suco de algumas bananas ou laranjas. Finalmente, o mendigo quase nu e repugnante de sujeira, sentado do meio-dia às três à porta de um convento, engorda sossegadamente, alimentado pelos restos que a caridade lhe prodigaliza. Tal é a série de jantares da cidade, após os quais toda a população repousa (DEBRET, 1989, v. 2, p. 60).

↓ **10.** Debret. *O jantar – A sesta*. 1835.

> "A culinária é a arte de fazer obras-primas que logo se desfazem."
> Carlos Drummond de Andrade (*O avesso das coisas*, 1990).

A culinária brasileira é riquíssima, mistura de tradições de tantos sujeitos, tempos e espaços. A herança do colonizador é a mais bem documentada. Muitas obras foram impressas. *A arte da cozinha*, publicado em 1680, é considerado o primeiro tratado de cozinha publicado em Portugal. Seu autor, Domingos Rodrigues (1637--1719), produziu incontáveis banquetes da mesa real portuguesa. No prólogo do pequeno volume dedicado às artes da cozinha, escreveu: "Todas as coisas que ensino experimentei por minha própria mão e as mais delas inventei por minha habilidade". Para se ter dimensão da importância da obra, ela ainda era referência e recebeu nova edição em 1838, no Rio de Janeiro. **VÁRIAS QUALIDADES DE MASSAS DE PÃO** Faz-se pão de muitas castas com a farinha de trigo como é pão da Rainha, pão à Montoron, pão de Segóvia, pão mole, pão fidalgo e pão da moda. O pão da Rainha, amassa-se com um pouco de sal e fermento de cerveja, os outros todos amassam-se uns com leite, outros com manteiga, com advertência de deixar fermentar mais a massa, e que fique mais leve e mais branda. As gentes do campo e as pobres fazem pão de centeio, de trigo misturado com cevada, de milho, de arroz, de castanhas, e outros frutos e raízes, para se remediarem em tempos de fome e carestia. **MASSA REAL** Deitem sobre a mesa uma oitava de farinha, amasse-se com água, e sal pouco, e seja de maneira que depois de ligada não fique branda, nem dura; sove-se e deixe-se descansar meia hora; estenda-se depois com um pau de massa até ficar da grossura de um dedo, assente-lhe por cima outro tanto de manteiga, como há de massa; enrole-se muito bem de forma que a manteiga fique encerrada dentro; estenda-se com o pau, continuem a fazer o mesmo três ou quatro vezes; reduza-se finalmente a grossura que se entender necessária, e servirá para tortas de carne, tortas de doce, pastelinhos, timbales, fritadas, e outras peças de forno (RODRIGUES, 1838, p. 203-204).

OITAVA
3,5856 kg

TIMBALE
Peça de massa folhada, cozida no forno, para depois ser recheada, geralmente com carne ou peixe.

13 MAI   ■ INAUGURAÇÃO DO TEATRO SÃO JOÃO, EM SALVADOR

Não fez a fama do último vice-rei do Brasil, dom Marcos de Noronha e Brito, conde dos Arcos, somente o modo implacável com que reprimiu rebeliões. Ele foi responsável também pelo estabelecimento da primeira tipografia na Bahia (onde se imprimiu o jornal *Idade d'Ouro do Brazil*), criou a atual Biblioteca Central do Estado da Bahia (anteriormente Biblioteca Pública do Estado da Bahia, também conhecida como Biblioteca dos Barris), a Faculdade de Medicina, a Associação Comercial e o Passeio Público de Salvador, além de ter concluído o Cais da Alfândega e o Teatro São João. ¶ O teatro, que Louis-François Tollenare estimou ter cerca de 800 lugares, funcionou desde sua inauguração, em 13 de maio de 1812, até 1922, e localizava-se onde hoje fica a praça Castro Alves. Em sua primeira temporada, entre 1812 e 1814, foram realizadas cerca de cinquenta apresentações, com uma companhia que contava com dezesseis artistas, além de um reduzido corpo técnico. A música ficava a cargo do mestre Antônio Joaquim de Morais, que dirigia a orquestra de dezesseis músicos fixos, extras e cantores italianos. Para esse primeiro momento, o teatro contratou também duas bailarinas, a italiana Anna Carnevalli e a espanhola Roza Vizentini, responsáveis pelos bailados e danças (RUY, 1967; BOCCANERA JUNIOR, 1915).

↑ **11.** O mirante e o obelisco do Passeio Público em ilustração com base em fotografia de Victor Frond. Cerca de 1858. ↓ **12.** Thomas Abiel Prior. Salvador em 1823. s.d.

No quinto ano da Corte no Brasil, acentuam-se os empreendimentos civilizatórios envidados pela Coroa, com apoio dos grandes da terra. Logo em janeiro funda-se o jornal O *Patriota*, que traz preciosas informações sobre o território brasileiro, como estimativas da população de Goiás, onde os povos indígenas resistem à ocupação branca, ou sobre doenças recorrentes no Rio de Janeiro. Estrangeiros imbuídos de interesses diversos continuam a afluir em massa, como o cientista bávaro barão von Langsdorff. A 13 de outubro se inaugurava o Real Teatro São João, centro da vida política e social da Corte. Mas profundas raízes rurais e coloniais ainda marcariam a sociedade por um longo tempo.

↑ **01.** P. Blanchard. *Expedição brasileira pelo Mato Grosso*. 1866.

JAN ■ **PUBLICAÇÃO DO PRIMEIRO NÚMERO DE O PATRIOTA** O *Patriota, jornal litterario, político, mercantil, &c. do Rio de Janeiro* foi um dos primeiros jornais a circular no Rio de Janeiro. De vida curta, foi editado por Manuel Ferreira de Araújo Guimarães entre janeiro de 1813 e dezembro de 1814, deixando registros preciosos sobre o Brasil do período. Nele colaboraram pessoas de expressão na Corte, como o inconfidente mineiro de 1789 Silva Alvarenga, o conselheiro do rei Silvestre Pinheiro Ferreira e José Bonifácio de Andrada e Silva. Foi impresso na Tipografia Régia e publicou dezoito números, sem periodicidade muito precisa. Inovou ao divulgar matérias variadas, como artigos literários, científicos, políticos e mercantis. Independente, era financiado pelos seus subscritores e não pelo Estado, como a *Gazeta*. ¶ No número 3, de março de 1813, oferecia estas interessantes informações sobre a capitania de Goiás:

1813

Notícia da população, comércio e agricultura da capitania de Goiás ¶ Esta capitania contém 14 julgados, que são Vila Boa, Crixás, Pilar, Traíras, Meia Ponte, S. Luzia, S. Cruz, Desemboque, Cavalcante, S. Félix, Arraias, Conceição, Natividade, Carmo. ¶ O primeiro é a capital; os setes seguintes são chamados do Sul, e os outros do Norte. A repartição do Sul compreendia, em 1808, 9.350 fogos, e a do Norte 3.172. ¶ A sua população era a seguinte:

	Brancos		Mulatos	
	Homens	*Mulheres*	*Homens*	*Mulheres*
Vila e Termo	610	609	1.208	1.603
Os 7 julgados do S.	2.328	2.367	3.837	4.116
Ditos do N.	570	466	2.323	2.365
Soma	**3.508**	**3.442**	**7.368**	**8.084**

	Pretos		Cativos	
	Homens	*Mulheres*	*Homens*	*Mulheres*
Vila e Termo	413	599	2.637	1.795
Os 7 julgados do S.	1.649	2.409	6.237	3.982
Ditos do N.	1.146	1.720	3.220	2.156
Soma	**3.208**	**4.728**	**12.094**	**7.933**

Total	*Livres*	*Escravos*	*Total*
Vila e Termo	5.042	4.432	9.474
Os 7 julgados do S.	16.706	10.219	26.925
Ditos do N.	8.590	5.376	13.966
Soma	**30.388**	**20.027**	**50.365**

No ano de 1809 se acha exatamente o mesmo número de brancos e 20.057 escravos.

↑ **02.** Debret. *Carga de cavalaria guaicuru.* [c. 1834-1839]. → **03.** E. Meyer. *Festa de beber dos coroados.* [c. 1820-1823].

11 FEV ▪ ATAQUE DOS ÍNDIOS CARAJÁ, XAVANTE E XERENTE AO PRESÍDIO SANTA MARIA DO ARAGUAIA, EM GOIÁS

Em seus *Anais da província de Goiás* (1865), o político, professor e historiador José Martins Pereira de Alencastre narrou o episódio do ataque dos índios Carajá, Xavante e Xerém e a queda do Presídio de Santa Maria do Araguaia, em 11 de fevereiro de 1813. Um aviso de 6 de setembro de 1811 havia mandado fundar a prisão, estratégica para a conquista do sertão de Goiás.

> Três nações coligadas, cherentes, chavantes e carajás, pondo em campo todos os seus homens de guerra, marcharam contra Santa Maria, e no dia 11 de fevereiro de 1813 o assediaram. [...] Seriam oito horas da manhã quando o presídio foi surpreendido pelo aparecimento de uma nuvem de índios armados de lanças, arcos, flechas e porretes, vindos do lado dos campos que se desdobravam pelos fundos da povoação. Muitos guerreiros empunhavam os fachos, com que pretendiam incendiar as habitações dos brancos. [...] Logo que se aproximaram, os índios, que até então marchavam silenciosos, prorromperam em estrondosos brados: era o sinal com que costumam anunciar o ataque. [...] A ação travou-se medonha! Sobre os 12 soldados caiu uma chuva de setas envenenadas, mas nenhuma os ofendeu, ao passo que sobre as compactas colunas dos silvícolas as balas produziam grandes estragos. À primeira descarga recuaram, para voltarem com novo impacto: quatro vezes tentaram os índios entrar no acampamento ao som de suas canções de guerra, e na ardente impetuosidade do ataque, outras tantas foram rechaçados com denodo. [...] um ribeirão que atravessava o fundo do presídio era um reduto poderoso, que o defendia em parte da violência dos selvagens. Os carajás tentaram passar o ribeirão a nado,

e operar um ataque pela frente [...] Acabado o cartuxame [as munições de cartuchos], eram as armas carregadas a pólvora e chumbo, sendo as mulheres e crianças quem preparava as cargas. [...] ¶ A paz era impossível. Quando o comandante se recolhia à sua tenda e se preparava para sustentar novo e inevitável ataque, chegavam os cinco soldados que pela manhã tinham saído à caça. Uma nuvem de inimigos sobre ele se arremessou, e mal deu-lhes tempo para se defenderem. Um círculo de ferro os apertou, e no meio da luta a mais firme e desigual expiraram todos aos golpes raivosos das clavas dos carajás. Este episódio, presenciado sem remédio pelos soldados do presídio, os fez desanimar. [...] ¶ Refletindo [capitão] Barros que a guarnição era pouca para resistir a tantos inimigos [...], resolveu abandonar o presídio. Ao anoitecer o som das buzinas e marcas dos índios anunciou a sua aproximação: embarcaram-se todos em péssimas montarias, e precipitadamente e sem pilotos se entregaram à mercê das águas. Foi uma cena contristadora a fuga dessas 38 pessoas, que compunham o pessoal do presídio de Santa Maria. A canoa em que ia o comandante, arrebatada pelas águas de uma cachoeira, alagou-se e submergiu: dois filhos seus e dez pessoas adultas foram arrebatadas pela corrente. Só restava uma montaria, e esta mesma fazia tanta água que preste soçobrou, deixando nas margens do Araguaia 25 pessoas inanidas e entregues ao desespero e à dor. Tinham navegado 15 dias! Quase 60 léguas venceram em [mais] dez dias, para chegarem ao presídio de São João das Barras. Muitos faleceram nesta viagem penosa: poucos foram os que restaram para contarem seus padecimentos e o trágico fim de seus companheiros. O presídio de Santa Maria deixou de existir... (ALENCASTRE, 1865, p. 71 ss).

1813

↑ **04.** Rugendas. *Guerrilhas.* 1835.

↑ **05.** Debret. *As vênus negras do Rio de Janeiro.* s.d.

MAR No mesmo número 3, de março, O *Patriota* trazia uma importante matéria sobre as doenças tropicais mais comuns, que molestavam a população brasileira, principalmente da cidade da Corte. Nas entrelinhas, a profusão de doenças venéreas deixa entrever as práticas sexuais e a régua moral da elite patriarcal brasileira, além do costume da reclusão das mulheres.

As moléstias, que mais vulgarmente costumam acontecer aos habitantes do Rio de Janeiro, e que por isso se chamam endêmicas, são as erisipelas, as doenças de pele, as obstruções do fígado, em que, quase sempre, interessa o pulmão, conhecidas no país debaixo do nome de tuberculose; e finalmente as afecções hemorroidais. As erisipelas, a ninguém, nem mesmo aos recém-nascidos, como eu tenho observado, poupam. [...] ¶ As causas morais e dietéticas influem assaz para as moléstias do país. Os antigos afirmam que as tísicas, hoje tão frequentes no Rio de Janeiro, raríssimas vezes se observavam, assim como as doenças de pele. Ora, se nós cavarmos mais no fundo a origem destas enfermidades, acharemos que quase todas são complicadas com o vício venéreo. A opulência desta respeitável cidade fez introduzir o luxo, e o luxo a depravação dos costumes, de maneira que dentro da cidade não faltam casas públicas, onde a mocidade vai estragar a sua saúde e corromper os costumes de uma boa educação, contraindo novas enfermidades e dando causas para outras tantas. ¶ Acresce a vida sedentária e debochada dos habitantes do país: as mulheres vivem encarceradas dentro em casa, e não fazem o mínimo exercício, os homens, ainda os europeus, ficam preguiçosos assim que se estabelecem nesta terra. Bem se vê logo que o [vício céltico](), os continuados deboches de comidas e bebidas, a que são muito entregues os habitantes do país, e a vida frouxa sem algum exercício, juntamente com as outras causas acima ponderadas, por certo hão de causar tantas enfermidades crônicas, que reinam nesta cidade.

VÍCIO CÉLTICO

Claudemiro Augusto de Morais Caldas (1846-1884) escreveu na *Gazeta Meddica da Bahia*, em 1866, o texto "Ligeiras considerações acerca das principais teorias sifilográficas", em que enumera os nomes da sífilis (nas primeiras décadas do século XIX, quase todas as doenças venéreas eram chamadas de sífilis: gonorreia, cancro mole, entre outras. Ele diz, segundo Sacramento Blake, seu biógrafo, que havia diversos nomes, entre os quais mal-céltico, vírus céltico ou vício dos célticos. Era uma forma preconceituosa de imputar a doença a um estrangeiro (JORNAL DE COIMBRA, 1818).

05 ABR — CHEGADA DOS NATURALISTAS BARÃO HEINRICH VON LANGSDORFF E GEORG W. FREYREISS AO RIO DE JANEIRO

A Expedição Langsdorff foi uma das mais importantes incursões científicas realizadas no Brasil no século XIX, chefiada e organizada pelo alemão naturalizado russo, o barão Georg Heinrich von Langsdorff. Entre 1821 e 1829, artistas e naturalistas (cientistas) percorreram mais de 17 mil quilômetros pelo interior do Brasil e realizaram um importante inventário do país. Além do próprio Langsdorff, alguns dos principais participantes foram o francês Antoine Hercule Florence, autor do mais antigo registro fotográfico existente nas Américas, o artista francês Aimé-Adrien Taunay e o jovem pintor bávaro Johann Moritz Rugendas, os zoólogos Edouard Ménétriès e Christian Friedrich Hasse, o astrônomo russo Néster Rubtsov e o botânico prussiano Ludwig Riedel. Nessa expedição, 27 pesquisadores e colaboradores perderam a vida nos sertões. Foi graças a esse projeto que o pintor alemão Johann Moritz Rugendas veio ao Brasil, contratado como desenhista da comitiva. ¶ Em seu diário de campo, Langsdorff anotava em 20 de setembro de 1824 (SILVA, 1997, p. 141):

> *Sobre a montanha, havia pouca visibilidade, porque toda a atmosfera estava envolta em fumaça. Os campos estão sendo queimados já há algumas semanas. A fumaça escurece até o sol. O sr. Riedel voltou com muita coleta, Rugendas desenhou, Ménétriès e Alexander mataram alguns pássaros. À tarde, chegou o capitão-mor acompanhado do sr. Maia, da sra. d. Flávia Maria Luiza, do coronel José de Sá, irmão do sr. da comarca, e do tenente-coronel José de Mello, irmão do meu amigo Alexander Luiz de Souza Menezes.* ¶ *O luxo corrompe o homem. Afinal, o que é o ouro?* ¶ *À tarde, aguaceiro.* ¶ *Da Cidade Imperial de Ouro Preto, passando por Catas Altas, Brumado, Caraça, Gongo Soco, encontram-se, por todo lugar, novas plantações de café, que, em sua maioria, ocupam ruínas de antigas jazidas de ouro e, de vez em quando, oferecem um contraste curioso. Também no caminho de Caeté para Nossa Senhora da Piedade existem plantações desse tipo. Na região de Caeté encontramos muitas pessoas com bócio, tanto brancos como negros. Qual seria a verdadeira origem do bócio?*

↑ **06.** Aimé-Adrien Taunay. *A partida da Expedição Langsdorff, no rio Tietê.* 1825. ↓ **07** Rugendas. *Canoa com índios.* 1835.

13 OUT ■ INAUGURAÇÃO DO REAL TEATRO SÃO JOÃO

Nas sociedades de corte, como a que desembarcou no Brasil em 1808, o teatro era o centro da vida social e política. Antes da chegada da família real, a rústica elite fluminense carecia de uma boa casa de espetáculos. Um dos principais empreendimentos "civilizatórios" apoiados pelo príncipe regente foi a construção de um teatro. Em 12 de outubro de 1813, o Real Teatro São João era inaugurado no largo do Rocio, próximo à Igreja da Lampadosa, esquina com o Real Erário, na capital do Rio de Janeiro. A peça de estreia foi *O juramento dos numes*. A casa de ópera do príncipe foi palco dos principais acontecimentos sociais e políticos do período joanino. ¶ Servia o teatro para as mais variadas formas de reverência da Corte e dos fluminenses endinheirados. Em todos os aniversários e dias festivos — batizados, casamentos dos membros da família real, vitórias militares —, aquele era o lugar privilegiado onde se reafirmavam os vínculos de fidelidade ao monarca. Mas era nas ocasiões mais agudas da vida política que o teatro se tornava o centro da vida cortesã. ¶ O São João, onde atualmente fica o Teatro João Caetano, contava com 1.020 assentos na plateia e quatro ordens de camarotes: trinta camarotes na primeira ordem, 28 na segunda, 28 na terceira e 26 na quarta. A primeira grande reforma foi feita em 1821. Em 25 de março de 1824, data em que se comemorava o juramento da Constituição do Império do Brasil, um grande incêndio destruiu o teatro. Desde então, foi levantado e caiu várias vezes. ¶ A edição de 16 de outubro de 1813 da *Gazeta do Rio de Janeiro* trouxe a notícia da inauguração do Real Teatro, que reuniu a família real e a nata da Corte.

Terça-feira, 12 do corrente, dia felicíssimo por ser o natalício do sereníssimo senhor d. Pedro de Alcântara, príncipe da Beira, se fez a primeira representação no Real Teatro de S. João, a qual S.A.R. foi servido honrar com sua real presença e a da sua augusta família. Este teatro, situado em um dos lados da mais bela praça desta corte, traçado com muito gosto e construído com magnificência, ostentava naquela noite uma pomposa perspectiva, não só pela presença de S.A.R. e pelo imenso e luzido concurso da nobreza e das outras classes mais distintas, mas também pelo aparato de formosas decorações e pela pompa do cenário e vestuário. Começou o espetáculo por um drama lírico, que tem por título O juramento dos numes, composto por d. Gastão Fausto da Câmara Coutinho, e alusivo à comédia que se devia seguir. Este drama era adornado com muitas peças de música de composição de Bernardo José de Sousa e Queirós, mestre e compositor do mesmo teatro, e com danças engraçadas nos seus intervalos. Seguiu-se a aparatosa peça intitulada Combate de Vimieiro. A iluminação exterior do teatro, ornada com esquisito gosto, realçava o esplendor do espetáculo. Ela representava as letras J.P.R. alusivas ao augusto nome do príncipe regente nosso senhor, cuja mão liberal protege as artes como fontes perenes de riqueza e da civilização das nações.

↑ **08.** Karl Friedrich Wilhelm Loeillot de Mars. *Teatro Imperial*. 1835. ← **09.** Jacques Etienne Victor Arago. *Vue de la Salle de Spectacle sur la Place do Rocio, à Rio de Janeiro.* [c. 1822-1831].

Na narração de sua excursão ao Brasil em 1819, o viajante prussiano Theodor von Leithold (1966, p. 14) deixou impressões sobre o teatro.

O teatro do Rio de Janeiro está no largo do Rossio. É quase do tamanho da nossa Ópera, mas não tão largo. Realizam-se ali umas quatro ou cinco representações por semana, que variam entre comédias, dramas e tragédias em português, e óperas italianas acompanhadas de bailados. Os espetáculos são pouco concorridos. Só assisti a um, mas como não entendia a língua, não posso dar opinião; contudo, notei que falavam monotonamente. ¶ *Demoiselle Faschiotti, irmã de um dos castrati da Capela Real, e madame Sabini cantam passavelmente, sobremodo ajudadas pelos seus dotes físicos. [...] A grande ostentação dos homens e mulheres no Rio de Janeiro observa-se no teatro em noites de gala: eles apresentam-se com* bandas *e* crachás; *elas, com joias, pérolas e brilhantes.*

BANDA
Lista larga na borda de um vestuário; cinta dos oficiais militares; fita larga ou faixa a tiracolo portando as insígnias de ordens honoríficas (de cavalaria).

CRACHÁ
Insígnia; comenda, condecoração; emblema de corporação militar usado no vestuário.

"ARRUAÇAS" NO TEATRO Nem tudo foi pompa e circunstância nos intestinos da Corte. Há registro de situações embaraçosas mesmo nos ambientes frequentados pela família real. Em 1809, o Real Teatro São João ainda não existia, mas os espetáculos já agitavam a vida social. No dia do aniversário do príncipe regente, uma escrava embriagada adentrou o salão e fez o seu show. No dia seguinte, o chefe da polícia Paulo Fernandes Viana mandava ofício enquadrando o juiz do crime do bairro de São José:

> Estando a seu cargo a inspeção do Teatro junto ao Paço, tem me sido muito desagradável saber e mesmo presenciar o mau comportamento que nele houve no dia dos anos de S.A.R. antes de principiar a Ópera e quando ainda V.M^{ce}. não havia chegado: e pelas indagações que tenho feito, procedeu tudo de ver o povo ali em um dos camarotes uma parda que [é] criada do desembargador Francisco Baptista [...] que tem sido há muito salvo do escândalo de todos os que a veem ali aparecer, contra a polícia que se deve guardar no teatro, e contra a decência mesmo (ANRJ, 1809, p. 53).

O intendente mandava notificar a "parda Francisca de tal" que nunca mais aparecesse naquele local, "com a pena de que sendo ali vista ser presa na Cadeia pública, e esta execução ficará a cargo do ministro inspetor". ¶ Menos de dois meses depois, em 7 de junho de 1809, o chefe da polícia de novo voltava-se inconformado contra o juiz do bairro de São José, agora pelo ocorrido outra vez na ópera.

> Tendo chegado a mim a nota que na noite da Opera do dia último das luminárias não se acabara a Récita por atirarem da plateia uma pedrada ao cômico Manoel Alves, e sendo este um procedimento que pela primeira vez se praticou nesta Corte, deveria V.Mce. ter-me logo dado parte dele, e que não fez, pois que não deve ficar assim impune um fato que não falta quem o atribua à frouxidão da Inspeção [da polícia], ainda mesmo à falta de assistência dela (ANRJ, 1809, p. 53).

A reprimenda do chefe de polícia ao juiz do bairro foi dura: "Espero não ter nada mais que advertir, nem que lembrar a V.Sra. a este respeito, porque deve ser exato, vigilante e forte neste particular de que o público se tem escandalizado muito" (ANRJ, 1809, p. 53).

■ **SOBRE O PATRIARCALISMO** Herança ibérica, o patriarcalismo se enraizou no Brasil desde os primeiros tempos da colonização, dando centralidade ao senhor rural como centro de gravitação e de poder de toda a vida social. Há muitos relatos sobre o patriarcalismo, como o de Antonil (João Antônio Andreoni), em seu *Cultura e opulência no Brasil por suas drogas e minas*, de 1711.

> ❝ O ser senhor de engenho é título a que muitos aspiram, porque traz consigo o ser servido, obedecido e respeitado de muitos. E se for, qual deve ser, homem de cabedal [de posses] e governo, bem se pode estimar no Brasil o ser senhor de engenho, quanto proporcionadamente se estimam os títulos entre os fidalgos do reino. [...] Dos senhores dependem os lavradores, que têm partidos arrendados em terras do mesmo engenho, como os cidadãos dos fidalgos (ANTONIL, 2007, p. 78).

O antropólogo Gilberto Freyre procurou entender o Brasil a partir de seus fundamentos patriarcais, deixando valiosa contribuição ao pensamento brasileiro com sua trilogia *Casa-grande & senzala*, *Sobrados & mucambos* e *Ordem & Progresso* — que tem por subtítulo justamente "Introdução à história da sociedade patriarcal no Brasil".

> ❝ A base, a agricultura; as condições, a estabilidade patriarcal da família, a regularidade do trabalho por meio da escravidão. A união do português com a mulher índia, incorporada assim à cultura econômica e social do invasor [...] formou-se na América portuguesa uma sociedade agrária na estrutura, escravocrata na composição [...] defendida menos pela ação oficial do que pelo braço e a espada do particular [...] A formação patriarcal do Brasil explica-se, tanto em suas virtudes como nos seus defeitos, menos em termos de raça e religião do que em termos econômicos, de experiências, de cultura e organização da família, que foi aqui a unidade colonizadora [...] Vivo e absorvente órgão da formação social brasileira, a família colonial reuniu, sobre a base econômica da riqueza agrícola e do trabalho escravo, uma variedade de funções sociais e econômicas (FREYRE, 1952, p. 95).

O historiador Sérgio Buarque de Holanda revelou o modo como a estrutura patriarcal da sociedade escravista, herdada do passado colonial e persistente ao longo de todo o século XIX, transbordava das relações domésticas e coloria todo o espectro social, atingindo inclusive a esfera pública e o Estado (a política e o Direito). O patriarcado é sua chave para o entendimento da sociedade brasileira.

> ❝ Nos domínios rurais é o tipo de família organizada segundo as normas clássicas do velho direito romano canônico, mantidas na Península Ibérica através de inúmeras gerações, que prevalece como base e centro de toda a organização. Os escravos das plantações e das casas, e não somente os escravos, como os agregados, dilatam o círculo familiar e, com ele, a autoridade imensa do pater-famílias (HOLANDA, 1984, p. 49).

A vida patriarcal numa fazenda do interior fluminense foi registrada por Debret:

> ❝ **VISITA A UMA FAZENDA** Aos nossos leitores não será desagradável tornar a elas [as florestas do Brasil], para visitar, desta feita, uma propriedade rural portuguesa, explorada de pai a filho, há mais de um século, pelos descendentes do primeiro cultivador, cujos hábitos patriarcais se encontram no herdeiro que o representa hoje. [...] ¶ A cena representa a dona da casa, sentada na sua marquesa

em traje de recepção, isto é, com um xale pudicamente jogado sobre os ombros mal cobertos e que ela refresca com um enorme leque agitado durante o resto da noite. Ao pé da marquesa, sentada numa esteira de Angola, uma de suas filhas, casada e mãe, aleita seu último filho; atrás, a criada de quarto, negra, está de joelhos; uma outra escrava apresenta o segundo filho da jovem ama, o qual se recusa às carícias de uma senhorinha estrangeira. Finalmente, no primeiro plano, o mais velho dos pequenos, tão arisco quanto seus irmãos, abandonando as frutas que se dispunha a comer, perto de uma das negras, enfia-se debaixo da marquesa para fugir aos olhares dos estrangeiros que entram: vício de educação então comum a todas as famílias brasileiras. ¶ [...] Na extrema direita do fundo do quadro, o dono da casa, de colete de algodão estampado e calças brancas, lenço debaixo do braço, com a caixa de rapé na mão, oferece cordialmente uma pitada ao vizinho. Este, de chapéu de palha na cabeça e bastão numa das mãos, avança a outra para a boceta, correspondendo à cortesia. Atrás dele veem-se alguns negros de sua comitiva. Terminaremos a descrição do último plano do quadro por uma negrinha, escrava da casa, já acostumada à obediência e que, imóvel, olhar fixo e de braços cruzados, aguarda pacientemente, para dar qualquer sinal de vida, à primeira ordem de sua senhora. O primeiro plano da cena está ocupado pelas outras escravas, que trabalham sentadas em suas esteiras e em semicírculo sob o olhar da dona da casa e que, no momento, se mostram também distraídas com a chegada da visita (DEBRET, 1989, v. 2, p. 68, prancha 10).

Mencionada nessa imagem de Debret, a reclusão das mulheres é uma marca da rotina doméstica ibérica que se transferiu para as colônias. Um de seus efeitos

↓ **10.** Debret. *Visita a uma fazenda*. [c. 1834-1839].

↑ **11.** Louis-Julien Jacottet. *Fazenda Quissamã, próxima a Campos.* [c. 1859-1861]. ↓ **12.** Rugendas. *Família de plantadores.* 1835.

negativos era a falta de instrução e educação das moças, cujos conhecimentos e leituras não iam muito além do livro de rezas. Esse isolamento criava uma espécie de desleixo no vestir-se, que, na intimidade, podia não passar de uma camisa presa à cintura, os pés metidos sem meias em tamancas ou chinelas. ¶ O ócio e a falta de exercícios rapidamente deformavam o belo corpo das adolescentes, que aos 13 anos assumiam silhueta de matronas e aos 18 já atingiam a plena maturidade física. A escravidão agravava e acelerava esse envelhecimento precoce das mulheres de extração mais elevada, rodeadas de escravos a servi-las. Assim surpreendeu Luccock uma dama sua amiga sentada sobre uma esteira, cercada de escravas ocupadas em costurar.

> Junto dela e ao alcance da mão estava pousado um canjirão d'água. Em certo momento, interrompeu a conversa para gritar por uma outra escrava que estava em local diferente da casa. Quando a negra entrou no quarto, a senhora lhe disse: 'Dê-me o canjirão'. Assim fez ela, sua senhora bebeu e devolveu-lho; a escrava recolocou o vaso onde estava e retirou-se sem que parecesse ter dado pela estranheza da ordem, estando talvez a repetir o que já fizera milhares de vezes antes (LUCCOCK, 1975, p. 48).

CANJIRÃO
Moringa; vaso grande para água ou vinho.

Debret considerou digna de ser gravada em tela a cena da privacidade da mulher carioca, na qual se contempla esse quadro: a mulher sobre uma marquesa, de pernas

↑ **13.** Debret. *Mulata a caminho do sítio para as festas de Natal*. [c. 1834-1839].

cruzadas à maneira asiática, as crias negras a seus pés, cada qual numa função. Em sua descrição, feita muito posteriormente para a publicação de sua *Voyage* na França, indicava mudanças no comportamento, no sentido de um refinamento das maneiras.

> Os dois negrinhos, apenas em idade de engatinhar e que gozam, no quarto da dona da casa, dos privilégios do pequeno macaco, experimentam suas forças na esteira da criada. Na época em que desenhei esta cena, era ela mais ou menos comum na cidade; devo acrescentar com justiça que em 1830, ao contrário, não era raro verem-se as filhas de um simples funcionário distinguir-se pela dança, a música e algumas noções de francês, educação que as fazia brilhar nas festas e lhes dava a possibilidade de um casamento mais vantajoso (DEBRET, 1989, t. 2, p. 52).

A família patriarcal saía a passeio em ocasiões especiais, geralmente aos domingos e nas festas religiosas. A rua era território da multidão colorida. Mulheres "de família" só saíam acompanhadas.

> É aos domingos e dias de festa que toda a riqueza e magnificência de uma família brasileira são exibidas. Em uma hora oculta, o proprietário se prepara para a igreja e marcha, quase sem exceção, na seguinte ordem: primeiro, o mestre, com chapéu armado, trouxas brancas, paletó azul de linho, sapatos e fivelas e uma bengala de ouro; a seguir segue a senhora, de musselina branca, com joias, um leque branco alargado na mão, sapatos brancos e meias; as flores enfeitam os cabelos escuros: depois seguem os filhos e filhas; depois, uma mulata favorita da dama, com sapatos e meias brancas, talvez duas ou três da mesma categoria; depois, um mordomo preto, ou mordomo, com chapéu armado, calças e fivelas; próximos negros de ambos os sexos, com sapatos e sem meias, e vários outros sem (CALDCLEUGH, 1825, p. 60).

↑ **14.** Debret. *Um funcionário a passeio com sua família.* 1831. ↓ **15.** Debret. *Uma senhora brasileira em seu lar.* [c. 1834-1839].

AS CHAGAS DO PATRIARCADO O patriarcalismo inscreve suas marcas negativas na sociedade brasileira até hoje, como mostram os censos referentes à situação salarial ou à participação das mulheres na política. Mas há indicadores muito mais dramáticos, como os índices de violência que chegam ao extremo do feminicídio, assassinato de mulheres em contexto de violência doméstica ou ódio ao gênero da vítima. De acordo com o Fórum Brasileiro de Segurança Pública, só no primeiro semestre de 2020, 648 mulheres foram vítimas de feminicídio, uma morte a cada seis horas, aproximadamente. Esses índices explodiram durante a pandemia do coronavírus. Mas as mulheres sempre estiveram na luta contra a opressão patriarcal. As sufragistas, como Bertha Lutz, idealizadora da Federação Brasileira pelo Progresso Feminino na década de 1920, obtiveram êxito em sua luta em 1932, com a supressão das restrições ao voto feminino do Código Eleitoral brasileiro. ¶ Muito antes, porém, vozes ecoaram contra a condição feminina na sociedade patriarcal. Uma delas viveu nos tempos da Independência. Sob o pseudônimo de Nísia Floresta, a potiguar Dionísia Gonçalves Pinto (1810-1885) foi precursora na

Outra face nefasta do patriarcalismo é que a violência endêmica estruturava as relações sociais na sociedade escravocrata. Os juristas imperiais a justificavam como decorrência natural da presença dos escravizados, que tinham de ser contidos no ambiente doméstico pelo uso da força bruta, como pais "educam" os filhos. O senhor detinha o direito legal da aplicação do castigo moderado, como pai e protetor de seus familiares, os quais incluíam mulheres, filhos, escravos e agregados, dentro de um conceito de família ampliada próprio ao patriarcalismo. Esse direito e esse poder não podiam ser contestados. ¶ Dessa doutrina, que remonta difusão das ideias de igualdade e independência da mulher no Brasil. Leitora da inglesa Mary Wollstonecraft, traduziu seu *Vindications for the rights of woman* [Defesa dos Direitos da Mulher] (1792), publicado aqui em 1832. Defensora de ideais republicanos e abolicionistas, escreveu e polemizou em jornais. Foi *educadora* e viajou muito, tendo vivido na França, onde veio a falecer em 1885. Em *Direitos das mulheres e injustiça dos homens*, levanta-se contra o patriarcalismo dominante no Brasil.

"Se cada homem, em particular, fosse obrigado a declarar o que sente a respeito de nosso sexo, encontraríamos todos de acordo em dizer que nós somos próprias senão para procriar e nutrir nossos filhos na infância, reger uma casa, servir, obedecer e aprazer aos nossos amos, isto é, a eles homens. [...] Os homens parecem concluir que todas as outras criaturas foram formadas para eles, ao mesmo tempo em que eles não foram criados senão quando tudo isso se achava disposto para seu uso. Eu não me proporia a fazer ver a futilidade deste raciocínio; mas concedendo que ele tenha alguma ponderação, estou certa que antes provará que os homens foram criados para o nosso uso, do que nós para o deles. [...] ¶ Os homens, não podendo negar que nós somos criaturas racionais, querem provar-nos a sua opinião absurda e os tratamentos injustos que recebemos por uma condescendência cega às suas vontades; eu espero, entretanto, que as mulheres de bom senso se empenharão em fazer conhecer que elas merecem um melhor tratamento e não se submeterão servilmente a um orgulho tão mal fundado. Se não é suficiente ter algumas atenções para com esses entes orgulhosos, é muito pouco ter com eles mais condescendência do que temos pelas crianças; conservando-se uma certa decência, é preciso servi-los absolutamente. Que personagens singulares! Não são eles bem dignos de tão alta preeminência! (DUARTE, 2010, p. 81 e 85).

ao direito romano, derivaram outras que foram veneradas pelos juristas imperiais, como o respeito às hierarquias, à obediência passiva aos superiores, à família, à honra da mulher, além de sua condição de natural inferioridade e dependência ao homem. E a submissão do corpo do outro. ¶ O poder patriarcal que submetia as mulheres à vontade incontestável do senhor doméstico é o mesmo que reduzia juridicamente os escravizados a um estado de menoridade, desprovidos de vontade própria, como dependentes, tutelados e à mercê dos castigos e violências por parte dos senhores.

1813

↑ **16.** T. Hunt. *Criminosos carregando provisões*. 1822.
← **17.** Joaquim Ferreira Vilela. *Augusto Gomes Leal e ama de leite Mônica*. [c. 1860-1865]. → **18.** Fotografia Artística de Eugênio & Maurício. *Ama de leite com Fernando Simões Barbosa*. 1860.

O PASSADO É PRESENTE Em 1995, o Brasil reconheceu a ocorrência contemporânea de práticas de trabalho escravo (o termo jurídico correto é "trabalho análogo ao escravo") diante da Organização das Nações Unidas, dando início à política nacional para sua erradicação. Com uma força-tarefa percorrendo o país, mais de 50 mil trabalhadores vivendo em condição de cativeiro foram resgatados. ¶ Dez anos depois, o Pacto Nacional pela Erradicação do Trabalho Escravo reuniu grandes empresas num compromisso conjunto de enfrentamento do problema, a partir da elaboração de uma "lista suja", por meio da qual se passou a dar visibilidade a empresas e pessoas condenadas por crime de trabalho escravo. ¶ Apesar desses tímidos avanços, um grande retrocesso começou no governo de Michel Temer (MDB), devido ao enfraquecimento da fiscalização e da precarização do trabalho efetivado pelo desmonte das leis de proteção ao trabalhador. A situação tornou-se calamitosa a partir de 2019, na gestão Bolsonaro, quando as ações do Estado para erradicação do trabalho compulsório foram esvaziadas e começaram a sofrer ataques em várias frentes. O grupo especial de fiscalização foi encerrado e as fiscalizações a partir de denúncias não acontecem mais. Empresários que apoiam e praticam o trabalho escravo, em particular o segmento que realiza grilagem de terras na Amazônia, em garimpos e atividades rurais, assumiram o comando do Pacto Nacional pela Erradicação do Trabalho Escravo. Agências internacionais de direitos humanos estimam haver hoje 54 mil trabalhadores vivendo em condição análoga à escravidão. De acordo com dados do Observatório do Terceiro Setor, 82% dos resgatados do trabalho escravo em 2019 são negros. Em dezembro de 2020 gerou comoção o caso de Madalena Gordiano, mulher negra, resgatada na cidade de Patos de Minas (MG) pelo Ministério Público após viver 38 anos em condições análogas à escravidão.

19. Trabalhador rural da zona canavieira de Alagoas. 2006.

A ocupação europeia na América é uma história de guerras de resistência, promovida não apenas pelos povos originários, ameríndios que habitavam o território, mas também pelos africanos trazidos pelo tráfico e barbaramente escravizados para movimentar a economia tropical. Trabalhadores negros já haviam se levantado em 1807 e 1809, mas uma revolta Haussá, de negros islamizados "ganhadores", que trabalhavam nas ruas de Salvador, ganhou proporções épicas. Por todo o país, na Corte, inclusive, a presença negra dominava o cotidiano. Com a queda de Napoleão na Europa, a geopolítica internacional se movimenta para definir um novo desenho entre as potências.

28 FEV ■ A REVOLTA HAUSSÁ EM SALVADOR (ITAPOÃ) Na longa

história de resistência contra a escravidão brasileira não houve nada parecido à série de revoltas e conspirações que sacudiram a cidade de Salvador e suas zonas agrícolas circundantes entre 1806 e 1835. As revoltas baianas constituíram uma série de campanhas ou batalhas numa longa guerra contra a escravidão. ¶ No início do século XIX, a população escrava da capitania e da cidade de Salvador havia aumentado muito. Um grande contingente de escravos Mina estava chegando, particularmente os grupos ou "nações" chamados na Bahia de Nagô (Iorubá), Gegê (Aja-fon) e Ussá ou Aussá (Haussá). O historiador Stuart Schwartz explica que essas designações étnicas eram mais propriamente criações coloniais, porque não reconheciam as divisões políticas ou religiosas africanas. Assim, os Nagô podiam todos falar iorubá, mas igualmente pertencer a grupos diferentes e hostis. O mesmo quanto aos negros do Daomé, chamados "gegês" na Bahia. ¶ O mestre historiador baiano João José Reis conta que a Bahia viveu as mais importantes revoltas e conspirações escravas do século XIX. Até a década de 1820, escravos haussás foram os protagonistas desses levantes, depois substituídos pelos nagôs islamizados conhecidos por "malês". Haussás e nagôs eram trazidos à força do golfo do Benim. ¶ Dois levantes haussás já haviam se ensaiado antes de 1814 na Bahia, um em 1807 e outro em 1809, ambos derrotados. A Revolta de 1814, planejada pelos *negros de ganho* ou *ganhadores*, estourou no dia 28 de fevereiro, uma segunda-feira. Explica João Reis que o dia de domingo, por ser de folga, era propício para a mobilização dos escravos, pois era possível circular e sair das vistas dos senhores capatazes, de modo a organizar a ação. Naquela madrugada, duzentos rebeldes atacaram armações de pesca de baleias ao norte da capital, onde contavam com aliados. Quilombolas das imediações de Salvador e escravos das armações de pesca se juntaram e atacaram a vila de Itapoã. Em seguida, os rebeldes marcharam para o Recôncavo, mas foram derrotados no caminho. Essa foi uma das revoltas mais cruentas do ciclo baiano: cinquenta pessoas, inclusive mulheres e crianças, foram mortas pelos rebeldes. Mais de uma centena de engenhos, plantações, roças, redes de pesca, depósitos e casas foram incendiados. A revolta se deu sob a liderança muçulmana do malomi João e de Francisco Cidade, "presidente das danças de sua nação" (REIS, 2014), liberto responsável pela agitação no Recôncavo. Sobre as lideranças, conta Reis:

> O líder da revolta de 1814 foi João Malomi, e *málàmi* significa clérigo muçulmano em língua haussá. *Málàmi* e sua variante baiana *malomi* derivam do termo, também usado pelos haussás, *mallām* (do árabe *mu'allim* ou *'allim*), homem de saber, mestre religioso. No futuro o termo *alufá* — derivado do iorubá *àlùfáà* — seria adotado entre os negros na Bahia, quando os muçulmanos nagôs (falantes de iorubá), chamados malês, se tornaram maioria e mais ativos na comunidade islâmica local. Nestes primeiros anos do século, porém, em que os haussás islamizados, ou *mussulmis*, predominavam entre os filhos de Alá aqui desembarcados, *málàmi/malomi* decerto era o termo de uso corrente. O título religioso ostentado por João constitui a primeira evidência incontornável de liderança muçulmana numa revolta escrava baiana, e o Acórdão diz com todas as letras que João era 'malomi ou sacerdote' (REIS, 2014, p. 83).

MALOMI
Corruptela do termo haussá *malãm* ou *malami*, que designa líder religioso. Muito usado no século XIX, o termo foi posteriormente substituído pelo vocábulo iorubá *alufá*, expressando a união dos povos Malês e Yorubá, outrora inimigos.

Nesse levante, se tem notícia da participação ativa de mulheres guerreiras, como consta nos documentos encontrados pelo historiador:

> Quanto à ré Germana, Ussá, escrava de d. Anna de Tal, moradora na freguesia de São Miguel, Felicidade, Ussá, moradora no Terreiro [de Jesus], Tereza, escrava de um soldado morador no Gravatá, Ludovina, Nagô, escrava de Leonor de tal, se prova quanto à primeira pela sua resposta e acareação [...] ter fugido para o mato do Sangradouro, bem como a segunda e terceira, e a quarta ré, segundo afirmam, voluntariamente, e com desejo de se subtraírem ao cativeiro pelo mau trato de seus senhores, confessando igualmente haverem acompanhado, e particularmente a ré Ludovina, que pela testemunha da Devassa n. 28 e sua confissão, seguir com atenção ao réu Lourenço, seu amásio, e que para esse fim se dispusera com o roubo de alguma roupa de sua senhora, e que entre o tumulto levantou um lenço encarnado dizendo que a cabeça voltaria mas ela não, donde se conclui que umas e outras não fizeram outra coisa mais que seguirem o bando (REIS, 2014, p. 110).

O **candomblé** é uma religião da diáspora africana que se espraiou pelo Brasil a partir do início do século XIX. Ela deriva do sincretismo entre as religiões tradicionais da África ocidental e o catolicismo praticado pelos portugueses. Desenvolveu-se entre as comunidades afro-brasileiras oriundas do comércio atlântico de escravos da época moderna, resultante da mistura das religiões tradicionais trazidas ao Brasil pelos escravos da África ocidental e central, a maioria deles iorubá, fon e banto, e o catolicismo romano dos portugueses. O candomblé é organizado por meio de grupos independentes, sem uma autoridade central. Ele se pratica na veneração dos orixás, espíritos legados a forças da natureza. No candomblé, cada indivíduo tem seu santo de proteção, seu orixá tutelar, ligado à pessoa desde antes do nascimento e que o guia na vida. Os praticantes do candomblé cultuam os orixás nos terreiros, administrados por guias chamados babalorixás (homem) e ialorixás (mulher). O ritual se desenvolve com música de percussão, cantos e danças. Os orixás recebem oferendas como frutas e animais sacrificados, mas ofertas também são dadas aos "espíritos inferiores", como exus, caboclos e espíritos de falecidos. Rituais de cura e preparação de remédios de ervas e amuletos são importantes no culto. No sincretismo, os nomes e atributos de deuses da cosmogonia da África ocidental são associados aos santos católicos.

¶ Após a independência do Brasil de Portugal, a constituição de 1891 consagrou a liberdade de religião no país, mas o candomblé permaneceu marginalizado pela força da Igreja católica e era usualmente associado à criminalidade pelas autoridades policiais no pós-abolição. No século XX, a crescente emigração espalhou o candomblé para o exterior. Desde o final do século XX, alguns praticantes vêm propondo um processo de "reafricanização" para remover as influências católicas romanas e criar formas de candomblé mais próximas da religião tradicional da África ocidental.

← **01.** Orixás flutuam no espelho d'água no Dique do Tororó, em Salvador (BA). ↓ **02.** Iansã, deusa dos ventos e das tempestades nas religiões de matriz africana no Brasil.

↑ **03.** William Gore Ouseley. *Gamboa landing Bahia*. 1835.

> 〞 **Ata da retificação que fez Manoel José Teixeira da declaração que havia o mesmo feito.** ¶ No dia 25 de junho de 1814, na cidade de Salvador da Bahia de Todos os Santos, na residência do desembargador, ouvidor-geral do crime, o dr. Antônio Pinto de Madureira, cavaleiro professo da Ordem de Cristo, onde eu, o escrivão, fui chamado por sua ordem; Manuel José Teixeira, morador de São Miguel, apareceu... [...] Depois de prestar juramento, ele disse que se lembra bem do que declarou por causa de seu zelo e não como um ato de paixão ou ódio, e ratifica isso da seguinte maneira. Por ser o dono de um escravo chamado João Aussá, esse escravo, sem qualquer coerção, relatou que alguns de seus malungos [companheiros] e particularmente o negro Antônio, capitão do canto, morador da Fonte do Xixi, o convidaram para entrar numa conspiração sediciosa com outros que tentaram convencê-lo de seu propósito; eles o levaram a uma pequena roça de uma viúva perto do começo da pequena estrada que leva a Matatu, perto de Boa Vista, onde ele viu armas de fogo em uma caixa de açúcar numa sala, braços [escravos] de sua terra, carne do sertão e carne de sol, algumas vacas que pertenciam ao proprietário das fazendas que, lhe disseram, também serviriam como provisões; e encontrando-se lá quinze negros, cinco da fazenda e dez que não eram, ele também certificou que havia um grande quilombo acima de Matatu, onde havia muitos da revolta passada e alguns *caboclos* [índios e mestiços]. Eles tinham algum dinheiro roubado na última revolta e seu plano era sair na véspera ou no dia de São João, encobertos pelo barulho habitual desses dias; o primeiro passo era matar o guarda da Casa da Pólvora

↑ 04. J. A. Capillan. *Rio de Janeiro from Ilha dos Cobras*. 1833.

de Matatu, levar para lá o necessário e destruir o resto com água; outros queriam que a guerra começasse no dia 10 de julho para que pudessem reunir o maior número de negros; o capitão do canto disse que os negros de Trapiche Novo, Trapiche Grande ou a Escala do Tabaco, alguns do comerciante Cunha, de Friandes, e quase todos os cantos de todas as nações, exceto Gegês, estavam prontos. Eles estavam preparados para matar todos os que encontrassem na estrada até o quilombo, para que ninguém na cidade se precavesse. Dada essa informação, ficou ele sabendo de tão grave situação, pediu ao escravo que os acompanhasse para obter o máximo de informação possível, para que ele, testemunha, recebesse o aviso adequado e fizesse uma declaração ao juiz como leal vassalo. O escravo continuou em contato com o capitão do canto, que lhe disse na quarta-feira, 22 de novembro, que havia novidades e que tudo havia sido retirado da casa da fazenda e levado para o bosque de Sangradouro, porque foram feitas algumas buscas; algumas armas estavam escondidas, mas as da casa foram levadas para mais longe e o escravo foi levado para lá, onde ele viu tudo o que tinha estado na fazenda e, além disso, quatro negros barbudos prendendo pontas de flechas em juncos que seriam usados como flechas [...]. O juiz, disso tomando conhecimento, exigiu então do escravo que ele revelasse o

CANTO

Designação à forma de associação coletiva do trabalho dos escravos-ganhadores na Bahia, que se organizavam em times, etnicamente delimitados, chamados "cantos", que ocupavam a geografia urbana, de modo que seus nomes replicavam as ruas, largos, ladeiras, ancoradouros que ocupavam. Seus líderes eram chamados de "capitães".

local na quinta-feira na companhia do escrivão adjunto deste tribunal, Honório Fidelis Barreto, que acompanhou um oficial militar responsável pela investigação e prisão. A partida saiu às oito da manhã na companhia do escravo que serviu de guia, nada foi encontrado, e a testemunha não sabe por quê, tendo certeza do que havia descoberto e da veracidade do que havia o escravo relatado, bem e lealmente porque ele acreditava em sua responsabilidade, como a testemunha disse e declarou. [...]. ¶ Assinado pela testemunha e pelo juiz, eu, Germano Ferreira, Escrivão, registrei e assinei (SCHWARTZ, 2006, p. 264).

20 MAR

■ **CENAS DO COTIDIANO** A vida na cidade do Rio de Janeiro foi profundamente alterada com a presença da família real e os milhares de estrangeiros que começaram a chegar devido à abertura dos portos. Mas outros universos paralelos coexistiam com a Corte, como o imenso contingente de homens e mulheres pobres, livres, libertos ou escravizados, pretos, pardos de todos os tons, que faziam a luta cotidiana pela sobrevivência vagando pelas ruas a realizar pequenos serviços, a trabalhar a ganho para seus senhores, ou simplesmente a flanar ou a fugir da polícia. São sujeitos informais de uma história não contada, como os doze cantores pretos que vocalizaram a opereta farsesca *A saloia namorada*, regidos por Marcos Portugal, e dos quais não se tem notícia. Esses personagens silenciados se esgueiram pelos registros policiais, que mostram uma cidade borbulhando com pequenos conflitos, muitas vezes fatais: brigas com navalhas, invasão de chácaras, jogos, bandos inumeráveis de capoeiras "fazendo desordens", agressões e pequenos furtos, muita embriaguez. São registros que guardam algo dessa história submersa, ainda que contada pela pena oficial. ¶ A intendência de Polícia não sabia o que fazer para controlar os capoeiras, que não respeitavam sequer o soberano. O chefe da polícia se empenhou com o juiz do bairro da Candelária para tentar apaziguar a trupe desordeira, como se lê em sua correspondência, de março de 1814, quando pedia providências para não se permitir isso novamente, sobretudo em domingos e dias santos, quando deveria ser reforçada a guarda daqueles logradouros (MALERBA, 2000, p. 144).

↑ **05.** Frederico Guilherme Briggs. *Negros que vão levar açoutes.* [c. 1832-1836].

1814

Agora acabo de ouvir que ontem 19 do corrente depois das 5 horas da tarde, mesma hora em que S.A.R. por ali passava, um rancho cevado de capoeiras com facas e paus e com as fitas com que aqui costumam de vez em quando aparecer travavam uma grande desordem e gritaria e devendo ter parte desta novidade como precedida no seu bairro, V.M. ma não deu e cumpre que agora tome uma informação por testemunhas disto para verificar quem eles eram pois que alguns poderiam ser ali conhecidos, escravos de quem, e que faça logo prender mandando-os para o Calabouço com esta indicação para serem lá açoutados.

CAPOEIRA A capoeira, hoje reconhecida como arte marcial, amplamente praticada e valorizada como expressão da cultura brasileira, sempre foi duramente reprimida pelo Estado. Sobretudo depois da revolução do Haiti, as autoridades se precaveram ainda mais contra essa arte que mistura dança, música, defesa pessoal e táticas de combate. São sobretudo os registros da repressão, documentos de polícia, que permitiram aos historiadores conhecer melhor a história dessa arte durante muito tempo renegada, símbolo da luta e da resistência negra. Em fevereiro de 2021, viralizou na internet o vídeo do bispo católico de Feira de Santana, dom Zanoni Demettino Castro, que aceitou entrar numa roda de capoeira no Pelourinho, em Salvador. "A capoeira até pouco tempo era criminalizada. E foi com um protagonista negro, o Mestre Bimba, que essa arte, essa cultura foi ocupando espaço na nossa sociedade. É para todo mundo, restauração da vida. É uma expressão de resistência da construção de um mundo melhor" (ARCEBISPO..., 2021), afirmou o bispo, mostrando boa forma.

↑ **06.** Augustus Earle. *Negroes Fighting, Brazil.* 1824. ↓ **07.** Rugendas. *Jogo de capoeira.* 1835.

30 MAI — O TRATADO DE PARIS E A GUIANA FRANCESA

Assinado em 30 de maio de 1814, o Tratado de Paris encerrava a guerra entre a França e a Sexta Coligação, formada por Reino Unido, Rússia, Áustria, Suécia e Prússia. As fronteiras francesas foram restauradas à situação em que se encontravam em 1792, mas houve pouca ação punitiva contra a França, com exceção de que as ilhas Seychelles foram cedidas ao Reino Unido. Por esse tratado, Portugal era obrigado a restituir a Guiana à França, ocupada desde 1809 por tropas portuguesas como retaliação à invasão de tropas francesas em Portugal em 1807. Com a derrota de Napoleão, a posse da colônia voltou a ser reivindicada pelo governo francês. Dom João não aceitou os termos propostos por Luís XVIII, e a disputa ficou para ser resolvida no Congresso de Viena, em 1815. Apenas em 1817 os portugueses saíram de Caiena, com o acordo lavrado entre a França e o novo Reino Unido de Portugal, Brasil e Algarves.

↓ **08.** Pierre-Jacques Benoît. *Gravura de uma aldeia amazônica, provavelmente Kali'na.* 1839.

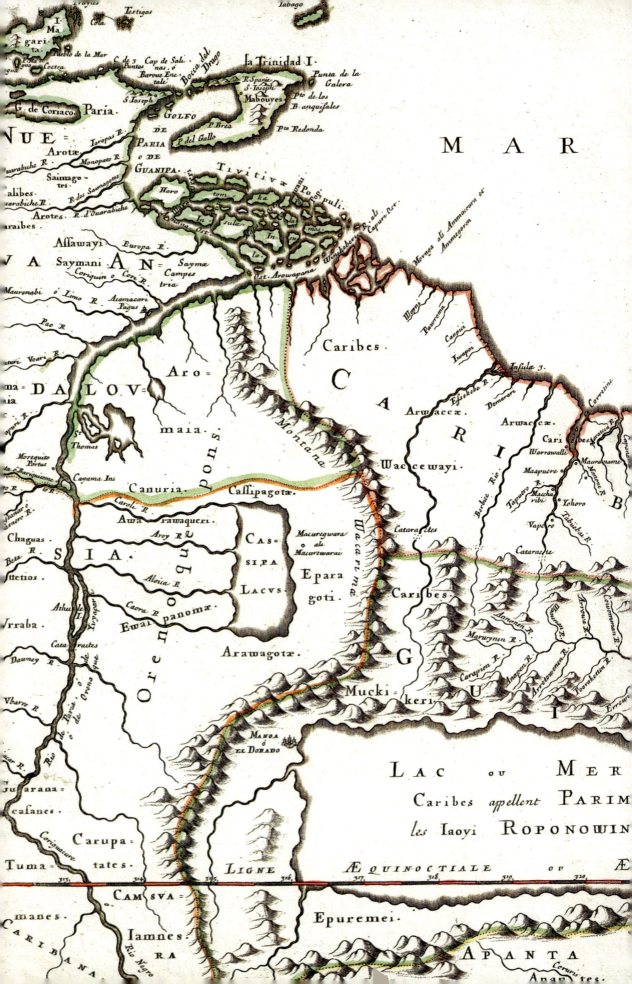

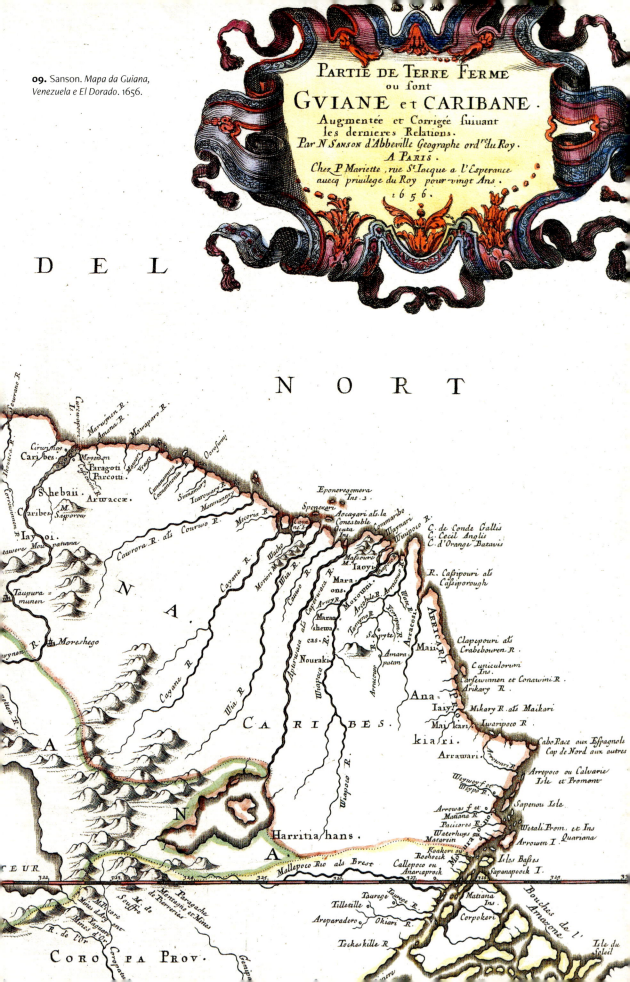

09. Sanson. *Mapa da Guiana, Venezuela e El Dorado.* 1656.

1815

O ano de 1815 marca o que um cronista definiu em suas memórias como o último da primeira época do Brasil joanino. Derrotado Napoleão, as velhas casas dinásticas europeias se reúnem no Congresso de Viena. Para poder tomar assento nessa assembleia, o príncipe regente dom João precisou fazer uma manobra política, elevando o Brasil a Reino Unido a Portugal e Algarves. O reino português se reestruturava no Brasil, onde continuavam a chegar levas de viajantes, entre os quais muitos naturalistas, como o príncipe Maximiliano de Wied Neuwied e uma equipe respeitável de sábios que se aventuraram pelos sertões brasileiros.

15 JUL O NATURALISTA PRÍNCIPE MAXIMILIANO DESEMBARCA NO RIO DE JANEIRO Maximiliano de Wied-Neuwied, dignitário da alta nobreza prussiana, alistou-se no exército para fazer frente ao expansionismo napoleônico, onde serviu até 1815. Nesse ano, conheceu em Paris o famoso naturalista Alexander von Humboldt, recém-chegado de sua viagem pela América do Sul. As narrações de Humboldt devem ter fascinado o príncipe, a ponto de ele desistir de seu planejamento inicial de perambular pela Rússia. Acabou tomando o rumo das Américas. Ainda em Paris ele já começa a preparar sua expedição ao Brasil. Partindo de Londres, desembarcou no Rio de Janeiro em 15 de julho de 1815. Logo ao chegar, incorporou à sua comitiva dois naturalistas seus conterrâneos, Georg Freyreiss e Friederich Sellow. Wied-Neuwied legou um dos mais importantes relatos sobre os indígenas e a natureza do interior do Brasil, principalmente da região do vale do rio Doce.

← **01.** Giulio Ferrario. *Visão das missões de S. Fidelis.* 1821. ↑ **02.** Maximiliano de Wied-Neuwied. Vista da Fazenda de Tapébuçu perto da costa, o Monte São João e a Serra de Iriri que se ergue no meio das florestas. 1822. → **03.** Maximiliano de Wied-Neuwied. Mapa da costa oeste do Brasil entre 15 e 23 latitude S de Arrowsmith com algumas correções. 1822.

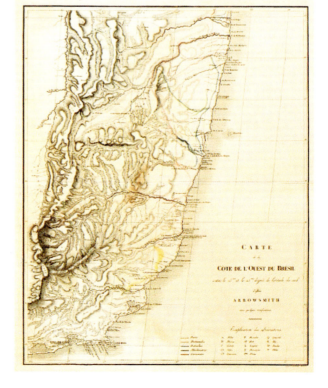

1815

↑ **04.** Debret. *Aclamação do rei dom João VI.* [c. 1834-1839].

16 DEZ ■ELEVAÇÃO DO BRASIL A REINO UNIDO A PORTUGAL E ALGARVES

Após a derrocada de Napoleão, as velhas monarquias europeias formalizaram seu retorno ao poder e a legitimidade de seus tronos no Congresso de Viena (set. 1814 - jul. 1815). O Congresso reconhecia apenas Lisboa como sede do reino português; assim, a presença da família real no Rio de Janeiro configurava um obstáculo para os planos de dom João. Visando contornar a situação, o príncipe regente promulgou a Carta de Lei de 16 de dezembro de 1815, que elevou o Brasil a Reino Unido a Portugal e Algarves, passando dom João a se autoproclamar "Príncipe-Regente de Portugal, Brasil e Algarves, d'aquém e d'além-mar em África, senhor da Guiné, e da Conquista, Navegação e Comércio da Etiópia, Arábia, Pérsia e Índia"(Coleção de leis do Império do Brasil: 1815, v. 1, p. 62). ¶ O Rio de Janeiro passava a desfrutar do mesmo *status* de sede da Corte que possuía Lisboa. Mas essa solução contrariou muitos interesses no velho reino, que perceberam a possibilidade concreta de perda da ex-colônia. Nos dois lados do Atlântico, começou uma verdadeira guerra de panfletos a favor e contrários à crescente autonomia dos brasileiros. Nos anos seguintes, a pressão política só aumentou. Em 1820, deflagrava-se a "Revolução do Porto", exigindo o juramento de uma Constituição e o regresso imediato do rei. Esses conflitos desaguaram na Independência brasileira, em 1822.

1815

↑ **05.** Maximiliano de Wied-Neuwied. *Expedição ao Rio Doce*. 1815.

25 DEZ

No Natal de 1815, o príncipe Wied chegava ao rio Doce, do qual deixou preciosa descrição:

> Mal raiara a manhã e a curiosidade nos impelia a sair e a contemplar o rio Doce, o maior rio entre o Rio de Janeiro e Bahia. Nessa época, toda a caudal rolava impávida e majestosamente para o oceano; a imensa massa d'água corria num leito que nos pareceu duas vezes mais largo do que o Reno no ponto de maior largura. [...] O rio Doce nasce na capitania de Minas Gerais, formado pela junção do rio Piranga com o Ribeirão do Carmo: pois é depois dessa confluência que recebe o nome de rio Doce. Atravessa considerável trecho do país, e forma muitas pequenas cachoeiras, três das quais, sucedendo-se com pequeno intervalo, são conhecidas por 'Escadinhas'. As margens do belo rio são cobertas de espessas florestas, refúgio de grande número dos mais diversos animais. Aí se encontram, comumente, a anta (*Tapirus americanos*), duas espécies de porco selvagem (*Dicotyles*, Cuvier), 'pecari' ou 'caititu' e o 'porco da queixada branca' (*Taitetu* e *Tagnicati* de Azara), duas espécies de veado (o *gazupita* e o *Guazubira* de Azara), e mais de sete espécies de felinos, entre os quais a onça pintada (*Yaguarété*, Azara) e o tigre negro (*Yaguarété noir*, Azara) são as maiores e as mais perigosas. Contudo, o rude selvagem Botocudo, habitante aborígene dessas paragens, é mais formidável que todas as feras e o terror dessas matas impenetráveis. A região é

↑ **06.** Maximiliano de Wied-Neuwied. *Navegação em um braço do Rio Doce*. 1822.
↓ **07.** Maximiliano de Wied-Neuwied. *Vista da rocha de Tucutucuara sobre o rio perto da vila de Vitória*. 1822.

1815

escassamente povoada, de modo que ainda não há vias de comunicação, exceto ao longo do rio. O conde de Linhares, último ministro de Estado, teve a atenção particularmente dirigida para essa bela e fértil zona. Estabeleceu novos postos militares e construiu a 'povoação' atualmente, devido a ele, chamada Linhares, oito a dez léguas rio acima, no local onde se fundara o primeiro quartel. Mandou desertores e outros criminosos para povoar a nova colônia, que teria certamente prosperado em curto prazo, não fosse a morte arrebatar tão cedo o ativo ministro. [...] ¶ O tempo estava lindo, e depois de nos acostumarmos ao balanço da estreita canoa, achamos a excursão muito agradável. Em plena manhã, a vasta superfície do rio cintilava ao sol; as margens distantes estavam tão densamente vestidas de selvas umbrosas, que, em todo o percurso vencido, não havia uma simples brecha onde se pudesse erguer uma casa. Ilhas numerosas, de vários tamanhos e formas, recortavam o espelho das águas; eram cobertas de velhas árvores de frondes luxuriantes. Cada qual tem nome próprio, e, segundo dizem, aumentam de número à proporção que se sobe [o rio]. Na cheia, a água do rio Doce é turva e amarelada, e produz febres no consenso geral dos habitantes. O peixe é abundante: mesmo o espadarte (*Pristis serra*) sobe muito além de Linhares até à lagoa de Juparinã, onde é frequentemente pescado (WIED, 1940, p. 152).

O PASSADO É PRESENTE Faltavam cinquenta dias para completar duzentos anos da chegada do príncipe Wied ao rio Doce quando, no dia 5 de novembro de 2015, aconteceu o maior crime ambiental da história do Brasil até então, um dos maiores da história humana: o rompimento da Barragem de Fundão, no município de Mariana, em Minas Gerais. No momento da escrita deste texto, setembro de 2020, a Amazônia e o Pantanal ardem em chamas. O maior incêndio florestal da história do Brasil. Ainda não se pode avaliar com segurança a dimensão desse crime ambiental. A avalanche de lama de detritos químicos e despojos da mineração causada pelo rompimento da barragem destruiu o distrito de Bento Rodrigues, atingindo outros 39 municípios, quatro no Espírito Santo: Linhares, Colatina, Baixo Guandu e Marilândia. Estima-se que, dos 56,6 milhões de m³ de rejeito da represa, cerca de 43,7 milhões de m³ vazaram — o equivalente a cerca de 12 mil piscinas olímpicas cheias de resíduos. Onze toneladas de peixes mortos, oito em Minas e três no Espírito Santo, foram retiradas do rio um mês após a tragédia. Não há previsões científicas seguras de se e quando seus impactos ambientais poderão ser revertidos. ¶ Seguindo o curso do rio Gualaxo do Norte, em Mariana, afluente do rio Doce, a lama desaguou na foz do Doce em Regência, na altura do município de Linhares. Dezenove pessoas perderam a vida e a destruição ambiental devastou os 670 quilômetros do rio. Ainda hoje os vestígios dos rejeitos impactam a vida das populações ribeirinhas, já que a pesca, que garantia seu sustento, está proibida. ¶ Mas a exploração mineral predatória continuou, produzindo nova catástrofe quatro anos depois do rompimento da barragem do Fundão. Em 25 de janeiro de 2019, a Barragem da Mina Córrego do Feijão, em Brumadinho, ruiu e despejou 12 milhões de metros cúbicos de detritos ao longo de 46 km. Ao menos 270 pessoas morreram e 11 restam desaparecidas sob os 12 milhões de m³ de rejeitos. "O de Mariana não é o pior em termos de fatalidade, mas em volume e distância percorrida, é o maior desastre ambiental por rompimento de barragem. E o de Brumadinho deve ser o maior desastre em termos de tragédia humana das últimas décadas" (PASSARINHO, 2019), afirma Alex Bastos, que integra o comitê da ONU sobre barragens de minério. "Ou seja, esses dois casos estão no top 1 e 2 do mundo em termos de gravidade. Infelizmente, os dois maiores rompimentos de barragem do mundo serão no Brasil. Aliás, no estado de Minas Gerais, a menos de 150 km um do outro" (PASSARINHO, 2019), lamenta. ¶ A lama espalhada pela várzea formou uma espécie de pavimentação rígida, inorgânica e infértil, onde não há vida, nada se pode plantar, nem mesmo construir. Além da morte por asfixia de praticamente todos os peixes do rio Doce, toneladas de escória tóxica devastaram micro-organismos e toda a fauna aquática, o curso da água assoreou, nascentes foram soterradas. Biólogos afirmam ser impossível prever o tempo de recuperação da bacia. Além do prejuízo à fauna, o desastre ocasionou a destruição do que restava da exuberante vegetação ciliar que o príncipe Wied registrou, alterou a composição do pH do solo, comprometendo toda a cadeia de vida do ecossistema da bacia, repercutindo ainda, e gravemente, nos ecossistemas marinhos em grande extensão à foz do rio Doce. ¶ As populações banhadas pelo rio Doce, entre as quais remanescentes indígenas Krenak, que resistem há cinco séculos à presença devastadora do homem branco, sofrem variadas e graves consequências do crime ambiental, que vão desde a contaminação da água potável até a sustentabilidade econômica baseada na pesca.

↓ **08.** Vista aérea do desastre do rompimento da Barragem do Fundão, em Mariana (MG). 2015.

DO BARRO AO BARRO Parábola contada por Daniel Munduruku:

— Curumin, venha cá — disse a velha avó do menino. — Venha ver o que estou fazendo.
— Parece uma panela, minha avó.
— Não tente adivinhar, menino. Nem sempre o que enxergamos é o que vemos. Pense: o que esta panela de barro nos faz ver?
— Como assim vovó? A panela não serve para cozinhar alimentos? Para que mais ela serviria?
— Foi esta a pergunta que lhe fiz, Curumim. Aonde a panela de barro pode nos levar?
— À comida...
— E...
Curumim ficou tentando imaginar aonde sua avó queria tanto chegar. Fingiu pensar e fechou os olhos, enquanto imaginava. Ainda de olhos fechados, começou a falar:
— A panela pode nos levar ao barro, aos alimentos ainda na natureza. Pode nos levar à preparação dos caçadores, aos cantos e danças da tradição. Pode nos levar ao começo do mundo, à criação.
— Exatamente meu neto. Nós vemos uma panela de barro e ela nos remete ao início de tudo. E sabe por que é assim, Curumim?
— ...
— Porque estamos ligados a tudo. Nossa tradição não é apenas uma lembrança fugaz da vida, ela é memória viva. O simples ato de fazer uma panela de barro nos remete à criação do mundo. O ato de caçar pode lembrar ao guerreiro de que um dia ele também será abatido e terá de alimentar a terra com seu corpo. Tenho a impressão de que o lugar da grande luz noturna tem se esquecido dessa verdade e corre para sua própria destruição. Curumim sabia que sua avó estava se referindo à grande cidade [...].
A velha mulher mexia o barro com vagar, como se o tempo não lhe importasse em absoluto. O rosto despreocupado revelava seu contentamento por estar ali, obedecendo a uma ordem interna que lhe era dada pela tradição de seu povo. Foi nisso que o menino fixou a atenção à medida que ajudava a anciã a bater o barro com os pés. Também ele se sentiu realizado, feliz [...] (RESENDE, 2020, p. 49).

09. Vista parcial do desastre do rompimento da Barragem da Mina Córrego do Feijão, em Brumadinho (MG). 2019.

Depois dos arranjos e improvisações dos primeiros anos, a Corte se encontra relativamente bem instalada e o Estado português — depois da elevação do Brasil à condição de Reino Unido, o império luso-brasileiro — igualmente assentado, com todos os vícios próprios a um império colonial. O falecimento da rainha dona Maria I exigirá a assunção de seu filho dom João ao trono — o governo já lhe pertencia desde que a mãe fora declarada incapaz. Nesse ano desembarca no Brasil um grupo de importantes artistas (pintores, escultores, arquitetos, gravadores) que ficou conhecido como a "missão francesa". Sua influência na arte e na cultura brasileira será decisiva. Com eles veio certo maestro alemão, cuja música receberá forte impacto dos lundus dos pretos. Esse híbrido do clássico com o popular de origem africana ecoa hoje nas congadas e maracatus, no samba e no choro, na bossa nova e no rap.

23 JAN ▪ **A VERVE DA CORRUPÇÃO** Mais que esforços desinteressados, o assentamento da Corte real portuguesa no Brasil exigiu muito dinheiro e esgotou as verbas públicas. Prédios tiveram que ser construídos e reformados. As reais cavalariças (os estábulos reais) foram motivo de escândalos e investigações por causa da suspeição de desvio de recursos. Lembre-se de que se tratava de uma corte de antigo regime, em que seus membros gozavam de privilégios perante o rei, que, com bondade paternal, era o provedor dos que o cercavam. A casa real dispunha de uma real manteria, espécie de despensa, que abastecia os cortesãos de trastes domésticos (tecidos, móveis, trens de cozinha, etc.). A real ucharia abastecia-os de alimentos, principalmente carnes. Imagine-se o tamanho de uma despensa que entregava diariamente aos protegidos do rei mais de quinhentas cabeças de aves, entre galinhas, frangos, pombos e perus, além de noventa dúzias de ovos. Os registros sobre corrupção de funcionários, desvios, sonegações e má conduta abundam nos documentos da Casa Real. Essa mácula vai longe. Em carta ao pai de 23 de janeiro, contava o bibliotecário real (MARROCOS, 1939, p. 260):

A pouca estabilidade e firmeza com que foram feitas e hoje se acham as casas antigas desta cidade têm sido a origem de muitas desgraças sucedidas, ora caindo subitamente as paredes, ora as mesmas casas inteiras sobre os seus habitantes; e julgam os entendedores que a irregularidade das estações, que aqui se experimenta, passando de um calor excessivo a um frio igual com tormenta espantosa de chuvas grossas e pesadas, é o único motivo destes tristes acontecimentos. No dia 18 deste mês caiu de repente uma parte não pequena de parede e abóbada com os quartos, que lhe estavam anexos e superiores, neste Paço, e que formavam a habitação de algumas das criadas de Sua Majestade, mas ninguém sofreu perigo algum. Em razão disto, projetou-se uma inspeção, chefe o arquiteto José da Costa, para fazer vistoria a todos os edifícios da cidade, e obrigar aos proprietários ricos a demolir todas as casas antigas que ameaçarem ruína, e reedificá-las de novo; e aos proprietários sem maiores cabedais, a escorar as suas. É incrível o cabedal, que ocultamente se tem oferecido e dado aos indivíduos da dita inspeção, para os proprietários se livrarem a estas obras e despesas, e para que o intendente os não obrigue, segundo as informações dos inspecionistas [inspetores], o que tudo estes paulatinamente têm recolhido, e com que têm assaz avultado.

← **01.** Marc Ferrez. Antigo Campo de Santana, que passou a se chamar Campo da Aclamação, depois de reformas urbanísticas feitas na década de 1870. s.d. ↓ **02.** Thomas Ender. *Campo de Santana*. 1817.

1816

20 MAR ■ **MORRE DONA MARIA I E DOM JOÃO SE TORNA REI** Dona Maria I, "a Piedosa" ou "a Louca", conforme a disposição do leitor, foi rainha de Portugal e Algarves entre 1777 e 1815, e rainha do Reino Unido de Portugal, Brasil e Algarves desde a criação do reino unido até seu falecimento, em 1816. Desde 1792, seu filho dom João havia assumido a regência do reino por causa dos distúrbios mentais da soberana. Primogênita de dom José I e herdeira do trono português, teve sua condição de saúde agravada por uma série de razões: primeiro, a perda do marido Pedro III (1786); depois, a do filho, o príncipe dom José, herdeiro presuntivo da Coroa, que faleceu por varíola aos 27 anos de idade (1788); em seguida, a Revolução Francesa, que derrubou as velhas casas dinásticas, e a execução na guilhotina de Luís XVI, rei da França, abalaram os nervos da rainha. Por causa da incapacidade da mãe, dom João assumiu a regência de Portugal em 1792. Os oito anos que ela passou no Brasil foram de reclusão e sofrimento. Morreu no Convento do Carmo em 20 de março de 1816, aos 81 anos de idade. Após o luto, o príncipe regente João foi aclamado rei de Portugal, Brasil e Algarves.

← **03.** *Oração fúnebre da fidelíssima rainha do Reino Unido de Portugal, do Brasil e dos Algarves. A senhora d. Maria I. Coelho.* 1817.
↓ **04.** Michael Wolgemut. *Circe e Ulisses.* 1493. → **05.** Carlo Fontana e Nicola Oddi. *Castrum Doloris – Mausoléu – Interior da Igreja de Santo António dos Portugueses em Roma.* 1707.

↑ 06. Debret. *Monumento e cortejo fúnebre da imperatriz Leopoldina no Rio de Janeiro*. 1839.

■ **ETIQUETA NAS EXÉQUIAS DE DONA MARIA I** A vida numa corte de antigo regime era regulada por regras minuciosas de etiqueta. O cumprimento estrito dessas regras refletia e, ao mesmo tempo, instituía uma rígida hierarquia social, baseada no prestígio e na ostentação do luxo, elemento distintivo da aristocracia diante das demais ordens da sociedade. Pertencer à Corte significava a reafirmação desse prestígio e possibilitava ascensão na hierarquia social. Todo um conjunto de normas de conduta regia as ações dos cortesãos. O rei era o centro para onde tudo e todos convergiam. O lugar de cada personagem dessa sociedade lúdica, espetacular, era marcado pela distância que se guardava em relação ao trono. O clientelismo, o personalismo, o favoritismo, a intriga e a conspiração, a competição e o jogo cadenciavam a vida na Corte. ¶ Conforme a disposição do rei, os nobres, membros da Corte, galgavam posições por meio de nobilitações e nomeações lucrativas ou por um lugar de honra em sua cama; ou caíam em desgraça, no esquecimento e no exílio, quando não na forca ou em calabouços. Em inúmeros momentos pode-se ver a "etiqueta em ação". Os funerais de dona Maria I são um deles. Nos fundos do Arquivo Nacional do Rio de Janeiro (Casa Real e Imperial, Cx. 2. pac. 1, doc. 32 1816) encontra-se a disposição de como deveria acontecer cada detalhe dos funerais da rainha, prescrita minuciosamente na *Forma em que Sua Majestade e altezas hão de ir lançar água benta no corpo da Augustíssima Senhora Rainha dona Maria Primeira*, assinada pelo escrivão da Torre do Tombo e secretário real Gaspar Feliciano de Moraes. Cada detalhe, local e momento da ação de cada membro da Corte foram ali estabelecidos.

Porém, ao que parece, os criados da casa real encontraram muitos obstáculos para a aplicação da etiqueta, conforme ditavam os velhos manuais trazidos do reino. No Rio de Janeiro, a rua era território dos pretos de todas as nações. Como conter a legião de negros e negras na rua, festeiros, barulhentos, "arruaceiros" (como dizia a polícia), durante o luto e os funerais da rainha? A estratégia do intendente da polícia foi evitar o conflito e apelar para a colaboração das lideranças dos africanos e afrodescendentes por meio do rei do Congo. Essa estratégia diplomática antiga, utilizada por vários reis portugueses, começou no reinado de dom Manuel I (1469-1521), "o Venturoso", e consistia em usar a conversão para a fé cristã dos povos do Congo a partir de seu rei, por intermédio de uma encenação que traduzia, de forma teatral, o reconhecimento da importância do reino do Congo pelo poder real português. Com o passar dos séculos, essa tradição foi desaparecendo no reino, mas no Brasil ela continuou e foi se modificando, saindo dos adros das igrejas e ganhando as ruas como festas religioso-pagãs, como são as congadas e os maracatus. ¶ Quanto ao Brasil de dom João, não deixa de ser curioso imaginar como se dava a coexistência de dois reis diferentes, com suas respectivas cortes e Estados. As providências das exéquias de dona Maria I mostram que a corte dos brancos precisava muito da corte dos pretos para apaziguar as tensões sociais, que não poderiam ser sempre contidas com violência física. Dessa perspectiva, ganha sentido o ofício do intendente da polícia ao comandante da guarda, de 1816, em que se procurava solução para uma situação conflitante: o luto recente da rainha dona Maria I e as festividades do Rosário, irmandade dos pretos.

" Julgo necessário participar a V.S. que não tenho concedido nenhuma licença para danças de nenhuma qualidade na presente festividade do Rosário, nem mesmo para as guerras e brinquedo, que por esta ocasião costumam fazer os pretos das Nações, e por isso se alguns aparecerem às suas patrulhas, que devem continuamente girar, tanto de dia como de noite, nestes três domingos, com prudência os façam recolher, e se houver reincidência ou teima, sejam presos, pois o luto, em que ainda tão justamente estamos, pede que se evitem divertimentos pelas ruas. Tenho somente permitido ao rei do Congo, que costuma assistir à festa, que possa somente ajuntar a sua Corte e Estado no adro da Igreja para assistir aos ofícios divinos, retirando-se depois para suas casas, sem andarem pelas ruas, e se houver Procissão do Terço, possam nela incorporarem-se os Moçambique, como até aqui, visto que formam alas na mesma Procissão, e se dirigem nisso só ao culto daquela devoção. Ficando V.S. nesta inteligência para assim fazer executar, recomende às suas patrulhas toda a prudência e bom modo, para que desta falta é que muitas vezes principiam as desordens (ANRJ, Cod. 327).

↓ **07.** Debret. *Coleta de esmolas para a Igreja do Rosário*. 1828.

1816

↑ 08. Carlos Julião. *Coroação de um rei negro nos festejos de Rei*. s.d.
↓ 09. Rugendas. *Festa de Santa Rosália, padroeira dos negros*. 1835.

↑ **10.** Maracatus na Igreja do Rosário dos Pretos de Olinda. 2012.
← **11.** Arsênio Silva. Festa religiosa de origem africana [Congada]. 1860.
↓ **12.** Terno de Congo de Sainha Irmãos Paiva de Santo Antônio da Alegria (SP). 2018.

↑ **13.** Félix Emile Taunay. *Vista de um mato virgem que se está reduzindo a carvão.* 1843.

26 MAR

Até a chegada da Corte, o que entendemos hoje por "arte" era algo ligado às expressões de devoção religiosa. Após a queda de Napoleão e o Congresso de Viena, o príncipe regente dom João incumbiu seu ministro conde da Barca de tomar providências para atrair artistas europeus para o recém-criado Reino Unido. Barca recorreu ao marquês de Marialva, que, por indicação do geógrafo alemão Alexander von Humboldt, chegou a Joachim Lebreton, antigo administrador das Belas-Artes do Ministério do Interior durante a Revolução Francesa. ¶ Lebreton havia caído em desgraça junto ao governo revolucionário, afastado de seus cargos e obrigado a exilar-se. Em torno dele reuniu-se um grupo de artistas notórios, que também haviam se tornado *personae non gratae* com a Restauração: Nicolas-Antoine Taunay, pintor acadêmico; seu irmão Auguste, escultor; o pintor de história Jean-Baptiste Debret; o arquiteto Grandjean de Montigny; Charles Simon Pradier, gravurista. O grupo veio para o Brasil escoltado por engenheiros, técnicos e artesãos de grande prestígio, como Pierre Dillon, François Ovide, Charles Levavasseur, Louis Meunié e François Bonrepos. Sabe-se que viajaram por sua própria conta, com ajuda de alguns comerciantes cariocas, desembarcando em 26 de março de 1816 no Rio de Janeiro. No mês seguinte, foram lavrados os contratos e pensões e era promulgada a fundação da Escola Real das Ciências, Artes e Ofícios, à qual se juntariam logo depois o músico Sigismund Neukomm e os escultores Marc e Zéphyrin Ferrez. ¶ Em meio a intrigas e reveses políticos, os artistas franceses viram seu projeto ir afundando aos poucos. O próprio cônsul francês nutria hostilidade por seus conterrâneos; além disso, houve rachas dentro do próprio grupo, cuja situação se fragilizou

com a morte do conde da Barca em 1817 e do próprio Lebreton em 1819. Nicolas Taunay regressaria à França em 1821. Só em 1826 a academia de artes ganharia um edifício sede, projetado por Grandjean de Montigny, e em 1831 foram estabelecidos seus estatutos, seguindo o projeto francês de 1824, sendo batizada de Academia Imperial de Belas-Artes. ¶ Não foram poucos os críticos posteriores que questionaram o estatuto de "missão" atribuído ao grupo de artistas franceses, ou que condenaram a tendência neoclássica e oficialesca de sua arte, mas muitos reconhecem o peso de sua contribuição. Se alguns deles, em especial Montigny e Debret, atenderam às demandas oficiais da família real, contribuíram em muitas outras frentes do projeto civilizatório empreendido por dom João, que vão desde a produção de projetos e construção de edifícios (como o da Bolsa de Comércio, que hoje sedia a Casa França-Brasil) até a cenografia de interiores e exteriores nas grandes festas oficiais da Corte. ¶ Quando Nicolas Taunay voltou à França, acompanharam-no sua esposa e seu filho Hippolyte. Mas outros quatro de seus filhos ficaram no Rio de Janeiro. Assim aconteceu com outros membros da "missão", cujos familiares e descendentes ou discípulos deixaram marcas importantes na cultura brasileira, como Marc Ferrez, filho de Zéphyrin, que se tornou fotógrafo pioneiro no Brasil. No caso da família Taunay, depois de ter acompanhado a equipe comandada por Louis de Freycinet na função de desenhista, Adrien Taunay viria a morrer no rio Guaporé durante a expedição Langsdorff em 1828. Seu irmão Félix Émile foi preceptor do futuro dom Pedro II e diretor da Academia brasileira entre 1843 e 1851. ¶ O pintor Manuel de Araújo Porto Alegre, discípulo de Debret, assumiu a direção da Academia Imperial de Belas-Artes na década de 1850. Um grupo de artistas, como os pintores de história Pedro Américo, Victor Meireles, Rodolfo Amoedo, Eliseu Visconti, Belmiro de Almeida, Henrique Bernardelli, passou pela Academia, que no período republicano tornou-se a Escola Nacional de Belas-Artes, posteriormente incorporada à Universidade Federal do Rio de Janeiro.

1816

FLORESTA DA TIJUCA As Cascatas da Tijuca constituem um dos panoramas mais pitorescos das cercanias do Rio de Janeiro. [...] A mais ou menos uma légua do Rio de Janeiro, um riacho se precipita dos cimos mais elevados do monte Tijuca e joga-se de uma parede rochosa de 150 pés mais ou menos de altura. Outro riacho, que corre ao sul, forma também várias cascatas tão grandes e imponentes como as primeiras, mas bem inferiores quanto ao pitoresco e ao ambiente. O corte dos rochedos, o movimento da água espumante e borbulhante são tão admiráveis quanto os das quedas de água do Velho Continente. A riqueza da vegetação é imensa; e a umidade agradável, a frescura desse lugar, parecem dar-lhe um vigor novo e realçar a magnificência de suas cores, de maneira que o brilho das flores que se veem nos arbustos, nas árvores e nas plantas só é ultrapassado pela multidão e a magnificência das borboletas, dos colibris e de outros pássaros de variegada plumagem que aí procuram abrigo contra o ardor sufocante do sol. ¶ Um pintor francês de talento, o sr. Taunay, construiu, num pequeno corte em frente da cascata, sua agradável residência, onde moram hoje dois de seus filhos numa solidão e sossego dignos de inveja, gozando da abundância de maravilhas de que a natureza foi pródiga aí. ¶ Ao pé da Tijuca, do lado sul, existe um grande lago chamado Jacarepaguá; nele se jogam os regatos que descem das montanhas cujos rochedos e florestas se refletem em suas águas. Durante a maré alta enche-se o lago de água salgada, pois está ligado ao oceano por um estreito canal; a sudoeste é ele limitado pelo rochedo colossal da Gávea. Do pé deste rochedo parte um caminho, em muitos lugares difícil, por causa dos areões profundos, mas que compensa tal inconveniente pelos panoramas magníficos que oferece, de um lado sobre o mar e de outro sobre o Corcovado e a montanha oposta, chamada dos Dois Irmãos. Passando perto do Jardim Botânico, esse caminho conduz da lagoa Rodrigo de Freitas a Botafogo, onde as belezas pitorescas desse país encantador se desenvolvem com maior variedade ainda (RUGENDAS, 1940, p. 23).

← **14.** Manuel de Araújo Porto-Alegre. *Grande cascata da Tijuca* (atribuído). 1833. ↓ **15.** *Cascatinha Taunay, Floresta da Tijuca, Rio de Janeiro*. 2014. → **16.** Revert Henry Klumb. *Cascata da Cruz, Floresta da Tijuca*. 1886.

↑ 17. Debret. *Revista das tropas destinadas a Montevidéu, na praia Grande*. 1816.

12 MAI ▪ TROPAS ENVIADAS PARA MONTEVIDÉU

Em março de 1816, o governo português resolveu enviar tropas para o sul do Brasil, em razão da situação conflituosa na região do rio da Prata. Dom João VI havia decidido anexar a Banda Oriental. Em 1821, esse território meridional foi anexado pelo Reino Unido de Portugal, Brasil e Algarves como "Província Cisplatina". Os conflitos na região se estenderam ao longo do século XIX, até a Guerra da Tríplice Aliança, que envolveu Brasil, Argentina e Uruguai contra o Paraguai, entre 1864 e 1870. Em 1816, dom João havia enviado as tropas porque sua esposa, Carlota Joaquina, herdeira da casa de Bourbon, tinha direito aos territórios hispânicos na América e tramava para restaurar o poder dos Bourbon na América Latina, anexando o Brasil a um grande império hispânico. As forças enviadas contavam 4.813 homens. O grupo ficou por algum tempo estacionado em Armação (posteriormente chamada de praia Grande, em Niterói) e partiu em duas fases, a primeira em janeiro de 1816 e a segunda em junho do mesmo ano. Em 1825, sob o comando de Juan Antonio Lavalleja, um grupo de rio-platenses chamado de os Trinta e Três Orientais invadiu a Cisplatina e começou a expulsão das forças imperiais luso-brasileiras. A independência do Uruguai foi declarada no Congresso de Florida, em 25 de agosto de 1825, agora sob tutela argentina. Só em 1830 se firmava o novo Estado Oriental do Uruguai, constitucional e republicano.

> **Revista das tropas destinadas a Montevidéu, na Praia Grande** ¶ A decisão tomada de há muito pelo governo português de apossar-se de Montevidéu, a fim de fazer desse território a fronteira do Brasil com as possessões espanholas, teve execução em 1816. [...] Entretanto, após as evoluções militares realizadas diariamente em presença do Regente, para sua distração, o marechal Beresford, generalíssimo das tropas portuguesas, organizou uma última revista, com uma pequena guerra simulada, nesse lugar pitoresco que apresentava posições variadas para o ataque e a defesa [...]. A essa experiência feliz de tática militar realizada a 12 de maio de 1816 sucederam-se alguns dias de repouso, antes do embarque geral das tropas, a qual se realizou, igualmente na presença da Corte, na praia Grande a 21 de maio do mesmo ano. Cabia-me, como historiógrafo dos duques de Bragança,

↑ **18.** Debret. *Embarque na Praia Grande de tropas destinadas ao bloqueio de Montevidéu*. s.d.

traçar aqui o quadro fiel do primeiro movimento dos exércitos portugueses que desencadearam a guerra no sul do Brasil, contra os hispano-americanos, guerra essa prolongada durante mais de quinze anos (DEBRET, 1989, v. 3, p. 195).

30 MAI ■ AUGUSTE DE SAINT-HILAIRE E SIGISMUND NEUKOMM CHEGAM AO RIO DE JANEIRO

Com o compositor alemão Neukomm completava-se a santíssima trindade da música sacra da Corte de dom João, ao lado do virtuose mulato padre José Maurício e do vaidoso maestro português Marcos Portugal. As histórias dessa trinca marcam o nascimento da música erudita no Brasil.

> Em certa ocasião, o padre José Maurício e Marcos Portugal tiveram de medir artisticamente as suas forças. Devia-se solenizar na fazenda de Santa Cruz a degolação de São João Batista. O rei quis música nova e os seus dois mestres de capela foram chamados a satisfazê-lo. Era uma luta artística que ia ter lugar, e em resultado Marcos Portugal empregou um mês para compor as matinas, ao tempo que o padre José Maurício compôs em quinze dias uma grande missa e credo que ainda hoje se executam com aplausos dos mais profundos entendedores. ¶ Neukomm, o discípulo predileto de Haydn, o compositor daquele famoso concerto que foi executado por três mil artistas na inauguração da estátua de Gutenberg, Neukomm, que viera para o Rio de Janeiro com a colônia artística dirigida por Lebreton, dizia a quem o queria ouvir que o padre José Maurício era *o primeiro improvisador de música que ele tinha conhecido*, e, a propósito, contava o

↑ **19.** Sigismond Ritter von Neukomm. s.d.

seguinte fato. Em uma das muitas reuniões que tinham lugar na casa do marquês de Santo Amaro, faziam-se provas de diversas músicas que Neukomm acabava de receber da Europa. O célebre Fasciotti cantou uma barcarola que foi ardentemente aplaudida, e o padre José Maurício, que estava ao piano, começou em seguida a variar sobre o motivo, e de arte tal o fez que todos e ele próprio esqueceram-se do tempo que passava, e no meio de geral admiração deram por si ao toque da alvorada. Esse mesmo Neukomm, ao receber a notícia da morte do padre José Maurício, exclamou chorando: 'Ah! os brasileiros nunca souberam o valor do homem que possuíam!' (MACEDO, 1991, p. 38).

O maestro Júlio Medaglia lembra o fascínio que o universo sonoro das ruas (vale dizer, os lundus e batuques africanos) exerceu sobre o maestro S. Neukomm, discípulo de Haydn, tanto a música como a sensualidade livre dos corpos que se deixavam levar por ela. Nas festas das casas das "gentes de bem" também ecoava essa pulsão vinda das ruas e senzalas. O compositor disse, em carta a um amigo, que corava diante do jogo dos corpos suados, que começava com requebros ousados da mulher, a que seguia a resposta do homem, quando a volúpia dos dançarinos fazia os instintos entrarem em ebulição. O compositor gabou-se de ser o primeiro europeu a incorporar essa música profana a seu repertório:

> Quis escrever uma fantasia para piano tendo como tema um lundu. Imagino que fui o primeiro a fazê-lo, pois os músicos brasileiros e portugueses não ousam misturar ao que escrevem as melodias do povo. Em *O amor brasileiro* [1819], o tempo ternário da valsa transforma-se na síncopa do lundu, como, aos poucos, acontecera com meu espírito (MEDAGLIA, 2019, p. 10).

↑ **20.** Racionais MC's em performance em São Paulo. 2018.

RAP

Costuma-se associar a musicalidade afro-brasileira ao samba, patrimônio cultural brasileiro. Mas na verdade a herança dos ritmos africanos atravessa todos os gêneros musicais praticados no Brasil, do clássico vanguardista de Villa-Lobos ao *jazz* da bossa nova, do *rock* metal (que consagrou a banda Sepultura) aos ritmos brasileiros como o frevo, o baião, o choro e o *rap*. ¶ Um dos mais populares estilos musicais no Brasil contemporâneo, derivação do *hip-hop*, o *rap* há muito superou o estigma de violência e marginalidade imposto pela cultura oficial para se tornar uma forma de expressão poética e musical que, retratando a violência e a brutalidade praticadas contra pretos e pobres no Brasil, inclusive pelo Estado, tornou-se manifestação de identidade e instrumento de resistência da juventude preta não só das periferias e favelas das metrópoles, mas por todo o território nacional. A "guerra dos pretos", assim como a dos indígenas, contra a exclusão, a marginalização e o abandono continua, mas não perde a fé. Como diz Mano Brown, "até no lixão nasce flor". ¶ **Negro drama (Racionais MC's)** ¶ *Periferias, vielas, cortiços* ¶ *Você deve tá pensando o que você tem a ver com isso* ¶ *Desde o início, por ouro e prata* ¶ *Olha quem morre, então, veja você quem mata* ¶ *Recebe o mérito, a farda que pratica o mal* ¶ *Me ver pobre preso ou morto já é cultural* ¶ *Histórias, registros, escritos* ¶ *Não é conto, nem fábula, lenda ou mito.* [...]

12 AGO ■ **CRIAÇÃO DA REAL ESCOLA DE BELAS-ARTES** Desdobramento da presença dos artistas franceses no Rio de Janeiro, a fundação da Real Escola de Belas-Artes em agosto de 1816 é tomada como marco da profissionalização do ensino artístico no Brasil. Nela destacou-se o pintor sacro, de história e retratista Manuel Dias de Oliveira, fluminense de nascimento e pardo que estudou em Lisboa e Roma. Oliveira foi professor régio da Aula Pública de Desenho e Figura e, na Corte de dom João, pintou retratos de dom João e dona Carlota (1815), uma "Alegoria ao nascimento de dona Maria da Glória" (1819). Em 1818 (alguns sustentam 1813!), executou a *Alegoria a Nossa Senhora da Conceição*, óleo sobre tela hoje pertencente ao Museu Nacional de Belas-Artes, no Rio de Janeiro. Do mesmo ano são as obras de Adrien Taunay, *Família do interior do Brasil em viagem*, *Desembarque da imperatriz dona Leopoldina*, de Debret, e *Antiga ponte dos marinheiros*, por Thomas Ender.

← **21.** Aimé-Adrien Taunay. *Família do interior do Brasil em viagem*. 1818.
↑ **22.** Manuel Dias de Oliveira. *Nossa Senhora da Imaculada Conceição*. 1813. → **23.** *Prospecto do Palácio Imperial* [Viena]. s.d.

29 NOV ■ **FIRMA-SE O CONTRATO DE CASAMENTO ENTRE DOM PEDRO E DONA LEOPOLDINA** Após 1815, as casas imperiais restauraram seu poder em Viena, a rainha dona Maria I faleceu e o Brasil foi elevado a Reino Unido a Portugal e Algarves. Tudo isso parecia anunciar o início de uma nova era de prosperidade para os habitantes da ex-colônia, particularmente o povo fluminense. O vigor econômico era visível nas embarcações mercantes que chegavam e partiam abarrotadas dos portos do Rio, assim como no trânsito crescente de estrangeiros comerciantes, diplomatas, artistas e naturalistas. Nesse clima de euforia foram anunciadas, por meio de um bando do Senado da Câmara, as solenidades do faustíssimo casamento do príncipe herdeiro dom Pedro de Alcântara com a arquiduquesa d'Áustria, dona Carolina Leopoldina Josefa. Os anos de 1817 e 1818 foram os mais festivos da Corte no Brasil. ¶ Casamentos di-

↑ **24.** *Vista da cidade e porto de Livorno.* [c. 1790-1800].

násticos são arranjos políticos e dom João, fora dos circuitos de poder da Europa restaurada, gastou o que tinha e o que não tinha para garantir o entrelaçamento estratégico com as velhas dinastias, casando seu primogênito com a filha do rei da Áustria, uma Habsburgo. Depois de minuciosas negociações travadas em Viena entre o *premier* austríaco Metternich e Marialva, ministro plenipotenciário português, foi acertado o casamento com dona Leopoldina, que obedeceu prontamente à imperial vontade paterna. O contrato de casamento foi lavrado na capital austríaca, em francês, com doze cláusulas prevendo todas as situações possíveis a respeito do destino de Leopoldina nesse consórcio, até os detalhes do "trem" e corte com que Leopoldina embarcaria para o Brasil, o enxoval, joias, dote a ser pago pelo príncipe, a renúncia por parte de dona Leopoldina a todos os direitos a bens móveis e imóveis, direitos, ações e razões quaisquer da Coroa austríaca, extensiva a seus descendentes, as pensões a que teria direito no Brasil, a serem pagas pelo rei, o que cada parte teria direito do outro em caso de viuvez, com ou sem herdeiros, herdeiros, e assim por diante.

25. Maracatu de baque solto, elemento de origem rural no Carnaval de Olinda (PE). 2020.

O influxo de artistas era constante. Notório apreciador de boa música, dom João mandou importar músicos e cantores, como o *castrato* Giovanni Francesco Fasciotti, um dos mais prestigiados da Europa, a ser pago pelo generoso "bolsinho" do soberano. Enquanto isso, o povo lutava contra as intempéries de sempre, como a Grande Seca de 1817, que assolou a região Nordeste — palco de uma das mais importantes rebeliões políticas do século XIX, a Revolução dos Padres, que eclodiu no Recife e se disseminou breve e intensa, e foi violentamente reprimida pela Coroa. Na Corte, a vida segue seu curso. "Listas de subscrição voluntária" são promovidas para aliviar as gigantescas despesas de uma corte esbanjadora, como foi o caso com os gastos do casamento real de dom Pedro e dona Leopoldina, contratado em Viena. Em 6 de novembro, a princesa austríaca desembarcava nos trapiches do Arsenal da Marinha.

17 JAN Em 17 de janeiro, o visconde de Vilanova da Rainha escrevia ao conde da Barca sobre providências urgentes a serem tomadas em relação aos músicos recém-chegados ao Brasil a convite de dom João.

> Sua Majestade el-rei nosso senhor ordena que Vossa Excelência mande meter em folha ao músico João Francisco Fasciotti, com o ordenado de sessenta mil-réis por mês, que lhe serão contados desde o primeiro de novembro do ano próximo passado de 1816, e pagos do mesmo modo que se pratica com os mais músicos da sua Real Capela. O que tudo participo a V.Ex.ª de ordem do mesmo senhor. Deus guarde a V.Ex.ª. Paço em 17 de janeiro de 1817 (ANRJ. Casa Real e Imperial, Cx. 2., pac. 2, Doc. 35).

No jornal *Astrea* de outubro de 1827 (DICIONÁRIO BIOGRÁFICO..., s.d.) consta uma manifestação sobre os dotes artísticos e técnicos de Fasciotti, no que concerne à arte da improvisação e da execução de variações, na performance de *La vestale*, de Vicenzo Pucitta (1778-1861):

João Francisco Fasciotti cantou como costuma este hábil cantor, além de ser bom professor, é de uma fértil imaginação, e estamos persuadidos que se ele quisesse repetir o mesmo que há pouco tivesse cantado, não lhe seria possível; são mui bem merecidos os elogios que lhe têm prodigalizado os melhores professores das nações estrangeiras que o conhecem, muitos dos quais temos ouvido. ¶ Giovanni Battista Francesco Fasciotti foi um *castrato* da Real Câmara e da Capela Real/Imperial do Rio de Janeiro, tendo atuado também como compositor. Chegou ao Brasil em meados de 1816, após uma carreira bem-sucedida na Itália, onde chegou a cantar em teatros importantes como o Alla Scala de Milão e o La Fenice de Veneza.

Fasciotti foi o castrado de maior sucesso no meio teatral brasileiro, tendo mostrado, ao lado de grandes qualidades musicais, um ótimo desempenho dramático. Pode-se afirmar que ele e sua irmã Maria Thereza Fasciotti estiveram entre os mais influentes cantores no meio teatral do Rio de Janeiro daqueles dias.

→ **01** Retrato de Giovanni Francesco Fasciotti. s.d. ↓ **02.** Giovanni Pividor. Interior do Teatro La Fenice (Veneza – Itália). 1837. ← **03.** A.H. Payne. Teatro alla Scala (Milão – Itália).

1817

↑ **04.** *Secca do Ceará.* [c. 1877-1879].

16 FEV Falta de água, altas temperaturas. Esse cenário, agravado pelo aquecimento global das últimas décadas, tem assolado o Nordeste brasileiro de maneira cíclica ao longo da história. Mas o aquecimento global parece ter apenas piorado uma situação que já era crônica por causas naturais. As consequências sociais da seca têm sido catastróficas, gerando migrações forçadas em massa, fome, abandono e situações dramáticas. Uma seca que assolou o Sertão nordestino em 1817 e a crise econômica que lhe seguiu conta entre os fatores que deflagraram a Revolução de 1817. Muitas outras vieram depois, como a célebre "Grande Seca" de 1877-1879, tida como o mais devastador fenômeno meteorológico no Brasil até então; e a de 1915, narrada no clássico romance de Raquel de Queiroz *O quinze*, que denunciou a miséria e o abandono dos campos de concentração da seca criados pelo Estado no Ceará para conter a população indesejada, a "gente imunda" que tentava sobreviver fugindo para a capital. Elas vêm se repetindo ciclicamente. A última, que devastou o Semiárido brasileiro, especialmente o sertão do Nordeste, entre 2012 e 2017, foi a pior já registrada no Brasil, segundo estudos do Instituto Nacional de Meteorologia (Inmet), cuja série histórica começou a ser produzida em 1845. Esse flagelo está inscrito nos livros de História e Sociologia, na literatura e na arte. ¶ Daquela seca de 1817 o viajante e comerciante francês Tollenare (1906, p. 151) deixou rico relato, anotado no Recife em 16 de fevereiro de 1817.

1817

← **05.** A. Correia. *Secca de 1877-78*. Ceará.
↑ **06.** Notícia sobre o Campo de Concentração dos Flagelados, publicada no jornal *O Povo*, em 16/04/1932. ↓ **07.** Flagelados da seca de 1877, na estação ferroviária do município de Iguatú, aguardando o trem para Fortaleza.

A estrada de Natal ao pequeno povoado de Pai Paulo é célebre por causa dos perigos que nela se corre por falta d'agua, e, entretanto, passa bem próximo do pretenso rio Grande; viaja-se ali quase como as caravanas do Oriente. Há guias especiais que conhecem os lugares onde há fontes e que disto fazem, por assim dizer, mistério; nesta vasta extensão de terra encontram-se apenas alguns pastores ocupados na guarda do gado vacum, que se deixa vagar pelos pastos. ¶ *Três anos consecutivos de seca — há quatro e cinco anos — destruíram uma grande parte dele, arruinaram famílias ricas, fizeram perecer muita gente, de sorte que hoje é uma região muito pouco povoada; não é raro encontrar-se ali aldeolas desertas, cujos habitantes morreram ou se retiraram para outros lugares. Não obstante esta seca, o terreno arenoso está ainda coberto de algumas matas pouco elevadas, principalmente de cajueiros.* ¶ *A seca mais terrível foi a de 1793; a de 1801 foi muito funesta, e a deste ano deixa tristes recordações. De Natal a Pai Paulo há apenas de 9 a 10 léguas de 3.000* toesas *em linha reta; mas a procura das fontes obriga a fazer tais desvios, que se percorre pelos menos doze; enfim, saindo de Natal para ir a Açu, viaja-se durante 40 léguas para encontrar habitações. A região só se tornará interessante quando forem descobertas boas fontes, porquanto todos os rios que a atravessam secam durante grande parte do ano. Este ano, 1816 a 1817, foi ainda muito seco, e as notícias que chegam das margens do rio Grande dizem ter havido ali muitas vítimas e novos estabelecimentos abandonados.*

TOESA
Antiga medida francesa de comprimento, equivalente a 6 pés, aproximadamente 1,90 m.

06 MAR ▪ ECLODE A REVOLUÇÃO REPUBLICANA EM PERNAMBUCO

Conhecida como a "Revolução dos Padres", ela incendiou por dois meses e se alastrou pelas províncias limítrofes da Paraíba, do Piauí e do Ceará. Em nenhuma região do país se ofereceu maior resistência à dominação colonial do que o Nordeste. Essa ideia de resistência constitui mesmo um elemento de identidade dos pernambucanos e começou quando grandes proprietários rurais se uniram e expulsaram os holandeses do Brasil em 1645. A partir do final do século XVIII, sob influência do exemplo francês, de que se fez grande divulgador o padre Manuel Arruda Câmara, essa tradição de resistência se renovou. Formado em Coimbra, ao voltar ao Recife, em 1796, fundou o Areópago de Itambé, primeira loja maçônica do Brasil. Junto com Câmara estavam muitos membros de famílias pernambucanas poderosas, como os Cavalcanti, os Lima, os Pessoa e alguns padres esclarecidos. Os três irmãos Cavalcanti, proprietários do engenho Suassuna, e outros membros da aristocracia rural pernambucana estiveram envolvidos numa conspiração em 1801, que foi batizada com o nome de seu engenho. ¶ A vinda da Corte e a ocupação de Caiena sobrecarregaram de impostos as províncias, e os pernambucanos ficaram desgostosos com isso. A economia da região, apoiada no algodão e no açúcar,

↑ **08.** Victor Meirelles. *Batalha dos Guararapes*. 1879.

permaneceu em crise entre 1801 e 1816 devido à competição estrangeira. As elites locais começaram a articular um movimento insurrecional em torno de sociedades secretas, em que se destacam figuras como o padre João Ribeiro e Domingos José Dias Martins, que tramaram o golpe, deflagrado precipitadamente em 6 de março de 1817, com imediata adesão popular. ¶ Um governo provisório de caráter republicano com cinco membros, auxiliado por um conselho de Estado, foi instituído. Pessoas como Antônio Carlos Ribeiro de Andrada, ouvidor de Olinda, padre João Ribeiro, padre Roma e o professor Antônio de Morais e Silva foram agentes capitais do movimento. Inspirados na Revolução Francesa, adotaram nova bandeira e instituíram novas formas de tratamento. Foi elaborada uma lei orgânica que estabelecia os direitos e garantias individuais nos moldes da Declaração Universal dos Direitos do Homem, as liberdades de opinião, religiosa e de imprensa. ¶ A revolta repercutiu por várias províncias do Nordeste, com forte adesão da Paraíba e do Rio Grande do Norte. A Corte reagiu imediatamente, bloqueando o porto de Recife e prendendo os líderes. Conhecida como a "Revolução dos Padres", ela resistiu por cerca de dois meses. A repressão foi violenta e sucederam-se as execuções, com requintes de crueldade. Muitos presos conseguiram anistia por ocasião da coroação de dom

↑ **09.** Frans Post. Palácio de Friburgo, local de residência e de despachos do conde alemão (a serviço da Coroa holandesa) Maurício de Nassau, demolido no século XVIII.

João VI, em fevereiro de 1818. Os poucos sobreviventes restantes só foram libertados à época da Revolução do Porto em 1820. O movimento nordestino de 1817 ficou conhecido como a mais espontânea e popular de todas as revoluções brasileiras. ¶ O comerciante francês Tollenare (1905, p. 175) foi testemunha ocular da eclosão da revolução e assim a narrou no dia 9 de março, em suas *Notas dominicais*:

A 6 deste mês teve lugar uma revolução bem inesperada. O estandarte da independência foi levantado; as tropas colocaram-se em volta dele. O governador, assim traído, viu-se forçado a refugiar-se em um forte [a Fortaleza do Brum], ali capitular, e acaba de embarcar para o Rio de Janeiro. Um governo provisório, composto de cinco membros, foi instituído por um pequeno número de conjurados; fala-se em erigir a capitania de Pernambuco em República. ¶ Falava-se de conciliábulos feitos sob as formas maçônicas; tinha havido banquetes brasileiros dos quais se excluía o pão e o vinho da Europa; servia-se com ostentação a farinha de mandioca e a ruim aguardente nacionais; enfim, tinham sido erguidos brindes à independência contra a tirania real e contra os portugueses da Europa. Toda a cidade sabia destas circunstâncias sediciosas; representações reiteradas haviam sido feitas ao governador Caetano Pinto de Miranda Montenegro; este, porém, homem de lei, amigo da paz, infelizmente imprevidente, sem carácter nem energia, não lhes dera importância. ¶ Na manhã de 6 de março tudo parecia tranquilo na cidade; às dez horas ainda conversei com dois dos atuais chefes do governo, os quais pareciam bem longe de pensar que a explosão ia rebentar. Entretanto, pelas onze horas, o governador fez começar as prisões. O sr. Domingos José Martins tinha sido conduzido à prisão; um general de brigada dirigiu-se ao quartel e ali prendeu a um oficial do regimento de artilharia; ia proceder ao desarmamento de outros, quando o segundo oficial designado, o sr. José de Barros, pretendeu resistir e terminou a altercação, levantada entre ele e o seu general, por lhe mergulhar a espada no peito. ¶ Este primeiro sangue derramado foi o sinal da revolução; no mesmo instante todos os militares do quartel correm às armas para defender o sr. de Barros; uns voam à prisão, libertam o sr. Domingos José Martins e assassinam o que o havia prendido; outros percorrem as ruas e fazem tocar rebate. Não se houve ainda o grito de liberdade e sim os de: Viva a Pátria! Mata marinheiro! É assim que os brasileiros designam os portugueses da Europa, de qualquer classe que sejam.

Um dos maiores problemas na construção da nova república era o que fazer com os escravos e a escravidão, já que as lideranças revolucionárias eram todos proprietários de escravos e "senhores do avultado capital". Para enfrentar a crise e acalmar os ânimos, o Governo Provisório soltou uma "Proclamação" na qual expressava seus entendimentos em relação à liberdade dos escravos com a ideia de abolição "lenta, segura e gradual", que vem marcando a história das transições no Brasil há séculos:

1817

" Patriotas pernambucanos. A suspeita tem-se insinuado nos proprietários rurais: eles creem que a benéfica tendência da presente liberal revolução tem por fim a emancipação indistinta dos homens de cor e escravos. O governo lhes perdoa uma suspeita, que o honra. Nutridos em sentimentos generosos, não podem jamais acreditar que os homens, por mais ou menos tostados, degenerassem do original tipo de igualdade: mas está igualmente convencido que a base de toda a sociedade regular é a inviolabilidade de qualquer espécie de propriedade. Impelido destas duas forças opostas, deseja uma emancipação que não permita mais lavrar entre ele o cancro da escravidão: mas deseja-a lenta, regular e legal. O governo não engana ninguém, o coração se lhe sangra ao ver tão longínqua uma época tão interessante: mas não a quer preóstera. Patriotas, vossas propriedades ainda as mais opugnantes [contrárias] ao ideal da justiça serão sagradas; o governo porá meios de diminuir o mal, não o fará cessar pela força. Crede na palavra do governo, ela é inviolável, ela é santa (MUNIZ TAVARES, 1917, p. CCV).

← **10.** Luis Schlappriz. *Vista do Pateo do Carmo: Casa de Banhos, Convento do Carmo.* [c. 1863-1868].

1817

09 MAR "Manifesto do Governo Provisório de Pernambuco", reproduzido no *Correio Braziliense*, de Londres (CORREIO BRAZILIENSE, n. 18, p. 604-607, 1817):

Habitantes de Pernambuco. A providência divina, que pelos seus inescrutáveis desígnios sabe extrair das trevas a luz mais viva, e pela sua infinita bondade não permite existência do mal senão porque sabe tirar dele maior bem e a fidelidade, consentiu que alguns espíritos indiscretos, e inadvertidos de que grandes incêndios se podem originar de uma pequena faísca, principiassem a espalhar algumas sementes de um mal-entendido ciúme e rivalidade entre os filhos do Brasil e da Europa, habitantes desta capital, desde a época em que os encadeamentos dos sucessos da Europa entraram a dar ao continente do Brasil aquela consideração de que ele era digno, e para que não concorreram nem podiam concorrer os brasileiros. [...] o espírito do despotismo e do mau conselho recorreu às medidas mais violentas e perfídias que podia excogitar o demônio da perseguição. Recorreu-se ao meio tirano de perder patriotas honrados e beneméritos da pátria, de fazê-la ensopar nas lágrimas de míseras famílias que subsistiam do trabalho, e socorros de seus chefes cuja perda arrastava consigo irresistivelmente a sua total ruína. [Porém,] A natureza, o valor, a vista espantadora da desgraça, a defesa natural, reagiu contra a tirania e a injustiça. A tropa inteira se supôs envolvida na ruína de alguns dos seus oficiais, o grito da defesa foi geral, ele ressoou em todos os ângulos da povoação de Santo Antônio. O povo se tornou soldado e protetor dos soldados, porque eram brasileiros como eles. [...] Os patriotas no fim de duas horas acharam-se sem chefes, sem governador era preciso precaver as desordens da anarquia no meio de uma povoação agitada e de um povo revoltado. Tudo se fez em um instante, tudo foi obra da prudência e do patriotismo. Pernambucanos, estai tranquilos: a paz reina na capital, o povo está contente, já não há distinção entre os brasileiros e europeus, todos se conhecem irmãos descendentes da mesma origem, habitantes do mesmo país, professores da mesma religião. Um Governo Provisório iluminado escolhido entre as ordens do estado preside a vossa felicidade. Confiai no seu zelo, no seu patriotismo. [...] Ajudai-nos com os vossos conselhos, eles serão ouvidos, com os vossos braços, a pátria espera por eles, com a vossa aplicação à agricultura, uma nação rica é uma nação poderosa. A pátria é a nossa mãe comum, vós sois seus filhos, sois descendentes dos valorosos lusos, pois portugueses, sois americanos, sois brasileiros, sois pernambucanos. Dada na casa do Governo Provisório de Pernambuco, em 9 de março de 1817. Estavam as assinaturas do Governo Provisório. O padre João Ribeiro Pessoa de Melo Montenegro, José Luiz de Mendonça, Domingos José Martins, Manuel Corrêa de Araújo.

↑ **11.** Antônio Parreiras. *Benção das Bandeiras Republicanas.* s.d.

■ **A REPRESSÃO AOS REPUBLICANOS DE PERNAMBUCO** Dom Marcos de Noronha e Brito era governador da Bahia quando estourou a revolução em Pernambuco e ele não esperou ordens da Coroa para começar a repressão, que foi extremamente violenta. José Inácio Ribeiro de Abreu e Lima, o "Padre Roma", foi a Salvador para insuflar a revolução. Assim que aportou, o governador mandou-lhe prender e fuzilar, num "julgamento" feito às pressas, verbalmente. A repressão surpreendeu até mesmo membros da administração ligados à Coroa. O ministro do Reino Thomaz Antonio de Vila Nova Portugal condenou a ação do conde dos Arcos e ordenou que se parasse de matar os revolucionários.

1817

Assim que a derrota do movimento estava definida, o padre João Ribeiro, criador da bandeira de Pernambuco, se suicidou por enforcamento em 19 de maio, na Capela do Engenho Paulista, em Olinda. Por ordem do vice-almirante Rodrigo Lobo, seu corpo foi desenterrado, esquartejado e sua cabeça fincada na ponta de uma vara no centro do Recife, onde ficou exposta por dois anos. Já Domingos José Martins, José Luís de Mendonça e o padre Miguelinho foram presos na Bahia e condenados à morte pelo governador. ¶ Em uma de suas "Proclamações", o conde dos Arcos incitava os pernambucanos à reação.

" Habitantes de Pernambuco! Marchai para a comarca das Alagoas, bandeiras portuguesas e soldados baianos, para a cercar em toda a extensão dessa capitania. ¶ Todo o habitante de Pernambuco que as não seguir rapidamente e marchar junto a elas será fuzilado. ¶ As forças navais ora à vista e no bloqueio do Porto têm ordem para arrasar a cidade e passar tudo à espada se imediatamente não forem restauradas as leis de Sua Majestade el-rei nosso senhor. ¶ Nenhuma negociação será atendida sem que presida como preliminar a entrega dos chefes da revolta a bordo ou certeza de sua morte, ficando na inteligência de que a todos é lícito atirar-lhes a espingarda como a lobos. Bahia, 29 de março de 1817 (MINISTÉRIO DA EDUCAÇÃO E SAÚDE, 1953, p. 39-42).

↓ **12.** Antônio Alves. Bandeira Republicana de 1817. s.d. → **13.** Frederico Guilherme Briggs. *Uma simplícia*. s.d.

26 MAR

A *Gazeta do Rio de Janeiro* em 16 de março anunciava:

MUDANÇA DE DOMICÍLIO – Carlos Durand, e Comp., negociante francês, faz saber que ele mudou o seu armazém sito na rua do Ouvidor n. 28, e que mora atualmente na rua Direita n. 9, primeiro andar. Também participa que acaba de receber pelos últimos navios chegados de França os gêneros seguintes: cheiros, água de Cologne, pomadas, diversas essências e vinagres para toucador e para mesa, luvas, suspensórios, sabão, leques de toda a sorte, escovas e pentes de todas as qualidades, sapatos e chinela para homens e para senhoras, destes de seda e de marroquim, botas de Paris, caixas de tabaco de toda espécie, necessário para homem, caixas de costura para senhoras, velas, azeite para luzes clarificado. Chapéus de palha e de castor para homens e para meninos; chapéus de palha para senhora, guarnecidos e não guarnecidos; chapéus de seda, penachos, fitas, filós bordados de ouro e prata, flores artificiais, casimiras, luvas, garças, véus, retrós, seda crua etc. Mesas, espelhos de toucador, espelhos de todo o tamanho com molduras e sem elas. Estampas, painéis preciosos. Bijuteria verdadeira e falsa, como colares, brincos, anéis e enfeites. Pêndulas, relógios de repetição e de música para homem e para senhora. Vinho de Champagne a 480 a garrafa. Um moinho portátil para grão, um só negro pode fazer moer. Um sortimento de livros franceses e muitas outras mercadorias a preços cômodos.

■ **A NOVA MODA NO RIO DE JANEIRO** As modas europeias tinham invadido os salões e casas distintas do Rio de Janeiro com modistas franceses e ingleses. Homens de fardão e mulheres de mantilhas ainda perambulavam, mas a sociedade cortesã se rendeu logo ao brilho e colorido das roupas usadas nas cerimônias públicas, cerimônias religiosas e dias de gala. Numa sociedade de antigo regime, onde o indivíduo é classificado pelos signos visíveis que ostenta, causaram grande impacto as vitrines que se abriram na rua do Ouvidor, a *Vivienne* do Rio, de acordo com Ernest Ebel, tamanha a elegância que por ali se desfilava. Os recursos de que dispunham homens e mulheres para decorar seus personagens de ir à rua já não se resumiam ao óleo de baleia para untar as cabeleiras ou ao pó de arroz de armar as perucas e homogeneizar as irregularidades da pele.

02 ABR

Na *Gazeta do Rio de Janeiro* de 2 de abril de 1817 anunciava-se a abertura de nova lista de subscrição:

> Havendo-se lembrado muitos capitalistas, proprietários, negociantes e pessoas de todas as classes de subscreverem espontaneamente para as despesas do Estado na urgência atual: faz-se público que estão abertas as subscrições nas Casas de Comércio abaixo referidas... ¶ João Rodrigues Pereira de Almeida ¶ Francisco Xavier Pires ¶ Amaro Velho da Silva ¶ Fernando Carneiro Leão.

↑ **14.** Pieter Gotfred Bertichen. *Arsenal da Marinha*. 1856.

■ **LIVROS DE OURO** No dia 7 de maio noticiava-se estar à venda o *Almanaque do Rio de Janeiro* para o ano de 1817. Dez dias depois saía a primeira relação de beneméritos subscritores da lista aberta em 2 de abril para as urgências do Estado, cujos valores eram exorbitantes. Fidalgos e grandes comerciantes da Corte elevaram a soma dessa primeira lista à enorme quantia de 87:180$000. No número seguinte da *Gazeta*, depois das notícias sobre a revolução em Recife, listam-se novas rubricas, feitas agora na Intendência-Geral da Polícia. Em menos de dois meses do início dessa lista, os ricos do Rio de Janeiro arrecadaram a fortuna de 157:152$970 (cento e cinquenta e sete contos, cento e cinquenta e dois mil, novecentos e setenta réis). Os custos da embaixada com que Marialva pediu, em grande estilo, a mão de dona Leopoldina a Francisco I na capital austríaca, conforme se noticiou em 4 de junho na *Gazeta*, já estavam em boa medida cobertos. Em 20 dezembro, o saldo parcial dos donativos atingia a cifra de 200:193$065. ¶ Durante a permanência da família real no Brasil, inúmeras dessas "listas de subscrição voluntária" foram produzidas. Eram espécies de "livros de ouro" em que os homens ricos, nobres migrados, traficantes e grandes plantadores locais levantaram fortunas para atender às urgências do Estado, como erguer fábrica de pólvora, manter a guerra contra os franceses no reino, promover "melhoramentos" na Corte (como o Real Teatro São João) ou subsidiar as despesas com festas dinásticas importantes, como o casamento de dom Pedro e dona Leopoldina e a aclamação de dom João. Os ricos e generosos súditos recebiam em troca graças honoríficas e favores diversos, alguns muito rentáveis, como postos na administração pública ou privilégios de exploração econômica de portos, estradas e minas. Por meio dessas trocas, foi-se consolidando a classe de homens que tomariam para si a construção do Estado monárquico após a independência.

↑ **15.** Eduard Gurk. *Der Graben*. 1828. ↓ **16.** Piazza Grande, Livorno, Itália. Século XIX.
→ **17.** Vinzenz Katzler. Edifício da Associação Musical, Viena. 1870.

04 JUN

■ **NÚPCIAS REAIS** Em sua edição número 45, de quarta-feira, a *Gazeta do Rio de Janeiro* traduzia as cartas de Viena que descreviam a corte feita por Marialva a Frederico da Áustria em 17 de janeiro, quando oficialmente foi pedida a mão da princesa. Os detalhes são dignos de contos de fadas. Em 17 de janeiro de 1817, o embaixador português designado para realizar o feito, o marquês de Marialva, entrava em Viena num cortejo luxuoso formado por 41 carruagens puxadas por seis cavalos, acompanhadas por criados de ambos os lados, vestidos com ricas librés, conforme mandava a etiqueta do costume. A embaixada do ministro compunha-se de 77 pessoas, entre pajens, criados e oficiais, a pé e montados. Seguiam-se os coches da casa imperial, ladeados por seus lacaios e aparados pelos homens de serviço. Carruagens dos embaixadores da Inglaterra, da França e da Espanha encerravam o cortejo. ¶ Depois de dias de festas e gala na Corte austríaca, acompanhadas pelos fluminenses por meio da *Gazeta do Rio de Janeiro*, repercutiu na Europa a festa que Marialva deu no dia 1º de junho na capital austríaca, quando mandou construir portentosos salões nos jardins do palácio de Augarten, onde se realizou um baile para 2 mil pessoas, entre as quais a família imperial austríaca, todo o corpo diplomático e a nobreza. Tendo iniciado a dança às oito horas, às onze serviu-se requintada ceia, na qual, relata-se, o imperador e a família foram servidos em mesa de quarenta talheres, sendo a baixela de ouro; os demais, em baixelas de prata. Orquestras dispunham-se em diversos lugares, de modo a animar o povo, que festejava de fora dos portões do palácio. Gazetas estrangeiras referiram-se a essa como uma das mais suntuosas festas realizadas em casa imperial europeia, e que para tanto despendeu o marquês de Marialva mais de 1 milhão de florins.

06 NOV ▪ **O DESEMBARQUE DA PRINCESA LEOPOLDINA, SEGUIDO DO CORTEJO E CASAMENTO COM DOM PEDRO** Depois de uma longa viagem de quase três meses, dona Leopoldina chegava ao Brasil no dia 5 de novembro. Conforme minuciosamente preparado pela mordomia-mor da Corte, a cargo do ministro Thomas Antônio Portugal, a cidade iluminou-se por três dias consecutivos, as praias foram limpas, ruas por onde passaria o cortejo foram aliviadas de todo entulho e sujeira, cobertas com areia e atapetadas com flores, ervas odoríferas e incensos para disfarçar o mau cheiro crônico da cidade pantanosa. Os residentes enfeitaram suas janelas com toalhas e colchas de renda e damasco e as portas com flores, que também eram jogadas sobre o cortejo real. Três arcos triunfais foram levantados ao longo do percurso, sob os quais passariam o casal e a comitiva. ¶ Por volta das duas horas da tarde do dia seguinte, a família real voltou ao arsenal da marinha, onde desembarcou a princesa pela mão de seu consorte, sob salvas de canhões das embarcações e fortalezas, repiques de sinos e vivas da multidão. Com certo atraso, partiu o cortejo. Debret perpetuou essa memorável cena.

> A cena se passa no ponto de desembarque do arsenal da marinha, situado na extremidade direita da enseada que forma a fachada do lado do mar. [...] ¶ Uma das embarcações da corte, parada aqui, atrás da do rei, comporta uma banda de música militar encarregada de tocar durante o desembarque. Muitas outras embarcações do serviço particular da corte, reconhecíveis pelas suas esculturas douradas, estão ocupadas por personagens do séquito. O lado direito do desenho é inteiramente formado por uma parte da popa do navio real *João VI*, que trouxe de Trieste a princesa austríaca; a artilharia e a marinhagem prestam continência. No centro do ponto de desembarque vemos a galeota real servida

1817

↑ **18.** Debret. *Desembarque da princesa Leopoldina no Rio de Janeiro.* [c. 1834-1839]. ← **19.** Franz Joseph Frühbeck. *O festivo desembarque da Princesa Leopoldina no dia 6 de novembro de 1817.* 1817. → **20.** Louis Buvelot. *A Lapa, Rua do Ouvidor. Rio de Janeiro.* 1845.

por cem remadores e resplendente de ornatos dourados que a cobrem inteiramente. A galeota está parada ao pé do arco do triunfo, que é ocupado, à esquerda, pelas autoridades civis e gentis-homens, e, à direita, pela jovem família real colocada em ordem de idade; atrás dela, as pessoas a seu serviço particular formam uma segunda fileira; alguns lugares são também reservados para o corpo diplomático. [...] ¶ O arco de triunfo de estilo português, erguido pelos oficiais da marinha, apresenta a extravagância dos detalhes arqueológicos, inclinados no sentido do suave declive que recobre [...]. Em terra, atrás do arco do triunfo, vê-se a carruagem atrelada com oito cavalos de penachos vermelhos e com arreios de veludo bordado a ouro. Mais à direita, duas outras carruagens da corte, de seis cavalos, aguardam ss.aa. Escoltas montadas, colocadas atrás delas, se separam do começo da fila de carruagens já organizada. É uma hora, e o cortejo vai seguir pela rua Direita, ornamentada com arcos de triunfo, até a Capela Real (1989, v. 3, p. 218-219).

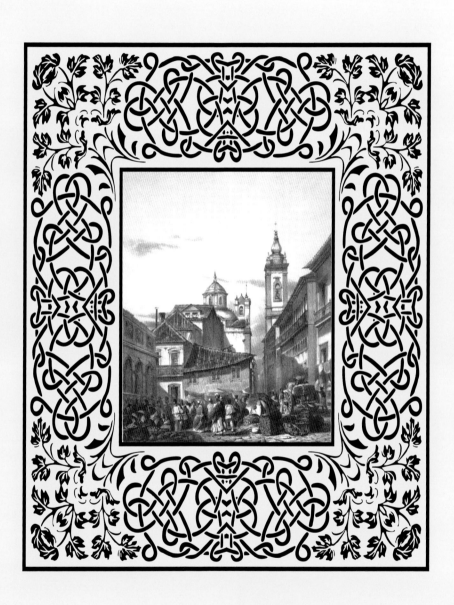

1818

Passado o luto pela morte de dona Maria I e derrotados os revoltosos de Pernambuco, a Coroa pôde finalmente promover a aclamação e coroação de dom João, como o VI do nome; liturgia permeada de simbologias de reforço de poder que ecoa no tempo. É tempo de grandes festas, pelo novo rei, pela nova princesa real, pela garantia da perpetuação da Casa de Bragança; festas que enchem os salões e o teatro e ganham as ruas. Talentosos estrangeiros cumprem suas missões: naturalistas palmilham os sertões; artistas registram em telas e gravuras os *highlights* do cotidiano da Corte e o pitoresco da monarquia tropical.

↑ **01.** W. Loeillot. *O chafariz do Campo (1835) – tomado da Igreja de Sª Anna.* 1835.

22 JAN ■ ANIVERSÁRIO DA PRINCESA

O primeiro aniversário de dona Leopoldina passado no Brasil, de 21 anos, foi comemorado com festas, corridas de touros, danças diversas, elogios dramáticos e iluminações noturnas. A época era de felicidade pública. O viajante francês Louis de Freycenet deixou descrição das touradas que se estenderam até o dia 24 de janeiro, chamando a atenção para o caráter militar e cavalheiresco do espetáculo. Embora o touro parecesse bem pacífico, ainda assim lhe envolveram as extremidades dos chifres para evitar acidentes graves nos foliões. Os *coureurs*, corredores, toureiros, elegantemente vestidos, excitavam o animal com suas capas vermelhas e iam lhe espetando as lanças.

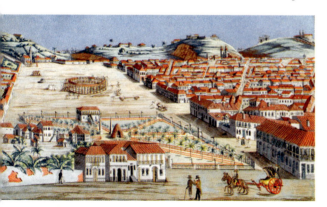

↑ **02.** Franz Joseph Frühbeck. *Campo de Santana, antigo Campo da Cidade, e sua Praça de Touros (ao centro) no ano de 1818.* Rio de Janeiro. 1818.

> "Um personagem distinto, o organizador dos jogos, coberto com um casaco de seda preto e montado em um belo cavalo branco, estava com a cabeça nua na arena, de frente para o rei, enquanto outros quatro cavaleiros, toda a classe de nobres, e magnificamente vestida de acordo com o antigo costume francês, atacou e excitou o touro com lanças brancas, longas e muito frágeis [...]. Um touro morto com uma lança por um dos cavaleiros foi imediatamente sequestrado por uma tripulação de mulas e substituído por outro. [...] (FREYCINET, 1827, v. 8, p. 37).

06 FEV ■ DOM JOÃO VI É ACLAMADO REI DO REINO UNIDO DE PORTUGAL, BRASIL E ALGARVES

O Reino Unido de Portugal, Brasil e Algarves decretou um ano de luto oficial após o funeral de dona Maria I. As festanças para coroação e aclamação de dom João como rei do Reino Unido de Portugal, Brasil e Algarves, que deviam ter acontecido um pouco antes, tiveram também que ser postergadas por causa da revolução republicana em Pernambuco. ¶ Há dez anos vivendo em terras brasileiras, dom João já se acostumava com a vida nos trópicos e fingia não ouvir as reclamações que chegavam dos súditos de Portugal. Falecida a rainha em 1816, o príncipe regente aproveitou o momento de prosperidade para mover peças importantes para a reinserção da Coroa portuguesa na geopolítica ocidental. Entre elas, conta o casamento de seu primogênito com dona Leopoldina. Chegara também o momento em que devia receber finalmente a Coroa — e o fez com muita pompa e circunstância. Dom João foi coroado no dia 6 de fevereiro e aclamado rei no dia de seu aniversário, 13 de maio de 1818. ¶ A aclamação era liturgia típica de Antigo Regime, que reafirmava o poder real sobre seus vassalos. Dom João pensou na data de 6 de fevereiro para realizar sua coroação com muito cuidado. Ela se associa à fundação do Reino de Portugal e invoca antigas tradições que reforçavam o princípio da autoridade divina dos reis, numa clara contraposição à ideia de "soberania popular" que defendiam os sediciosos pernambucanos.

↑ **03.** Debret. *Retrato de dom João VI.* 1817.

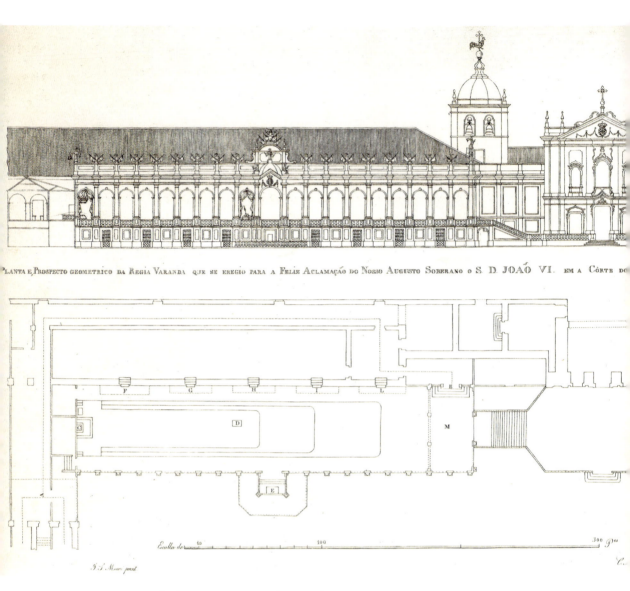

↑ **04.** J. S. Moniz. Planta e prospecto geométrico da régia varanda que se erigiu para a feliz Aclamação de nosso augusto soberano o s. dom João VI na Corte do Rio de Janeiro. Século XIX.

Esses dois eventos ficaram, assim, entrelaçados. ¶ Entre as inúmeras ocasiões em que a monarquia pôde afirmar seu poder e glória durante o exílio tropical de dom João, uma das mais faustosas e importantes foi sem dúvida a de sua aclamação como rei, evento único na história das monarquias europeias. A cidade foi ricamente decorada, iluminada e limpa. Seus cidadãos, sozinhos ou em corporações, foram convocados a expressar sua gratidão ao monarca de muitas maneiras: construindo elementos de arquitetura efêmera, como arcos triunfais romanos, e adornando ruas e janelas. Conforme mandava a prática, a etiqueta que haveria de comandar a cerimônia, marcada por excessos de teatralização, foi minuciosamente planejada nas secretarias do Estado, embora nem tudo tenha funcionado tão bem quanto a crônica oficial quis fazer acreditar. ¶ Na *Relação dos festejos*, escrita por Bernardo Avelino de Sousa, consta que, entre os artistas pensionados de Sua Majestade, o arquiteto francês Grandjean de Montigny desenhou e Debret pintou o artefato oferecido ao rei pela Junta de Comércio da cidade do Rio de Janeiro.

❝ A Junta de Comércio iluminou um grande arco triunfal de 60 palmos de alto e 70 de largo, que sobressaía às colunas que de um e de outro lado o acompanhavam, tendo em seus capitéis a cifra – J. VI –, e sendo enlaçadas por grinaldas presas aos pedestais, que eram base dos mastros, de que pendia a bandeira do Reino Unido. Cada face do arco continha quatro colunas da Ordem Coríntia, e entre as estátuas de Minerva e Ceres [...]. Ao lado direito a imposta, e a cimalha se representava em baixo relevo SUA MAGESTADE na ocasião de desembarcar; a cidade do Rio de Janeiro entregando-lhe as chaves, e sustentada pela América e mais capitanias; e à esquerda o mesmo augusto MONARCA acolhendo as homenagens das artes e comércio. Na cimalha do meio se mostravam os rios Tejo e Janeiro com armas do Reino Unido, sustentadas em uma coroa, e no friso esta inscrição: ¶ AO LIBERTADOR DO COMÉRCIO (SOUSA, 1818).

IMPOSTA
s. f. (arquit.) Espécie de cornija assente sobre a ombreira de uma porta ou sobre o pilar de uma arcada e que serve de base ao dintel ou arco.

CIMALHA
Saliência na parte mais alta da parede, em que se assentam os beirais; a parte superior da cornija; arquitrave ou moldura no alto de capitel ou capitéis.

FRISO
Faixa pintada ou esculpida em parede ou teto com fins decorativos; borda contínua de qualquer coisa.

Olhar estrangeiro

Vi cerca de vinte desses miseráveis desgraçados acorrentados pelo pescoço, e cada um carregando um balde de água na cabeça; eles aliviam a dor ou o sofrimento corporal, por um tipo de ruído severo, não muito diferente do produzido por um bando de gansos selvagens. Vi outros amarrados em carroças, ou carregando fardos, e todos gritando no mesmo estilo, produzindo um efeito geral, do qual não consigo transmitir nenhuma ideia. [...] Fileiras de colunas formadas de tábuas, cobertas com tela, pintadas para se parecer com mármore, um obelisco, arcos de trombeta do mesmo e um templo grego, apoiado em pilares dos preparativos para um evento importante. Essas coisas boas já estavam decaindo, embora provavelmente não passem mais de algumas semanas desde que foram montadas: vi uma parte da esplêndida arquitetura literalmente em trapo (BRACKENRIDGE, 1820, p. 19).

↑ **05.** Debret. *Aclamação do Rei Dom João VI no Rio de Janeiro*. 1839.

Assim Debret descreveu a cena da Aclamação do rei dom João VI no Rio de Janeiro, que ele mesmo pintou.

> Encontrar-se-á facilmente na cena desenhada parte dos detalhes já descritos na cerimônia da aclamação de d. João VI. Escolhi o momento em que o primeiro-ministro terminou a leitura do voto formulado pelas províncias do Brasil, chamando ao trono do novo Reino Unido o príncipe regente de Portugal. O rei acaba de responder *aceito* e o entusiasmo geral, dos espectadores, se manifesta pela aclamação *Viva el-rei nosso senhor* e o gesto português de agitar o lenço. A bandeira real está desfraldada. O rei ocupa o trono, em grande uniforme, de chapéu na cabeça e cetro na mão, estando a coroa colocada numa almofada ao lado dele. À sua direita acham-se os príncipes *d. Pedro e d. Miguel*, este com a espada de condestável desembainhada na mão. O capitão da guarda mantém-se ao pé do trono, junto do ministro. À direita, perto da balaustrada, percebe-se a tribuna ocupada pela família real e na qual as damas de honra, de pé, formam a segunda fila. As personagens estão colocadas na seguinte ordem: a *rainha*, ocupando o lugar mais próximo do trono; a *princesa real Leopoldina* logo em seguida, com a cabeça ornada de penas brancas enquanto todas as outras princesas as usam vermelhas; *d. Maria Teresa*, nessa época chamada a jovem viúva; *d. Maria Isabel*; *d. Maria Francisca*; *d. Isabel Maria* e, finalmente, *d. Maria Benedita*, viúva do príncipe *d. José* e tia do rei. [...] (DEBRET, 1989, t. 3, p. 231).

Após a liturgia fechada, o rei fez-se mostrar com todo o esplendor das varandas artificiais, especialmente construídas para o evento, mostrando-se aos súditos em toda pompa. Assim descreveu Debret a "Vista do exterior da galeria da aclamação do rei dom João VI, no Rio de Janeiro", de que deixou outra bela imagem o pintor Hippolyte Taunay.

> O momento escolhido é o da partida do rei, em que aparece ao balcão central do edifício para mostrar-se ao povo e receber as primeiras homenagens antes de descer para a Capela Real a fim de assistir ao Te Deum com que termina a cerimônia da aclamação. Percebe-se, através da abertura das arcadas, na primeira janela à esquerda, o trono; na segunda, a tribuna da família real, das damas da corte e das legações estrangeiras; na terceira, antes do fim, vê-se a porta de comunicação que conduz à Capela Real e pela qual deve passar o cortejo; as duas últimas, finalmente, servem para clarear o vestíbulo arranjado à entrada da escadaria de que se vê uma parte do lado de fora. Uma balaustrada erguida no envasamento do balcão de honra serve de coreto para a orquestra composta unicamente dos músicos alemães que acompanharam a princesa durante a travessia. O comandante da praça e dois oficiais de seu estado-maior mantêm-se no centro de um espaço vazio reservado em torno do balcão. Pelotões de infantaria e de cavalaria distribuem-se entre a massa de espectadores espalhados pelo largo (DEBRET, 1989, v. III, p. 232).

↓ **06.** Debret. Vista exterior da arquitetura efêmera erguida para a aclamação de d. João VI. 1839.

O PASSADO É PRESENTE Cerimônias de posse de autoridades são rituais de reiteração do poder muito antigos, que remontam às primeiras organizações humanas. As antigas coroações e aclamações de reis e rainhas serviram de modelo às liturgias e aos cerimoniais de transmissão do poder em outras formas de ordenamento jurídico, como no presidencialismo. Há sempre uma imensa carga de simbologia envolvida nelas. Atualmente, no Brasil, a posse de um(a) presidente é composta de uma série de cerimônias, reafirmadas e adaptadas ao longo dos anos e finalmente formatadas por um decreto de 1972. Começa o ritual com missa e bênçãos na catedral de Brasília, seguidas pelo juramento do compromisso constitucional, a passagem da faixa presidencial, o discurso à nação, a despedida do presidente que deixa o cargo, as nomeações de ministros e demais autoridades do alto escalão, o recebimento das missões diplomáticas pelo presidente eleito e, por fim, uma recepção.

↑ **07.** Fernando Henrique Cardoso passa a faixa presidencial a Luiz Inácio Lula da Silva na cerimônia de posse no Parlatório do Palácio do Planalto, em 1º de janeiro de 2003.

15 MAI Apenas dois dias depois do aniversário de dom João, comemorado junto com a aclamação, assim a *Gazeta do Rio de Janeiro* de 15 de maio descrevia a festança que tomou a Corte. No teatro, o espetáculo "gratuito" foi oferecido pelo coronel Fernando José de Almeida, cabeleireiro português que chegou ao Rio de Janeiro na comitiva do vice-rei marquês de Aguiar e que enriqueceu rapidamente. Apaixonado pelas artes cênicas, ajudou a levantar o novo teatro de São João com a ajuda de um grupo de acionistas formado por grandes negociantes da praça mercantil do Rio de Janeiro.

> *À noite se transportou Sua Majestade, acompanhado de SS.AA.RR. e real família ao Real Teatro de S. João, onde se ofereceu gratuitamente um agradável espetáculo. À chegada de Sua Majestade se deram repetidos e unânimes Vivas, aos quais se seguiu um elogio alegórico, em que entravam **Mercúrio, Amaltea**, Portugal e Brasil, alusivo, assim ao faustíssimo dia que se celebrava, como à gloriosa Aclamação de Sua Majestade. Seguiu-se o drama por música intitulado Coriolano com elegante cenário e rico vestuário. No intervalo do 1º e 2º ato se executou um baile sério* <u>pantomimo</u> *em um ato intitulado* O prodígio da harmonia, ou o Triunfo do Brasil, *inventado e dirigido pelo compositor do mesmo Teatro Luiz Lacombe, acompanhado de nova música, composta por Pedro Teixeira de Seixas. [...] No fim deste excelente baile se mostrou um elegantíssimo quadro desempenhado por mr. Debret, pensionado de S.M., alusivo aos três faustíssimos sucessos que há seis meses têm desafiado as mais sinceras demonstrações, a saber, os felicíssimos* <u>desposórios</u> *de S.A.R. o príncipe real, a gloriosa coroação de S.M. e seu faustíssimo natalício. [...] Ao aparecer esta cena majestosa, levantou-se todo o imenso concurso e rompeu em altos vivas a Sua Majestade e real família. Cheios de entusiasmo acompanharam o Hino Nacional, com respeito e submissão.*

PANTOMIMO
Ator que representa por meio de mímica; mímica.

DESPOSÓRIO
Casamento.

É preciso contemplar detidamente a prancha 39 da *Viagem pitoresca e histórica* de Debret. Uma paisagem etérea em que se dispõem os deuses da mitologia clássica que povoavam representações teatrais, elogios, panegíricos, odes e mesmo as mais cristãs orações gratulatórias, além de personagens históricos corporificando os três reinos unidos ou personificações de virtudes e do casamento. Todos esses e muitos outros elementos alegóricos surgem na narração de Bernardo Avelino da *Relação dos festejos* que tomaram as ruas, com arcos triunfais, girândolas de fogo, iluminações, cascatas e outros enfeites.

❝ **BAILADO HISTÓRICO** A fim de não perder, na medida do possível, o meu caráter de pintor de história, vali-me do antigo cerimonial dos reis de Portugal para representar dom João VI em uniforme real, de pé sobre um pavês suportado pelas figuras características das três nações que compõe o reino Unido de Portugal, Brasil e Algarves. Logo abaixo desse grupo principal, coloquei as figuras ajoelhadas do Himeneu e do Amor, com os retratos do príncipe e da princesa real. Ambos entrelaçavam as iniciais dos jovens esposos formando um monograma por cima do ardente Himeneu. ¶ De acordo com o programa, a cena se passava sob a abóbada etérea onde a reunião dos deuses outorgava honras de apoteoses a esse episódio histórico. O mar formava o horizonte, justificando a chegada de Netuno com o pavilhão do reino unido; do outro lado, Vênus, na sua concha marinha puxada por dois cisnes guiados por Cupido, conduzia as Graças, sustentando os escudos unidos e coroados das duas nações recém-aliadas. Delfins móveis circulavam entre os diversos planos do mar, parando no último quadro para formar um caminho praticável às dançarinas que deviam levar suas oferendas ao pé do altar do Himeneu, pintado no pano de fundo do palco. Esse grupo imenso da população dos três reinos unidos, que se projetava artisticamente até o proscênio para unir-se a guerreiros de todas as armas, produziu o maior efeito. Concomitantemente, nuvens isoladas suportavam gênios animados dessas mesmas nações e povoavam toda a parte alta do quadro aéreo, inteiramente pintado em transparente, até o primeiro plano do teatro (DEBRET, 1989, t. 3, p. 233-234).

PAVÊS
Balaustrada ou corrimão que serve de suporte ou escudo para proteger o corpo.

→ **08.** Maximiliano de Wied-Neuwied. *Capitão Bento Lourenço abrindo uma nova estrada nas florestas perto de Mucuri, de Porto Alegre a Minas Novas.* 1822. ← **09.** Debret. Bailado Histórico, que ocorreu no Teatro da Corte, no Rio de Janeiro, em 13 de maio de 1818, por ocasião da aclamação do Rei Dom João VI e do casamento do Príncipe Real Dom Pedro, seu filho. s.d.

18 AGO — O NATURALISTA AUGUSTE DE SAINT-HILAIRE COMEÇAVA SUA VIAGEM AO RIO DOCE

No dia de Todos os Santos cheguei à vila de Almeida, onde se reunira numeroso bando de índios. Com minhas roupas, despertei novamente sua curiosidade; mas era sobretudo Firmiano quem chamava a atenção. […] ¶ A festa de Todos os Santos não foi um dia feliz para os índios da vizinhança. Os soldados da companhia de linha tinham vindo buscar 20 homens, que deviam partir no dia seguinte para a vila de Viana ou S. Agostinho e tomar o lugar dos outros 20 cujo mês de trabalho havia terminado. […] ¶ Como os indígenas que foram mortos nas florestas de Viana pela tropa de Bom Jardim tinham o lábio inferior e as orelhas furadas, era evidente que pertenciam à nação dos botocudos. Mas este nome é pouco conhecido na província do Espírito Santo, onde os selvagens são geralmente designados pelo nome de bugres, ou gentios. […] ¶ Pus-me a caminho cedo, no dia seguinte, chegando logo à margem da baía do Espírito Santo e soube que o patrão-mor da barra viera procurar-me na véspera e me esperara até 11 horas da noite. Lastimei muito ter perdido esta ocasião, por ser-me necessário agora perder todo o dia antes de encontrar uma barca. Depois de ter esperado por muito tempo na praia, entrei numa casa para me abrigar do sol e encontrei diversas pessoas que, como eu, queriam voltar para Vitória. Falou-me muito dos índios selvagens; era naquela região um assunto inesgotável de conversação e nunca se iniciava sem mostrar contra esses desgraçados um ódio que chegava até ao delírio. Um pedestre que ali se achava não se cansava de testemunhar sua admiração pelo oficial que conservava em casa um filho de gentio e jurava que, em lugar do tenente Bom Jardim, estrangularia a criança. Tentei em vão fazer estas bravias criaturas compreender que tais sentimentos não estavam perfeitamente de acordo com a religião que pretendiam professar. A seus olhos, os gentios não pertenciam à espécie humana; eram animais ferozes (SAINT-HILAIRE, 1974, p. 104, 112).

1818

14 NOV ▪ TRÊS ESTAMPAS DE HIPPOLYTE TAUNAY

Um anúncio nos "classificados" da *Gazeta*, edição de 14 de novembro, chama a atenção: o pintor Hippolyte Taunay abriu uma lista de subscrição, "da qual S.M. Fidelíssima se dignou ser o protetor", para três estampas que ele havia pintado — e que se encontravam expostas ao público na casa do comendador Fernando Carneiro Leão.

→ **10.** Tomas Marie Hippolyte Taunay. *Memorável aclamação do Senhor D. João VI, Rei do Reino unido Portugal, Brasil e Algarve.* s.d. ↓ **11.** Tomas Marie Hippolyte Taunay. *Passagem de S. S. M. M. e A. A. R. R. por debaixo do arco da rua Direita, em frente da rua de Ouvidor.* s.d.

Os três desenhos que representam: o 1º o desembarque de S.A.R. a princesa real no Arsenal da Marinha; o 2º a passagem de seu acompanhamento por baixo do arco triunfante, erigido na rua Direita, fronteiro à rua do Ouvidor; o 3º a Aclamação, para sempre memorável, de S.M. EL-REI N.S.D. João VI; para cujas estampas se abriu uma Subscrição, da qual Sua Majestade fidelíssima se dignou ser o protetor; se acham depositados (em casa de ilmo. senhor comendador Fernando Carneiro Leão), na rua Direita, n. 43, onde poderão ser vistos todos os dias, desde as 11 horas da manhã até as duas da tarde. O Autor Thomás Maria Hypolito Taunay se achará ali, às mesmas horas, para assistir à arrecadação do importe das Subscrições das pessoas que se ligarão para favorecer esta empresa; e para as clarezas do recebimento, assim como para aceitar os novos subscritores que quiserem concorrer para completarem a lista, que se acha quase preenchida e em termos de ser publicada na Gazeta desta Corte.

12. Tomas Marie Hippolyte Taunay.
Desembarque de S. A., a Princesa Real do Reino Unido, Portugal Brasil e Algarves, na cidade do Rio. s.d.

...do Reino Unido, Portugal, Brazil e Algarves.
...rsenal Real da Marinha

Desde finais do século XVIII já era política contínua de Estado, pensada pelos administradores "ilustrados", mapear as populações e riquezas dos sertões, visando a sua melhor exploração. Com a abertura dos portos, não apenas portugueses, mas estrangeiros de várias nacionalidades — ingleses, franceses, prussianos, russos, bávaros — percorreram os sertões a pretexto de estudá-lo; ao mesmo tempo, enviavam a seus soberanos informações preciosas sobre as riquezas do território, particularmente as jazidas de metais e pedras preciosas. Os estrangeiros, com seu conhecimento técnico, foram os primeiros a explorar nossas minas. E o continuam fazendo até hoje, com altos custos ambientais e humanos.

■ **UM CENSO DA POPULAÇÃO DO BRASIL** Um dos primeiros censos populacionais do Brasil foi feito por Antônio Rodrigues Veloso Oliveira, português nascido em São Paulo (1750-1824), formado em Direito na Universidade de Coimbra, desembargador do Paço e da Mesa de Consciência e Ordens. Escreveu uma importante *Memória sobre o melhoramento da província de São Paulo* e o censo intitulado "A igreja no Brasil. Ou informação para servir de base à divisão dos bispados, projetada no ano de 1819, com a estatística da população do Brasil, considerada em todas as suas diferentes classes, na conformidade dos mapas das respetivas províncias e número de seus habitantes", publicado pela primeira vez na *Revista do Instituto Histórico e Geográfico Brasileiro*, em 1866 (OLIVEIRA, 1866, p. 174).

❝ DOS BISPADOS DO BRASIL ¶ DO CÁLCULO DA POPULAÇÃO O MAIS APROXIMADO ¶ Examinando o censo particular e respectivo a cada uma das comarcas, e mais distritos civis menores deste reino, pelos mapas que tenho à vista, e servem de base ao meu cálculo, é a mesma população [do Brasil, em 1819] de 2.697.099 habitantes, excluídos os índios não domesticados. A inexatidão, porém, dos ditos mapas e a notória deficiência que neles se observa, dos menos de sete anos e das pessoas que deviam andar mais alistadas, sem discutir as causas, que por mui notórias não é preciso referir, me autorizam a acrescentar sobre este último cálculo mais a quarta parte, e ainda a terça parte a respeito dos dois territórios do Ceará, e da Curitiba, por causa da muita antiguidade dos mapas relativos a elas, vindo a ser o total 3.596.132, ao qual se devem ainda ajuntar os 800.000 índios não domesticados; concluirei, sem receio de algum excesso, que a nossa povoação inteira chega ao número de 4.396.132 indivíduos de um e outro sexo, de todas as cores, idades e condições.

Resumo geral da povoação do Brasil [por bispados]

Nome dos Arcebispados	Livres	Escravos	Soma total
Bahia e seus sufragâneos	419.432	173.476	592.98
Rio de Janeiro e ditos	505.543	200.506	706.049
São Paulo e ditos	269.379	122.622	392.001
Mariana e ditos	456.675	165210	621.885
Pernambuco e ditos	455.258	192.559	647. 807
Maranhão e ditos	261.220	201.176	462.396
Pará e ditos	121.246	51.840	173.086
Total da povoação conhecida	**2.488.743**	**1.107.389**	**3.596.132**
Calculam-se os índios domésticos em			800.000
Total da povoação brasiliense			4.396.132

↑ 01. Carl Friedrich Philipp von Martius. *O cume do monte Itacolomi na província de Minas*. 1855.

14 FEV ■ EXPLORADORES BÁVAROS FAZEM O INVENTÁRIO DAS RIQUEZAS DOS SERTÕES

Exploradores estrangeiros, alguns com conhecimentos científicos notáveis, perambularam pelos sertões do Brasil após a abertura dos portos em 1808, fazendo detalhado inventário das riquezas naturais e potencialidades da terra, tudo minuciosamente informado em cartas,

↑ **02.** Frans Post. *Rio São Francisco e o Forte Maurício*. [c. 1625-1650].

relatórios e diários a financiadores, em seus países de origem. Assim foi com Dr. Martius (FITTKAU, 2001, p. 1126-1131).

> Bahia, 14 de fevereiro de 1819 ¶ Ao ilustríssimo senhor barão von Stainlein, ministro imperial bávaro plenipotenciário na Corte Imperial austríaca em Viena ¶ Ilustríssimo, mui idolatrado ¶ Senhor barão! ¶ Vossa Excelência receberá nossa última carta de Vila Rica, de final de abril de 1818, e verá que prosseguimos a viagem de São Paulo a Sorocaba, ao porto de São Félix, onde pelo Tietê se aporta em Mato Grosso, Itu, Jundiaí, daí para São João del-Rei e a capitania de Minas Gerais, rica em ouro. Em Vila Rica, o centro de tão ricas minas, permanecemos dois meses, sem deixar de fazer diferentes incursões para o rio da Pomba, por exemplo, onde, em meio a florestas, tivemos a oportunidade de observar os índios coroados, puri e coropós em sua condição selvagem natural; para Caupon, onde são obtidos os topázios amarelos; subimos também as serras adjacentes e medimos a majestática montanha Itacolomi, em cujo sopé ergue-se a Vila Rica. [...] Com a permanência de um mês, acreditamos ter esgotado tudo, e deixamos os maravilhosos campos do Tijuco que, como os mais belos de toda a nossa viagem, pareceram escolhidos para guardarem as mais belas e luminosas pedras. Partimos para Minas Novas, na qual há florestas próximas ao litoral, faltam os diamantes e o ouro torna-se também mais escasso, ainda que tenha sido encontrada há alguns anos, na chapada, uma pepita inteira com 16 [quilates]. Neste lugar descortinaram-se para nós outras raridades; em direção ao Alto dos Bois tivemos a oportunidade de observar uma nova tribo de índios, os macuanis, e no Piauí, em direção ao rio São Mateus, pudemos examinar, na própria formação geológica, o surgimento frequente de águas marinhas, crisólitos, topázios brancos e azuis, granadas, pingos d'agua, esmeraldas. [...]. No dia 1º de junho, deixamos este rio em geral belo, mas horrível pelas doenças e animais, e partimos para as montanhas de Goiás que despontavam à distância. [...]

Bordejando a fronteira sul de Pernambuco e o rio Carunanha, chegamos, com muito esforço, ao arraial Carinaha, e durante esse trajeto ficamos frequentemente de 8 a 10 dias sem ver uma única casa. Atravessamos novamente o rio São Francisco e prosseguimos viagem para a Bahia por Caetité, Vila do Rio das Contas, Maracas. Nunca tivéramos de suportar tantos rigores quanto nesta jornada de 200 léguas, em vista de não ter chovido aqui no ano passado; o flagelo da fome foi então muito grande, a falta de pasto e água foi tanta que tudo estorricava, não se podia ver nem mesmo um talo de grama ou uma folha verde, e ficávamos contentes ao achar, a cada 8-10 léguas, uma cisterna com água turva. Assim, com nossa saúde enfraquecida e com a perda de alguns animais de carga, chegamos no dia 5 de novembro deste ano a esta cidade que ainda continua a enriquecer com o comércio de algodão, açúcar e tabaco [...]. Os nossos tesouros recolhidos desde Vila Rica — 12 caixas, 3 partiram no final de janeiro deste ano rumo a uma embarcação inglesa em Hamburgo, destinados a H. Schroeter e Companhia, em 2 diferentes navios. Em alguns dias iniciaremos a última viagem para, em Juazeiro, novamente num estreito, atravessarmos o rio São Francisco. Daí tomaremos o caminho, ou por Oeiras para o Maranhão, ou através de Goiás pelo rio Tocantins rumo ao Pará. É certo que o rei, num novo édito, proibiu a entrada a todos os estrangeiros na grã-província do Pará, Rio Negro, Mato Grosso, Rio Grande do Sul e mais tarde no Tijuco; mas nós solicitamos a permissão de moto próprio, e esperamos que não se tire de sábios a oportunidade de poderem ser úteis à ciência, e com isso à humanidade, se conseguirmos ter a felicidade de completar esta última viagem, especialmente pelo mundialmente famoso rio Amazonas, que parece correr no meio da superfície terrestre, recebendo, como veias, a maior parte dos rios da América do Norte e do Sul, atraindo, assim, o mar do mundo para si [...]. Com a mais alta consideração, temos a honra de nos subscrevermos ¶ a Vossa Excelência ¶ Atencioso e obrigado Spix ¶ Membro ¶ Dr. Martius.

↓ **03.** Rugendas. *Embocadura do Rio Cachoeira.* 1802.

As andanças dos naturalistas bávaros Spix e Martius entre 1817 e 1820 renderam mais que o clássico Reise in Brasilien (Viagem ao Brasil). Legaram também uma obra científica de caráter inestimável, bilíngue (latim e francês) e ilustrada, sobre símios e morcegos do Brasil. As ilustrações são a bico de pena e aquarela, feitas à mão nos poucos exemplares impressos. Von Spix relata a situação embaraçosa do mico revoltado que, espezinhado pelos tropeiros, vingou-se destruindo o volume do *Sistema da natureza*, de Lineu, que os cientistas usavam como referência para identificação e catalogação de espécies minerais, animais e vegetais. Custou cara a vendeta do macaquinho.

"**O MICO LASCIVO** ¶ É a lascívia que vende esse macaco notável. Ele gosta de ficar fazendo caretas, olhando para certa parte dele corpo dele. Nós o conhecemos nas florestas baixas de Carinainha, margem do rio S.L. Francisco. Parece um pouco com o Sapajou Apella [macaco prego] ou *fatuellus*, mas se distingue pela cor inteiramente ferruginosa de seu corpo, e principalmente pela barba, que circunda todo o rosto em um círculo e que se estende desde as têmporas quase abaixo do queixo. [...]. Este macaco, preso por uma pequena corrente de ferro a uma mula, nos acompanhou na viagem fluvial do São Francisco à capital baiana. Ele era ainda tão inteligente e vivo quanto travesso. Ao longo do caminho, um de nossos meninos tomou o cuidado de tocar as mulas de carga sempre longe dele. O macaco começou a se zangar e a fazer traquinagens; mas se sentindo um prisioneiro, não respondeu mais às provocações senão com caretas, e no final até desviando o olhar. Certa noite, quando fomos para a cama, o macaco conseguiu se desprender de sua corrente e, antes de fugir, saltou subitamente sobre este menino que, estando ocupado com outras coisas, não prestou atenção ao macaco e foi mordido cruelmente. A partir disso, podemos muito bem concluir que os macacos mantêm um espírito de vingança, que mesmo o dissimulam por muito tempo. Porém, sendo pego, ele foi punido apenas com alguns golpes; mais tarde, alongando seu corpo de uma forma inconcebível, roubou a preciosa obra (o *Sistema da natureza* de Lineu) e, tendo-o dilacerado, foi punido com a morte (SPIX, 1823, p. 6-7).

↑ **04.** Rugendas. Lavagem do minério de ouro, proximidades da montanha de Itacolomi. [c. 1820-1825].

12 MAR ■ FUNDAÇÃO DA SOCIEDADE MINERALÓGICA, NA MINA DA PASSAGEM, EM MARIANA (MG)

No final do século XVII, bandeirantes paulistas descobriram ouro na região de Vila Rica e Mariana. Seguindo os cursos d'água da bacia do rio Doce, Manoel Garcia Velho chegou ao ribeirão do Carmo, encontrando ouro de aluvião em profusão. O barão Ludwig von Eschwege, que veio ao Brasil a convite de dom João para reativar a decadente mineração do ouro e fomentar a indústria siderúrgica nascente, em seu clássico *Pluto Brasiliensis* (A riqueza do Brasil), atribuiu as dificuldades na extração do ouro no ribeirão do Carmo à temperatura congelante da água, que, correndo no meio da mata virgem cerrada, nunca se expunha à luz do sol. ¶ Ao longo de décadas, desde as primeiras descobertas, as prospecções eram feitas somente no curso do ribeirão, por bateia. Por volta de 1720, as jazidas que deram origem à famosa mina de Passagem foram descobertas. Entre 1729 e 1756, a exploração mineral de Passagem foi concedida a vários mineiros. Passagem inclui quatro lavras: Fundão, Mineralógica, Paredão e Mata-Cavalo. No século XIX, a mais importante era a Mineralógica, de prospecção de ouro, comprada em 1784 por José Botelho Borges. Quando de sua morte, em 1819, a mina foi leiloada por seus herdeiros, e o barão Eschwege a adquiriu, criando a primeira empresa de mineração do país, a Sociedade Mineralógica da Passagem. Eschwege operou a transição da exploração rústica para a exploração mineral científica, com o emprego de maquinário moderno.

> Ao sul de Mariana levanta-se o prolongamento da grande serra do Itacolomi, até uma altitude de 3.651 pés, enquanto a própria cidade se acha a 2.390 pés, mais baixa que Vila Rica, portanto, 1.390 pés. Para os outros lados, o vale, em forma de caldeirão, é balizado por morros pouco elevados, constituídos de xistos argilosos, em toda a parte devastados pelo serviço de talho aberto. Em um deles, o proprietário, um dos mais distintos padres da catedral de Mariana, perdeu a vida em 1816, quando, dirigindo o trabalho, foi soterrado com seus escravos por uma massa de terra que se desmoronou. Mais para baixo, no ribeirão, avistam-se as grupiaras, e, no fundo do mesmo vale, diversos serviços de esgotamento dos pequenos córregos, a fim de pôr a seco os respectivos leitos. No círculo de uma légua de diâmetro, nas cercanias da cidade, estavam em serviço, em 1815, dez lavras, que empregavam duzentos escravos, além dos quatrocentos faiscadores, que trabalhavam nos lugares de domínio público. […] À esquerda da estrada, na direção da serra do Caraça, acompanha-se a linha de cumeada da serra, que se constitui de itacolomito, que substituiu, tanto nas elevações como nos vales, as formações talcosas. Junto de Bento Rodrigues, alcança-se o rio Gualaxo, que corre à esquerda da serra de Antônio Pereira e se reúne ao ribeirão do Carmo, depois de um percurso de dez a quatorze léguas. Esse rio é muito rico em ouro e, ainda em 1812, nele existia um importante serviço, de propriedade do capitão-mor de Mariana. O proprietário fizera um cerco e esgotara as águas mais profundas por meio de um rosário. Esse senhor mostrou-me um lugar onde anos antes, por ocasião da visita do governador e senhora, obtivera bateadas de cento e cinquenta oitavas (ESCHWEGE, 2011, p. 322).

"EM ROSÁRIO" (MINERALOGIA)
Diz-se da "morfologia em rosário" as grandes massas de quartzo, isoladas ou ligadas entre si por delgada porção do mesmo material (as "contas" do rosário) mineralizado segundo uma direção definida.

← 05. Itacolomi e Igreja São Francisco de Paula.
→ 06. John Mawe. *Carte de la route de l'auteur de Rio Janeiro, à Canta-Gallo, et à Villa-Rica, et par le milieu du Pays des Mines d'Or, à Tejuco Capitale du District des Mines de Diamans appellé Cerro do Frio.* s.d.

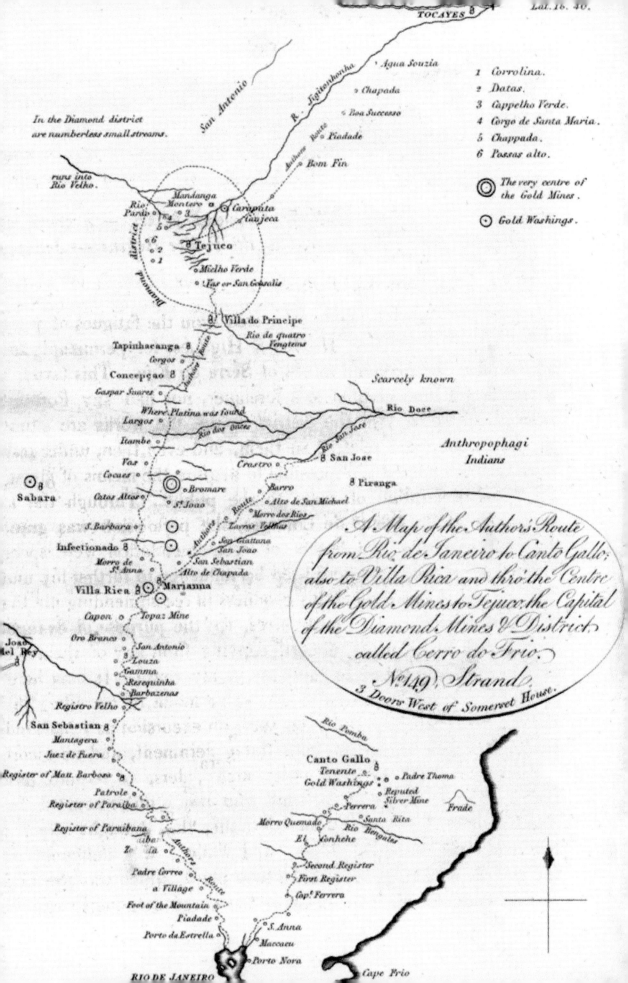

↑ 07. Estrutura comprometida da barragem Cava de Gongo Soco, explorada pela Vale. 2019.

O PASSADO É PRESENTE A exploração do ouro no Brasil, que chegou a ser o maior produtor mundial, teve seu pico em meados do século XVIII, quando a produção atingiu 20 toneladas/ano, proveniente sobretudo do quadrilátero ferrífero de Minas Gerais, onde se instalou a primeira mina subterrânea do Brasil, a Mina de Morro Velho, operada pela Saint John d'El Rey Mining Company. Desde o início de sua operação em 1834 até hoje já se extraíram 470 toneladas de ouro, cerca de 25% de toda a produção brasileira. Depois disso, a mineração do ouro entrou em decadência, só voltando àquelas taxas de produtividade nos anos 1980, com a descoberta dos depósitos de Serra Pelada, quando a produção brasileira, monopolizada por empresas multinacionais, saltou de 20 para 100 toneladas anuais. De acordo com a Agência Nacional de Mineração, extraem-se hoje do subsolo brasileiro 81,2 toneladas/ano de ouro, mais da metade concentrada nas mãos de duas empresas, a canadense Kinross e a sul-africana AngloGold, terceira maior produtora global de ouro, que atualmente tem minas ativas em Sabará, Caeté e Santa Bárbara, geradoras de 75% de toda a sua produção. Os pequenos garimpos são responsáveis por cerca de 10% do total da produção. A maior parte do ouro brasileiro é exportada, sendo os maiores compradores a Alemanha, o Reino Unido e a Suíça.

24 MAR

Na *Gazeta do Rio de Janeiro* de 24 de março anunciava-se:

> *Quem quiser comprar uma mulata de 16 para 17 anos, que sabe engomar liso, fazer costura e o arranjo de uma casa, procure Detrás do Carmo, por baixo da Livraria Régia.*

Esse tipo de anúncio abundou não só na *Gazeta*, nem apenas no Rio de Janeiro ou no período da Independência. O antropólogo Gilberto Freyre escreveu um livro inteiro sobre anúncios de escravos nos jornais do Brasil ao longo do século XIX. Em 1819, foram publicados anúncios semelhantes nas edições de 4 de abril e 31 de outubro. Negros e negras escravizados eram a presença mais marcante do cotidiano das ruas e casas do Brasil ao longo do século XIX.

> **ENTERRO DO FILHO DE UM REI NEGRO** Não é extraordinário encontrarem-se, entre a multidão de escravos empregados no Rio de Janeiro, alguns grandes dignitários etiópicos e mesmo filhos de soberanos de pequenas tribos selvagens. É digno de nota que essas realezas ignoradas, privadas de suas insígnias, continuem veneradas por seus antigos vassalos, hoje companheiros de infortúnio no Brasil. Esses homens de bem, que na sua maioria prolongam sua carreira até a caducidade, morrem em geral estimados por seus senhores. [...] ¶ Retirado economicamente no porão de um beco qualquer, cobre com seus andrajos a sua grandeza e, revestido de suas insígnias reais, preside anualmente no seu pobre antro as solenidades africanas de seus súditos. Ao morrer ele é exposto estendido na sua esteira com o rosto descoberto e a boca fechada por

↓ **08.** Eduard Hildebrandt. *Enterro d'Anginho*. [c. 1846-1849].

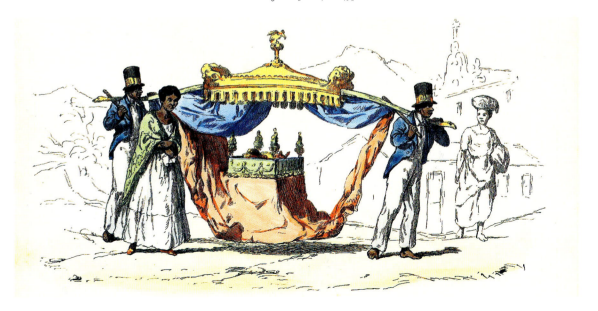

↑ **09.** Rugendas. *Enterro de um negro.* 1835.

um lenço. [...] ¶ A procissão é aberta pelo mestre de cerimônias. Este sai da casa do defunto fazendo recuar a grandes bengaladas a multidão negra que obstrui a passagem; erguem-se o negro fogueteiro soltando bombas e rojões e três ou quatro negros volteadores dando saltos mortais ou fazendo mil outras cabriolas para animar a cena. A esse espetáculo turbulento sucede a saída silenciosa dos amigos e das deputações escoltando gravemente o corpo carregado numa rede coberta por um pano mortuário. Finalmente a marcha é fechada por alguns outros ajudantes, armados de bengala, que constituem a retaguarda e têm por fim manter a distância respeitosa os curiosos que acompanham. O cortejo dirige-se para uma das quatro igrejas mantidas por irmandades negras; a Velha Sé, Nossa Senhora da Lampadosa, Nossa Senhora do Parto ou São Domingos. ¶ Durante a cerimônia do enterro o estrondo das bombas, o ruído das palmas, a harmonia surda dos instrumentos africanos acompanha os cantos dos nacionais, de ambos os sexos e todas as idades, reunidos na praça diante do pórtico da igreja. ¶ Finalmente, terminada a cerimônia, os soldados da polícia dispersam a chibatadas os últimos grupos de vadios, para que tudo termine dentro das normas brasileiras (DEBRET, 1989, t.3, p. 177).

1819

↑↓ **10.** Thierry Frères. *Enterro de uma negra* e *Enterro do filho de um rei negro*. 1839.

1819

JUN ■ **EXPEDIÇÃO CONTRA OS ÍNDIOS XAVANTE E CANOEIRO EM GOIÁS** O aldeamento Carretão foi construído no final do século XVIII, na então província de Goiás. Sua população sofreu vários e severos reveses, causados por fome, doença, ataques e perseguições. Dela deixou registro o médico e geólogo tcheco Johann Baptist Emanuel Pohl, membro da comitiva de cientistas que acompanhou dona Leopoldina ao Brasil.

> A Aldeia do Carretão de Pedro Terceiro fica a 22 léguas de Vila Boa [de Goiás]. [...] Em estado selvagem, estes índios agem com extrema crueldade contra seus perseguidores: ordinariamente, porém, não atacavam ninguém, exceto em caso de necessidade [de defesa]. [...] Em estado selvagem, nenhuma ideia têm da arte culinária. Só a carne é assada, ao sistema dos caiapós, sobre pedras candentes. Em caso de necessidade, na falta de outros alimentos, comem lagartos, cobras e gafanhotos. A princípio, a povoação foi habitada por 3.500 índios, trazidos dos rios Araguaia e Tocantins; mas a maioria deles faleceu pouco depois de instalada. Atualmente a aldeia ainda é habitada por 227 índios, incluindo crianças. [...] Para zelar seus direitos, estes índios elegeram um chefe, que é chamado capitão. Muitas vezes o capitão, em conversa confidencial, queixou-se dos maus tratos que os índios aqui sofriam, dos pesados trabalhos que lhes impunham e sobretudo das fraudes que se permitiam contra eles. Quando, por exemplo, um índio mandava seu milho ao moinho, para ser triturado, ordinariamente ficavam com a metade dele. Os índios aqui residentes já abandonaram todos os usos e costumes do estado selvagem. Parecem tê-los apagado da memória [...]. A própria língua parece quererem esquecer, pois todos aqui só falam português (POHL, 1976, p. 180).

← **11.** Debret. *Sinal combate (coroados)*. [c. 1834-1839]. ↓ **12.** Charles Étienne Pierre Motte. *Chefe dos guaicurus saindo para negociar com os europeus*. 1834.

1819

↑ **13.** Thomas Ender. *Cidade de Goyaz, antiga Villa Boa*. 1832.

O PASSADO É PRESENTE De acordo com dados do Instituto Brasileiro de Geografia e Estatística (IBGE), em Goiás vivem hoje cerca de 8,5 mil indígenas, dos quais apenas 330 (4%) em terras demarcadas. Contam-se no total cinco reservas e três grupos indígenas: os Karajá de Aruanã, os Tapuio do Carretão e os Avá-Canoeiro de Minaçu, cujas terras declaradas ainda não foram homologadas pela União. Quanto aos Tapuio do Carretão e aos Karajá de Aruanã, apesar de demarcadas, suas terras não o foram como áreas contínuas, mas divididas em duas reservas. Grande parte do território tradicional desses povos acabou ficando de fora da demarcação. Estudiosos e ONGs denunciam as condições precárias das reservas, abandonadas por falta de interesse político e pressionadas pelo avanço do agronegócio.

1819

24 AGO Depois de passar os primeiros anos no Rio de Janeiro praguejando contra o clima, as doenças, os insetos e a corrupção da Corte, em meados de 1819, o bibliotecário Marrocos já estava completamente ambientado na cidade. Casou-se, ascendeu socialmente, foi nobilitado. Já não via chances de voltar a Portugal. Começou, então, a tentar persuadir o pai que migrasse e trouxesse consigo toda a família que restava em Lisboa. Podia oferecer-lhe o conforto de que dispunham os homens livres de melhor posição social na Corte. Interessante como ele descreve a "guarnição particular da casa", os escravos tidos como "membros da família", em consonância com a mentalidade patriarcal (MARROCOS, 1939, p. 375).

[...] A minha companhia e a de minha mulher tenho todo o gosto de oferecer a V.M.^{ce}, como o primeiro artigo da sua aceitação, assistindo comumente conosco nestas casas, onde habitamos, as quais sendo de sobejo para nós, são ainda suficientes para V.M.^{ce}, minha mãe, mana, tia, sem que de modo algum sofram ou causem incomodo: nelas acha V.M.^{ce} a nós ambos, que primeiro nos desvelaremos no seu serviço, e à nossa imitação todos os escravos, que fazem corpo desta família, e que todos são de boas qualidades. Quanto a alimento, passamos muito bem, porque sendo com abundância o fornecimento diário desta casa, todos os escravos são cozinheiros, e o meu antigo preto é além disto o comprador, merecendo muito a minha estimação, por não ter vícios alguns. Temos lavadeira escrava de casa, que de duas em duas semanas vai ao rio lavar a nossa roupa, e temos em casa duas negrinhas mucambas, que são costureiras e engomadeiras, e uma delas é também rendeira: a mesma preta lavadeira é também compradora naquilo, que lhe compete e todas elas cumprem o serviço, não só de cozinha, como de sala, quando sucede ser este preciso.

↑ **14.** Johann Jacob Steinmann. *Washer-women (lavandeiras)*. 1846. ← **15.** Thierry Frères. *Lavadeiras à beira-rio*. 1835.
↓ **16** C. Shoosmith. *A sesta brasileira*. 1821.
→ **17.** Friedrich Salathé. *Nova Friburgo (Colonia Suissa, ao Morro Queimado)*. 1820.

30 OUT ■ **CHEGADA DOS IMIGRANTES SUÍÇOS** Durante todo o século XIX, houve tentativas de implantação de colônias de povoamento para ocupar o interior, estimulando-se a imigração de europeus para trabalhar no campo como pequenos proprietários. A pressão que faziam os ingleses para a abolição da escravidão começou já em 1810, quando o tratado assinado entre Portugal e Grã-Bretanha proibiu o tráfico abaixo da linha do equador. A partir de 1808 ficou livre a imigração de não portugueses. No reinado de dom João, foi feito um ensaio de constituição de núcleos organizados em pequenas propriedades rurais e no trabalho livre com imigrantes europeus. Em 1817, fundou-se a colônia Viana no Espírito Santo e outras pequenas em Itajaí (RS) e Viçosa (BA). Uma das mais importantes foi a colônia de Nova Friburgo, formada com a chegada de 261 famílias e 1.682 suíços de língua francesa, que se dirigiram para a serra fluminense para povoar e europeizar a região. A primeira leva de imigrantes, suíços que partiram de vários pontos à margem do rio Reno, passando pela Holanda, rumou para o Rio de Janeiro em sete veleiros, levando inicialmente 2.006 pessoas de todas as idades. Ao longo da travessia, houve catorze nascimentos e 289 óbitos. No veleiro *Urânia*, com 437 colonos da comuna suíça do cantão de Friburgo, encontrava-se o padre Jacob Joye, que deixou registro dessa intensa experiência (DIÁRIO DO PADRE JACOB JOYE, 1819). Estas foram as impressões do padre Joye em seu primeiro contato com o Rio de Janeiro:

↑ **18.** Debret. *Colônia suíça de Cantagalo* [Nova Friburgo]. [c. 1834-1839]. → **19.** John Mawe. *Negros ocupados na lavagem de diamantes*. s.d.

A entrada na baía é soberba. É impossível gozar-se de tão bela vista. Passando em frente ao forte de Santa Cruz um piloto veio ao nosso encontro e pouco depois vieram outros dois. A visita de diferentes funcionários prolongou-se até à noite. Ficaram chocados quando lhes dissemos que havíamos perdido 109 pessoas [do **Urânia**] *na travessia e mais três crianças nascidas a bordo. Disseram-nos que estivéssemos prontos para partir para Tamby [Itambi], a sete léguas da cidade, em 2 de dezembro, logo que S. Majestade nos tivesse passado em revista. Os oficiais de bordo obtiveram permissão para irem ao Rio de Janeiro, mas não os colonos. Aproveitei com prazer esta permissão. Os arredores são mais bonitos do que a cidade. O calçamento é detestável, as casas bastante mal construídas. Na maior parte não têm senão um andar. Durante o dia não vimos senão negros, eles fazem todo o trabalho. A maneira como são tratados me causou uma impressão extremamente sensível, tanto que não pude demorar um momento para voltar a bordo. Indo apresentar minhas homenagens à Sua Excelência [monsenhor Miranda Malheiro, inspetor da colonização estrangeira], mas ele estava ocupado em Tamby com os interesses e boa recepção dos colonos. Seu auxiliar me propôs ir à Capela do Rei. Era uma festa de aniversário na Corte. Toda a família real assistiu à missa [...]. ¶ Voltei logo a bordo do navio pois senti renascer em mim a melancolia ao percorrer a cidade do Rio de Janeiro, com as suas ruas mal calçadas, de uma sujeira repugnante e o espetáculo que oferecem os negros e os escravos, a maneira como são vestidos e tratados, verdadeiramente entristecedora para os estrangeiros.*

1820

Ao longo dos três primeiros séculos de colonização, a Igreja católica promoveu uma verdadeira cruzada pela conversão e doutrinação dos povos submetidos pelo Império português. Uma de suas estratégias foi manter o monopólio do ensino por meio da criação de escolas e seminários, como o Colégio do Caraça, de grande importância na história brasileira. Não obstante, nos sertões longínquos, o povo oprimido misturava religião e política, gerando movimentos sociais de aura mística que perduraram até o século XX — todos violentamente reprimidos pelo Estado. Do outro lado do Atlântico, na cidade do Porto, eclodia uma revolução liberal que ditaria os rumos da independência brasileira.

15 ABR — FUNDAÇÃO DO SANTUÁRIO DO CARAÇA, EM CATAS ALTAS (MG)

Em dezembro de 1819, os irmãos dom Leandro Peixoto e Castro e Antônio Viçoso, da Congregação da Missão, chegavam ao Rio de Janeiro a convite do próprio dom João para missionar em Mato Grosso. Como essa incumbência logo passou aos religiosos capuchinhos, os dois padres lazaristas acabaram por seguir outro caminho. O rei pediu-lhes que rumassem para a serra do Caraça, no sertão de Minas Gerais, para seguir no trabalho do irmão Lourenço. Abraçando a missão, depois de longa viagem, os dois chegaram ao Caraça em 15 de abril de 1820. Ali começaram a obra para reerguer o Santuário, que estava em completo abandono, ocupado apenas por uns poucos escravos. ¶ O colégio e seminário do Caraça, por onde passaram os naturalistas Auguste de Saint-Hilaire e Spix e Martius entre 1816 e 1818, tornou-se uma das mais importantes instituições de ensino do país, onde estudou a elite intelectual brasileira dos séculos XIX e XX, com destaque para dois presidentes da República (Afonso Pena e Artur Bernardes) e vários governadores de estado, senadores, deputados e autoridades eclesiásticas.

→ **01.** A. Kraft & F. Hohe. *Rancho ao pé da serra do Caraça.* [c. 1826]. ↓ **02.** Hermann Burmeister. *Seminário da Boa Morte de Mariana.* 1853. ← **03.** *Vista do Colégio do Caraça – século XIX.*

O fundador [da ermida] ainda vivia por ocasião de nossa viagem e contava noventa e dois anos de idade. Esse homem, nascido em Portugal, retirara-se a princípio para as montanhas de Nossa Senhora da Piedade, perto de Sabará; fez uma viagem à de Nossa Senhora Mãe dos Homens, e, entusiasmado pelo aspecto local, resolveu aí construir uma igreja. [...] Os oito mil cruzados que possuía não bastavam para a execução de seu projeto; mas soube comunicar seu entusiasmo aos habitantes da região, e em breve as esmolas foram suficientes para permitir a construção dos edifícios cuja descrição acabo de fazer. [...] esse ancião erra como uma sombra pelos corredores que seu zelo outrora povoava de eremitas e peregrinos; sua cabeça enfraqueceu, a voz mal se faz ouvir, em breve terá deixado de viver e não se sabe sequer o que se tornará então o estabelecimento que ele fundou [...] Há qualquer coisa de misterioso na vida do irmão Lourenço [...] (SAINT-HILAIRE, 1938, p. 195-196).

22 JUN ▪ **SAINT-HILAIRE EM PORTO ALEGRE** Auguste Prouvençal de Saint-Hilaire foi um sábio autodidata que fez longas expedições de pesquisa em várias partes do Brasil à época da Independência. Chegando ao Rio de Janeiro junto com os artistas franceses, em 1816 viajou pelas regiões Sudeste e Sul e pelos sertões de Goiás. A expedição que empreendeu à província de São Pedro do Rio Grande começou em 1820. Costeando o litoral por mar para seguir por terra, chegou a Porto Alegre em junho, descendo até Montevidéu, onde foi recebido pelo governador português general Lecor. Deixou registrado em seu diário o horror da destruição causada pela guerra. Visitou ainda as missões jesuíticas, a oeste da província, na fronteira com a Argentina, regressando a Porto Alegre só em junho de 1821, de onde tomou uma embarcação de volta ao Rio de Janeiro (SAINT-HILAIRE, 2002, p. 53).

PORTO ALEGRE, 22 de junho ¶ Aos olhos de seus jurisdicionados, ele [o conde de Figueira, governador da capitania de São Pedro do Rio Grande do Sul] possui outro mérito extraordinário, por saber atirar o laço, montar a cavalo tão bem quanto eles, transportando-se com a rapidez de um relâmpago de um ponto a outro da capitania. Ultimamente os soldados de Artigas haviam invadido a província e pilhado mais de oitenta mil reses. O conde reuniu rapidamente, sob seu comando, oitocentos milicianos. As tropas de Artigas, ainda que bem armadas e em superioridade numérica, se renderam em Taquarembó; cerca de quinhentos homens foram mortos e quatrocentos aprisionados. Os portugueses só perderam um homem e, desde então, o inimigo não mais reapareceu nas fronteiras. Entretanto, essa extraordinária vitória ficou desvalorizada quando se soube o tipo de inimigo que os portugueses enfrentaram. Quase todos míseros índios que, realmente, montam com uma destreza de que não há exemplo na Europa; transportam-se com incrível rapidez a grandes distâncias. E, apesar de excelentes para uma luta corpo a corpo, não possuem valentia nem disciplina e, mesmo bem armados, fogem quando se pressentem inferiorizados numericamente. As tropas que os derrotaram em Taquarembó não lhes eram inferiores na arte de atravessar rios a nado, pois conheciam, igualmente, palmo a palmo a região e adotavam costumes quase idênticos aos dos índios; além disso, conseguiram sobrepujá-los por sua bravura natural e por essa imensa superioridade que os brancos têm sobre os índios. E, finalmente, pela ânsia de defenderem suas famílias e suas propriedades.

↑ **04.** *Tabula geographica Brasiliae et terrarum adjacentium exhibens itenera botanicorum et florae brasiliensis quinque provincias.*

→ **05.** Auguste de Saint-Hilaire. *Voyage à Rio-Grande do Sul (Brésil)*. Orléans: H. Herluison. 1887.

1820

↑ **06.** Ferdinand (gravador); Sarlhes (desenhista). *Gaucho de la Republica de Paraguay (América)*. Século XIX.
→ **07.** Adolphe Portier (gravador); D'Hastrel (desenhista). *Gaúcho ao campo, Rio da la Plata (America)*. Século XIX. ↓ **08.** Debret. *Engenho de carne-seca brasileiro*. 1829.

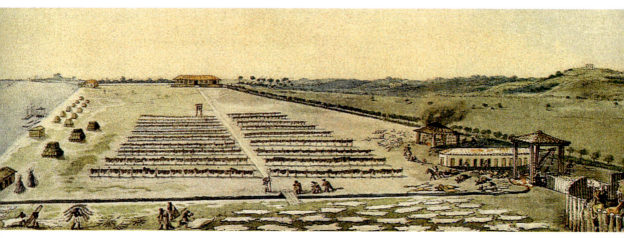

↑ **09.** António Cândido Cordeiro Pinheiro Furtado. *A faustíssima e memorável reunião dos ilustríssimos membros da Junta Provisional*. 1820. Museu de Lisboa.

24 AGO ▪ ECLODE NA CIDADE DO PORTO A REVOLUÇÃO LIBERAL

A elevação do Brasil ao *status* de Reino Unido de Portugal e Algarves em 1815 deve ter soado a muitos súditos do reino como um sinal de que a perda da ex-colônia parecia inevitável, assim como o retorno do rei cada vez mais difícil. Nos dois lados do Atlântico, começou a circular uma enxurrada de panfletos, tanto a favor quanto contrários à crescente autonomia dos brasileiros. Os "papelinhos" (como eram conhecidos os panfletos, impressos ou escritos à mão, que se colavam nas paredes e portas em lugares públicos) que circularam no Brasil proclamavam que a velha situação colonial era inaceitável para o país, que deveria defender o livre-comércio, único caminho para a emancipação do Brasil perante a metrópole. Outros panfletos defendiam o contrário: que a ausência do rei era prejudicial aos portugueses do reino e só uma Constituição resolveria as diferenças. As ações tomadas por dom João para jogar água nessa fervura, anulando antigos monopólios e privilégios, ao mesmo tempo que criava outros beneficiando os súditos portugueses que o cercavam, não contribuíam para pacificar os ânimos de grupos com interesses tão diversos, senão opostos. ¶ Atiçado pela revolução liberal na Espanha, que instituiu a Constituição de Cádis em 1812, um movimento revolucionário sustentado pelas classes mercantes irrompeu na cidade portuguesa do Porto em 24 de agosto de 1820 — por isso o movimento foi apelidado de "vintismo" e seus adeptos, de "vintistas". A agitação rapidamente se espalhou pelo país, sacudindo Lisboa logo em seguida. Na velha capital, as "Cortes Gerais e Extraordinárias da nação portuguesa" — instituição do Antigo Regime que não era acionada desde 1698 — foram reunidas com o objetivo manifesto de dotar Portugal de uma Constituição. Esse foi o caminho que os insurgentes seguiram para romper com o antigo regime das monarquias de direito divino. Eles exigiam o pronto juramento de uma Constituição e o retorno imediato

↑ **10.** Oscar Pereira da Silva. *Sessão das Cortes de Lisboa*. 1922.

do rei a Portugal. Mais do que "regeneração" do reino, os rebeldes defendiam um projeto de centralização política novamente em Lisboa, tentando recuperar privilégios políticos e comerciais perdidos com a fuga da família real para o Brasil. ¶ Aquelas demandas foram acatadas pela maioria das províncias brasileiras, mas provocaram fortes reações nos potentados do Centro-Sul do Brasil. Num primeiro momento após a revolução do Porto, a população brasileira manifestou simpatia pela ideia do constitucionalismo. Dom João inicialmente resistiu às exigências dos vintistas; no entanto, ele foi persuadido a jurar a Constituição que ainda estava por ser escrita em Portugal. ¶ Assentadas as cortes, os interesses antagônicos não demoraram a se evidenciar. O conflito girou em torno do controle político do Império, especialmente no que tange à organização administrativa do Reino do Brasil e da sede decisória da monarquia portuguesa. Ao não aceitarem as exigências dos deputados portugueses, os representantes dos poderosos do Centro-Sul do Brasil abriram a possibilidade da ruptura política — caminho que nenhuma das partes realmente desejava. ¶ A

Revolução de 1820 assumiu dois sentidos opostos na cultura em geral e nas historiografias de Portugal e Brasil em particular. Para os portugueses, a revolução tem um caráter liberal, pois derrubou a monarquia de direito divino, típica de Antigo Regime, para inaugurar uma era em que o governo e o povo deveriam viver sob as diretrizes firmadas contratualmente por meio de uma Constituição que estabelecia os limites do poder do monarca. No Brasil, as classes superiores daqui a pintaram com cores negativas, conservadora e "recolonizadora", na medida em que propunha anular muitas providências tomadas por dom João que extinguiram antigos privilégios aos portugueses, principalmente monopólios de comércio.

> " Em consequência da invasão francesa e da abertura dos portos do Brasil às nações amigas, a miséria no Reino ia em crescimento assustador. [...] O descontentamento geral e o entusiasmo com que a Espanha acolheu o juramento da Constituição de Cádiz pelo rei, a 7 de março de 1820, induziram os liberais do Porto, auxiliados pela guarnição, a se revoltarem em 24 de agosto contra o absolutismo, com programa verdadeiramente moderado. Não pregavam a república nem mesmo a substituição da monarquia, a despeito de haver o rei abandonado a nação, em fuga precipitada para o Brasil; ao contrário, referiam-se a ele com expressões de respeito, simpatia e dedicação, que certamente não merecia o chefe que já não podia justificar a sua ausência da pátria. Manteriam a religião católica. O que queriam era a participação do povo nos negócios públicos (CARVALHO, 2003, p. 22).

25 OUT ■ DESTRUIÇÃO DO VILAREJO DO MOVIMENTO MESSIÂNICO CIDADE DO PARAÍSO TERRESTRE

A história dos sertões do Brasil ao longo do século XIX é repleta de dramáticos episódios de fundo político-religioso chamados "milenaristas" e "sebastianistas". Entre eles, os mais conhecidos são os da serra Formosa, em São José do Belmonte (PE), no período de 1836 a 1838, imortalizado no *Romance da Pedra do Reino*, de Ariano Suassuna; as guerras de Canudos (1896-1897), que deram origem à monumental obra de Euclides da Cunha, *Os sertões* (1902); e do Contestado (1912-1916), em Santa Catarina e Paraná. Antes delas, um movimento sebastianista eclodiu em 1820 na serra do Rodeador, município de Bonito (PE). Silvestre José dos Santos, um ex-soldado de milícias, fundou com seus seguidores a Cidade do Paraíso Terrestre perto de uma grande pedra que eles consideravam encantada. Como aconteceu depois com outros líderes messiânicos (como Antônio Conselheiro), Silvestre atraía os sertanejos pregando o retorno do rei dom Sebastião, desaparecido aos 24 anos na batalha de Alcácer-Quibir (Marrocos), em 1578. Os sertanejos pobres do sertão pernambucano esperavam que dom Sebastião fosse reaparecer na pedra encantada. Um dos fatores que facilitaram a formação do arraial foi o grande contingente de jovens desertores do tirânico recrutamento militar, que se juntaram no Rodeador. O próprio Silvestre José dos Santos, líder do movimento, e Manuel Gomes das Virgens, "o tal Paixão", eram eles mesmos desertores das tropas reais. Os sertanejos tinham fé que o retorno de dom Sebastião, espécie de mártir do povo, subverteria a ordem vigente, tornando ricos os pobres e acabando com toda injustiça do recrutamento militar. No pé da serra, os sertanejos levantaram uma capela, que chamaram Oratório da Pedra, onde os líderes supostamente conversavam com uma imagem da Virgem Maria e se informavam sobre o

MILENARISMO OU MILENIALISMO

Designa a doutrina religiosa, baseada na Bíblia (Apocalipse 20:1-10), que anuncia o regresso de Jesus Cristo para constituir um reino com duração de mil anos. Entre os diversos movimentos milenaristas no Brasil, destacaram-se a Guerra do Contestado no Sul, os casos de serra do Rodeador (1817-1820) e Pedra Bonita (1836-1838) em Pernambuco, e de Catulé (1955) em Minas Gerais.

regresso de dom Sebastião e seus exércitos. ¶ O destino desse movimento foi semelhante ao de outros similares: a repressão mais violenta. Achando tratar-se de mais uma conspiração contra si, Luís do Rego Barreto, governador da província de Pernambuco, enviou destacamentos que cercaram o povoado na noite de 25 de outubro de 1820, massacrando os sertanejos com requintes de crueldade. No relatório do tenente-coronel José de Sá Carneiro Pereira consta que as tropas governistas atearam fogo à capela "que queimou todos os feridos que estavam dentro, chegando a mais de setenta inclusos algumas mulheres, e o resto foi [feito] prisioneiro, e morto, escapando-se alguns que se puderam se ocultar pelas grutas da densa mata" (RIBEIRO, 1960, p. 135). A destruição do arraial pelo exército do governador deixou 91 mortos e mais de cem feridos. Depois da chacina, mais de 200 mulheres e 300 crianças foram presas e enviadas para o Recife. O "massacre de Bonito" é ainda muito presente na cultura oral da região.

O sebastianismo é um fenômeno secular, muitas vezes visto como uma seita ou elemento de crendice popular. Teve sua origem na segunda metade do século XVI, surgindo da crença na volta de dom Sebastião, rei de Portugal que desapareceu na batalha de Alcácer-Quibir, na África, no dia 4 de agosto de 1578, enquanto comandava tropas portuguesas. Como ninguém o viu tombar ou morrer, espalhou-se a lenda de que el-rei voltaria. Alimentado por lendas e mitos, sobreviveu no imaginário português até o século XVII. O sebastianismo tem suas raízes na concepção religiosa do messianismo, que acredita na vinda ou no retorno de um enviado divino, o messias, um redentor com capacidade para mudar a ordem das coisas e trazer paz, justiça e felicidade. É um movimento que traduz uma inconformidade com a situação política vigente e uma expectativa de salvação, ainda que miraculosa, por meio da ressurreição de um morto ilustre (GASPAR, s.d.) ¶ Para saber mais sobre a primeira comunidade sebastiana do Brasil: *História pra quem tem*, de Voltaire Santos: https://youtu.be/--8gan7IzAY. Acesso em: 15 jun. 2021.

↑ **11.** C. Frederic Sorrieu. *Trabalhadores da roça.* [c. 1859-1861]. → **12.** C. Shoosmith. *A casa de um senhor de engenho de torre. Próximo a Pernambuco (Recife).* 1821. ↓ **13.** Philippe Benoist. *Encaissage et pesage du sucre.* 1861.

14. Henri L'Évêque.
Vista do Porto. 1817.

A temperatura começava a subir nas duas margens do Atlântico. Uma guerra de panfletos incendiários, a favor e contrários às pautas dos revolucionários liberais do Porto e de Lisboa, toma as ruas dos principais centros urbanos do Brasil e de Portugal. Nas províncias, as elites regionais tomam posição; eclode a revolução constitucionalista na Bahia. A pressão leva o soberano a submeter-se ao juramento de uma constituição provisória; movimentos mais ruidosos, como o motim na praça do Comércio, no Rio de Janeiro, fazem aumentar a tensão. Depois de obrigarem dom João a jurar a carta magna, os revolucionários obtêm outra vitória ao impor o retorno do rei. Nos últimos dias do ano, os paulistas começam a mover-se no tabuleiro. Enquanto isso, escravizados africanos continuam a chegar em massa e a ser tratados como tais: escravizados.

↑ **01.** Antônio Parreiras. *O primeiro passo para a Independência da Bahia*. Palácio do Rio Branco. Salvador. Bahia, 1931.

10 FEV — REVOLUÇÃO CONSTITUCIONALISTA NA BAHIA

A revolução constitucionalista pegava fogo em Portugal e suas labaredas começavam a chegar ao Brasil. A primeira província brasileira a manifestar adesão ao movimento constitucional português foi o Grão-Pará, em 1º de janeiro de 1821. Em 10 de fevereiro estourava uma revolta militar em Salvador que deixou dois mortos e vários feridos. Esse movimento marcava a adesão da Bahia ao constitucionalismo, cujas classes superiores estavam insatisfeitas com o peso dos impostos praticados pela administração do reino no Rio de Janeiro. Uma junta de governo provisória foi instalada, composta dos militares líderes do motim e alguns civis da elite, como o desembargador José Caetano de Paiva e o bacharel José Lino Coutinho. Nessa época, um grande número de militares e comerciantes portugueses vivia em Salvador e em geral entendia o Brasil ainda como domínio português. A composição ideológica dos insurgentes era ambígua. Ao mesmo tempo que alguns seguiam uma orientação republicana, herdada da Revolta dos Alfaiates de 1798 e da recente Revolução dos Padres na vizinha Pernambuco em 1817, outros baianos reivindicavam um movimento independentista de caráter monárquico. ¶ O jornal *Idade D'ouro do Brasil*, de março de 1821 (SILVA, 1978, p. 201) noticiou:

↑ **02.** Rugendas. *San-Salvador.* 1835.

Quando a Constituição foi proclamada da Bahia no memorável dia 10 de fevereiro pela união dos europeus com os brasileiros (sem a qual união nada se podia fazer), começaram logo a dizer alguns espíritos superficiais: ora pois, acabou-se a distinção e rivalidade entre europeus e brasileiros. Agora estamos unidos para sempre, e o Brasil vai ser feliz. Alguns espíritos, porém, que não param na superfície, e que têm os olhos mais encovados, disseram: agora é que a rivalidade de desenvolver [sic]; e esta amizade aparente vai romper em cenas escandalosas. [...] O Governo Provisório, que muito se fiava nas suas luzes e tratava tudo de bagatela, não o quis prender, apesar de prender o Borralho; e o mesmo Governo, que aliás era fiel e zeloso, tinha, contudo, o Lino e o seu Manuel Pedro; que eram alguma cousa, como depois se viu. O veneno do Palmela e Felisberto apoderou-se da artilharia, e logo depois dos outros regimentos da terra. O traidor Bocacciavi (que com o marquês da Lorna já tinha mostrado a sua honra) começou a dogmatizar no seu clube e a gerar clubinhos por outras partes. Fizeram-se os deputados com tanta escolha, que até souberam ligar o Barata com o fanático Larraga da Vitória. Ajuntaram para enfeitar a igrejinha algum ricaço, que fosse capaz de intrigar a sua mesma família, e seu pai, ainda que fosse destituído de luzes. Assim lavrou o elemento da revolução, cresceu o número de facciosos em todas as profissões; e o governo tratou tudo de resto, até o ponto de se ver enxovalhado por meia dúzia de estouvados dentro mesmo das paredes do Palácio. Não houve leis para os julgar, e foram para Lisboa. Que comédia!

26 FEV ▪ **DECLARAÇÃO DE APOIO DA COROA À CONSTITUIÇÃO QUE SE ELABORAVA EM LISBOA** Dom João afinal cede à pressão dos revolucionários de Portugal, fato registrado no órgão oficioso da monarquia, a *Gazeta* (GAZETA DO RIO DE JANEIRO, 28 fev. 1821).

Ao romper do dia [26 de fevereiro de 1821] se achou a praça do Rossio juncada de tropa, que marchara no silêncio da madrugada, e na melhor ordem, composta das diferentes armas, e guarnecendo a artilharia as bocas das ruas. Os primeiros que ocuparam aquela posição foram o Batalhão de engenharia n. 11, o de Caçadores n. 3 e os de Artilharia a cavalo, entrando sucessivamente os mais. Convocada prontamente a Câmara à Sala Grande do Real Teatro de São João, que oferecia melhor oportunidade, apareceu Sua Alteza Real o príncipe real do Reino Unido de Portugal, e do Brasil e Algarves, na varanda contígua, e leu em voz alta, segundo as Ordens de SUA MAJESTADE, o Decreto de 24 de fevereiro, pelo qual o mesmo benigníssimo senhor assegurava a seus ditosos vassalos do Brasil a Sanção da Constituição, que ora se faz em Portugal, e a sua admissão neste vastíssimo continente, como se vê o decreto, que do melhor grado copiamos. [...] Assim se efetuou uma tão notável mudança dentro em pouco tempo, e com incrível tranquilidade. [...]

AUTO DE JURAMENTO Ano do Nascimento de Nosso Senhor Jesus Cristo, de mil oitocentos e vinte e um, aos vinte e seis de Fevereiro do dito ano, nesta Cidade do Rio de Janeiro, em casa do Theatro, sala, onde apareceu o sereníssimo Senhor Príncipe Real do Reino Unido de Portugal, do Brasil, e Algarves, D. PEDRO DE ALCÂNTARA, onde se achava reunida a Câmara desta mesma Cidade e Corte do Rio de Janeiro, atualmente, o mesmo sereníssimo Príncipe Real, depois de ter lido na varanda da mesma Casa, perante o Povo, e Tropa, que se achava presente, o Real Decreto de Sua Majestade EL-REI Nosso Senhor, de 24 de Fevereiro do presente ano, no qual SUA MAJESTADE Certifica ao seu Povo que Jurará imediatamente e sancionará a Constituição, que se está fazendo em Portugal. E para que não entre em dúvida este Juramento, e Sanção, Manda o Mesmo sereníssimo Senhor Príncipe Real para que em nome d'Ele Jurasse já no dia de hoje, e nesta presente hora, a Constituição, tal qual se fizer em Portugal. [...]

← **03.** Félix-Émile Taunay. *Juramento à Constituição*. Museu Histórico Nacional. Dom Pedro, príncipe regente, faz um juramento de lealdade à Constituição portuguesa em nome de seu pai, em 26 de fevereiro de 1821.

↑ **04.** Leandro Joaquim. *Revista militar no Largo do Paço*. 1790.

Nas primeiras semanas de 1821, quando notícias da Revolução em marcha em Portugal chegaram ao Rio de Janeiro, houve grande movimentação de tropas e peças de artilharia pelas ruas centrais da capital. A inglesa Maria Graham assistiu a esses acontecimentos intensos e conta que, após as idas e vindas ao longo do dia, a Câmara se reuniu no salão nobre do teatro, como era de costume nas grandes comoções nacionais. Após deliberar ouvindo seus conselheiros, dom João surgiu na varanda do salão principal, de onde leu para povo e tropa uma proclamação, na qual prometia aceitar a Constituição. O longo dia terminaria mais uma vez na ópera, tendo o povo se reunido para puxar o carro do constrangido rei até ali. ¶ Graham descreve a atmosfera de alegria que tomou conta da cidade ainda no dia seguinte. Novamente todos correram para o teatro, cujo grande salão "encheu-se de novo de pessoas ansiosas por assinar o juramento da Constituição"(GRAHAM, 1990, p. 90-91); sucediam-se luminárias, fogos de artifício e disparos de artilharia. Na ópera representou-se *Henrique IV* em homenagem ao rei, que, extenuado pelos esforços da véspera, não compareceu pessoalmente. Porém, era como se lá estivesse, pois, quando se ergueram as cortinas do camarote real, apareceram os retratos do rei e da rainha, recebidos com toda a reverência pelo público presente. A peça predileta do rei era *La Cenerentola*, de Rossini.

1821

❝ ACEITAÇÃO PROVISÓRIA DA CONSTITUIÇÃO DE LISBOA Além de não ter sabido prever nem dominar a revolução que rebentou em Lisboa, deixaram igualmente os ministros de dom João VI que ela invadisse, e quase com a rapidez do relâmpago, todas as províncias do Brasil, onde alguns patriotas esclarecidos já vinham organizando uma revolução cujos objetivos e princípios a maioria da nação brasileira ignorava. ¶ Viu-se, portanto, no dia seguinte, ali pelas nove horas da manhã, chegar ao Rio de Janeiro o jovem príncipe d. Pedro, acompanhado simplesmente de algumas pessoas; sobe ele e aparece ao terraço da fachada do Teatro Real onde, assistido pelo presidente do Senado da Câmara Municipal, e por algumas outras autoridades, jura publicamente, pelos Santos Evangelhos, obedecer à Constituição portuguesa "tal como fosse sancionada pelas cortes de Lisboa". Finda a formalidade, monta o príncipe a cavalo e regressa a São Cristóvão. [...] ¶ O rei, mais ou menos tranquilizado pelo regresso de d. Pedro, que lhe comunicara as disposições pacíficas do povo, resolveu ir ao Rio a fim de ratificar publicamente o juramento de seu filho. ¶ Para aí se dirigiu, com efeito, lá pela uma hora da tarde, não hesitando em mostrar-se em sua sege descoberta; sua filha sentara-se junto dele (a jovem viúva), e na frente o príncipe d. Miguel, de pé, com a mão apoiada na capota descida da carruagem,

1821

olhava fixamente os curiosos parados à sua passagem. Comovido, mantinha o rei uma atitude de imperturbável seriedade e a jovem viúva mostrava dignidade e resolução; quanto a d. Pedro, que, a cavalo e cercado de seu estado maior, precedia a carruagem real, lia-se em seu olhar cheio de entusiasmo e de franqueza a dedicação e a boa-fé que pusera nesse primeiro juramento cujas consequências sua jovem inexperiência não percebia. ¶ Chegados ao palácio, o rei apareceu pela primeira vez à janela do lado da praça, e, apontando para d. Pedro colocado na segunda janela, disse em voz alta que 'ratificava tudo o que dissera seu filho'; e retirou-se em seguida (DEBRET, 1989, v. 3, p. 267).

← **05.** Thomas Ender. Largo da Carioca. Convento de Santo Antônio – Capela dos Terceiros (Ordem Terceira de São Francisco da Penitência). 1817. ↓ **06.** Debret. *Aceitação provisória da Constituição de Lisboa.* 1839.

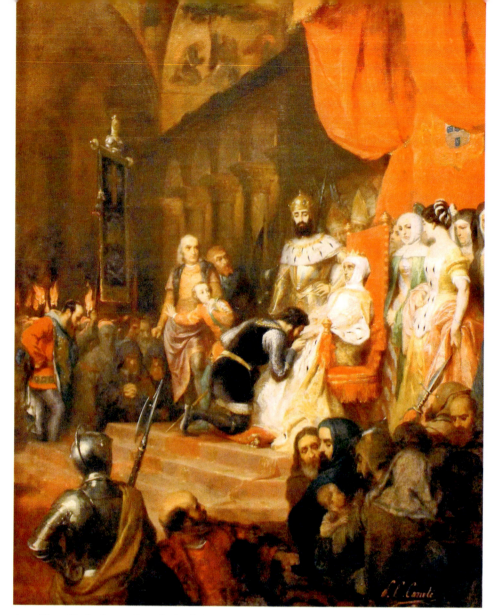

↑ **07.** Pierre Charles Comte. *Coroação de Inês de Castro em 1361.* 1849. → **08.** O beija-mão real, segundo um observador anônimo. 1826.

11 MAR ■ BEIJA-MÃO REAL POR OCASIÃO DO NASCIMENTO DO PRÍNCIPE DA BEIRA

Em 6 de março nascia o terceiro filho de dom Pedro e dona Leopoldina, João Carlos, príncipe da Beira. Entre os arranjos para as festividades, um ofício foi remetido a todos os tribunais, convocando o comparecimento ao Palácio Real da Quinta da Boa Vista para um beija-mão.

> **AUDIÊNCIA DOS TRIBUNAIS** PARA ANTÔNIO JOSÉ DA CUNHA E ALMEIDA Ilustríssimo reverendíssimo senhor — Com o plausível motivo do feliz parto da sereníssima senhora princesa real: há el-rei nosso senhor por bem que domingo 11 do corrente pela uma hora da tarde possam os tribunais ir ao palácio da Real Quinta da Boa Vista beijar a sua real mão sem precedência. O que vossa ilustríssima fará presente na Mesa do Desembargo do Paço para que assim se observem. Deus guarde a vossa ilustríssima. Paço em 9 de março de 1821. ¶ J.G. da C. Quintella ¶ Nesta mesma conformidade se expediu a todos os mais tribunais (ANRJ. Cod. 567).

O beija-mão

O beija-mão real era uma antiga representação pública que, ao colocar em contato direto monarca e vassalo, reforçava simbolicamente o poder do soberano. Essa cerimônia de corte de origem medieval foi intensamente revivida pelos Bragança em Portugal. Nela, o súdito apresentava ao rei as devidas vênias e suplicava alguma mercê (favor), que em regra era concedida pelo rei. Todas as solicitações de mercês passavam antes pelas secretarias do governo, onde funcionários graduados analisavam e decidiam pela concessão ou não. Quando o súdito chegava para o beija-mão, portanto, a graça já estava concedida e o ritual tinha finalidade simbólica, de mostrar o soberano como poderoso e protetor de seus súditos. Também servia para reforçar o respeito reverencial à coroa. Uma etiqueta muito antiga prescrevia a sequência de atos que culminava na cerimônia do beija-mão: ao aproximar-se do rei, o súdito fazia uma genuflexão, que consiste em dobrar os joelhos e curvar o corpo, baixando a cabeça antes do ato de beijar a mão. O mesmo respeito devia mostrar ao retirar-se, havendo toda uma programação de como e para onde sair da sala do trono. Com exceção dos domingos e feriados, a cerimônia do beija-mão acontecia todas as noites no palácio de São Cristóvão, animada por uma banda musical. ¶ Todo o rigor prescrito nas velhas etiquetas do beija-mão parece não ter sido seguido à risca no Rio de Janeiro de dom João. O diplomata inglês James Henderson, que esteve no Brasil na época, descreveu minuciosamente a movimentação em torno da cerimônia. Toda noite, por volta das oito horas, com exceção de feriados e domingos, o rei recebia o público numa sala pronta para esse propósito, no palácio de São Cristóvão. ¶ *Quando a porta se abre, assiste-se a uma disparada promíscua à frente, e um mulato será visto pisando nos calcanhares de um general. Eles avançam em fila indiana por um lado da sala até a parte mais elevada, onde Sua Majestade está sentado, assistido pelos fidalgos, e passando-os em revista, eles recuam na mesma ordem* (HENDERSON, 1821, p. 63). ¶ Uma banda de música animava a cerimônia, "numa toada bem pouco harmoniosa", que podia ser ouvida por todo o vale.

↑ **09.** Augusto Malta. Convento de Santo Antônio, no Rio de Janeiro, onde foi sepultado o príncipe João Carlos. 1930.

MAR
Panfleto sobre os assuntos políticos que circulou no Rio de Janeiro (CARVALHO; BASTOS; BASILE, 2012, p. 116-117):

❝ AMERICANOS E EUROPEUS, enfim é tempo de pôr termo a nosso demasiado sofrimento, o soberano, que nos governa, e que ternamente amamos, iludido por pérfidos conselheiros, que só desejam a total ruína do Estado e do Trono, apesar da vontade geral da nação tão manifestamente declarada em Portugal na Bahia pelos heroicos fastos, que vos são conhecidos, e em todas as mais partes do Brasil pelos rumores populares procuram ilusoriamente, usando do engano e das fraudes, lançar-nos novos grilhões [...]. É pois tempo, cidadãos honrados e valorosa Tropa, de lançar mãos às armas, seguindo o heroico exemplo de nossos irmãos da Bahia segurar nossa liberdade, lançando de nós os ferros com que nos querem manietar; declarando altamente, e com aquela soberania que só é inerente e própria de uma Nação livre, que não queremos outra Constituição, senão a de Portugal, que deve abranger todo o Reino Unido, e que a nação, que reassumiu em si o poder soberano para quebrar os seus vergonhosos ferros, é que devem eleger, pela maneira adotada em Portugal, os deputados, que sem perda de tempo devem ser enviados para formarem parte das cortes constitucionais, e nelas tratarem da Legislação, que deve ser particular deste Reino Unido do Brasil. ¶ Eia, valorosos portugueses europeus e americanos, que somos a mesma nação, e temos os mesmos interesses, sustentemos com as armas na mão, que não há outro remédio, os nossos direitos, e defendamos as nossas liberdades, que de todo nos querem agrilhoar, pois vis, sórdidos, venais conselheiros, que devem desaparecer da face da terra, para não mais contaminarem com seu hálito o ar que respiramos. ¶ Viva el-rei, viva a constituição, e morram todos aqueles que se opuserem aos verdadeiros interesses da Nação.

↑ **10.** Revert Henry Klumb. Convento de Santo Antônio. À esquerda, uma parte da estrutura do chafariz que substituiu o antigo (de 1750). [c. 1845-1846] →↓ **11.** Ludwig e Briggs. *Antigo Chafariz da Carioca* e *Novo Chafariz da Carioca*. 1845.

↑ **12.** Debret. *Vista do Largo do Palácio do Rio de Janeiro.* [c. 1834-1839].

21 ABR ■ MOTIM NA PRAÇA DO COMÉRCIO

Os últimos dias de abril foram agitados. No dia 20, dom João convocou uma reunião para a escolha dos representantes brasileiros nas Cortes de Lisboa. Os participantes do encontro, reunidos na Praça do Comércio, fizeram uma série de exigências: uma Constituição liberal para o Brasil, e, enquanto não fosse redigida, se adotasse a Constituição espanhola de Cádiz; a permanência da família real no Brasil; a nomeação de uma junta de governo; a proibição de que qualquer embarcação partisse do Rio de Janeiro sem expressa autorização do governo; e a devolução do dinheiro tomado dos cofres públicos pela Coroa. No dia seguinte, dom Pedro convocou eleitores das paróquias na praça do Comércio para tratar de assuntos do governo. A temperatura política ferveu. A multidão começou a suspeitar que o motivo alegado do encontro era falso e que seu propósito era articular a fuga de dom João para Portugal, levando consigo o tesouro depositado nos bancos. Um tumulto tomou conta da praça. Gritos de "Aqui governa o povo!" e "Haja Revolução!" foram repetidos. Para controlar a explosão dos revoltosos, dom Pedro ordenou repressão violenta do movimento encabeçado, sobretudo, por comerciantes. A invasão do prédio projetado por Grandjean de Montigny (atualmente sede da Casa França-Brasil), a tiros de baioneta, fez três vítimas fatais e inúmeros feridos. No dia seguinte, foi afixada no local uma placa onde estava escrito "Açougue dos Braganças". O caso foi abafado pela Coroa, o prédio foi fechado e reaberto depois como sede da Alfândega. ¶ Dom João se curvou aos apelos do povo rebelado e mandou publicar um decreto acatando a Constituição de Cádiz, enquanto o texto da Constituição portuguesa não ficasse pronto nas Cortes de Lisboa.

↑ **13.** Pieter Gotfred Bertichen. *Praça do Commercio Rua Direita.* 1856.

↑ **14.** Alfred Martinet. *Chafariz do Largo do Paço.* [c. 1821-1875].

26 ABR ■ DOM JOÃO VI PARTE PARA PORTUGAL

O regresso forçado da família real, imposto pelas Cortes de Lisboa, causou comoção nos moradores da corte tropical, como atestam inúmeros registros. A *Gazeta do Rio de Janeiro* de 28 de abril assim narrou o episódio:

> Depois de sua majestade haver dado tantas e tão evidentes provas de amor aos seus vassalos e de desvelo pela sua prosperidade, das quais trasladamos algumas na Gazeta Extraordinária n. 8, embarcou com a sua real família na madrugada de quarta-feira 25 do corrente, e nesse dia, aliás de grande gala, por ser o natalício de sua majestade a rainha nossa senhora [dona Carlota Joaquina], tiveram muitas pessoas a honra de beijar a mão a sua majestade, que os felicitou com sinais de sua paternal bondade. No dia seguinte 26 do corrente pelas 6 horas da manhã, começou a nau D. João VI, que conduzia sua majestade, a suspender o ferro, e o mesmo fizeram todas as outras embarcações, de que se compunha aquela esquadra; e às 6 1/2, que se fez a vela, salvou a fortaleza da ilha das Cobras, e sucessivamente todas as outras. ¶ Um excelente dia, um vento NE, fresco e aturado fizeram sobressair esta cena brilhante, e ao mesmo tempo dolorosa, em que todos tinham fitos os olhos no real estandarte, recordando as eminentes virtudes do soberano, que ficando em nossos corações saudosíssimos, ia felicitar com a sua augusta presença aqueles outros vassalos, que há quase quatorze anos suspiravam por ela, deixando-nos o mais precioso penhor do seu afeto, na real pessoa do seu mui amado filho o príncipe regente, de cuja prudência e zelo incansável e reta justiça esperamos com segurança a nossa felicidade.

1821

↑ **15.** Debret. *Partida da rainha: embarque no navio real destinado a levar a sua Corte para Lisboa*. 1835.
↓ **16.** Franz Joseph Frühbeck. *Nau D. João VI*. 1817.

1821

EXAME
ANALYTICO-CRITICO.

DA

SOLUÇÃO DA QUESTÃO:

O Rei, e a Familia Real de Bragança devem, nas circumstancias presentes, *voltar a Portugal, ou ficar no Brazil?*

Publicada na Côrte do Rio de Janeiro por hum Anonymo em idioma Francez nos ultimos dias do Anno proximo passado.

BAHIA:

Na Typog. da Viuva Serva e Carvalho.

Com licença da Commissão da Censura.

↑ **17.** Frontispício. *Exame analítico-crítico da solução da questão: o rei e a família real de Bragança devem nas circunstâncias presentes voltar a Portugal ou ficar no Brasil?* Bahia: Typ. da viúva Serva e Carvalho. 1821.

↑ 18. Constantino de Fontes. *Desembarque d'El Rei Dom João. Acompanhado por uma Deputação das Cortes. Na Magnífica Praça do Terreiro do Paço em 4 de Julho d'1821, regressando do Brazil.* [c. 1821].

3 JUL ■ DOM JOÃO VI CHEGA A PORTUGAL

Partindo do Rio de Janeiro em 25 de abril, a esquadra com o rei e sua família aportou em Lisboa em 3 de julho, sem a dramaticidade com que partira para o Brasil treze anos antes. Ao chegar à antiga capital do reino, dom João VI enfrentou inúmeros desafios. De um lado, a revolução de 1820 estava em marcha, ávida por impor limites ao poder do rei. De outro, o Brasil havia adquirido enorme importância e já se sentia a pressão por sua autonomia em alguns setores. Logo após sua chegada, esgrimindo com a oposição barulhenta dos vintistas, que não aceitava os ministros "brasileiros" nas Cortes Gerais, o rei jurou a nova Constituição e prometeu reinar sob seus limites. Essa carta não teve vida longa, sendo derrubada no ano seguinte por um golpe de Estado — a chamada Vila-Francada —, perpetrado por seu filho dom Miguel, que ambicionava o trono do pai para governar Portugal dentro do velho figurino absolutista. Dom João VI morreu em 1826, deixando o trono para dom Pedro, que abdicou em favor de sua filha, dona Maria da Glória. A essa altura, a guerra civil já grassava em Portugal, estendendo-se até 1834, quando a primogênita de dom Pedro sobe ao trono português e se torna a rainha dona Maria II.

← 19. José Daniel Rodrigues da Costa. Frontispício: *Portugal convalescido pelo prazer que presentemente desfruta na desejada e feliz vinda do seu amabilíssimo monarca o sr. d. João VI e da sua augusta família.* Lisboa: Tip. Lacerdina. 1821.

Meses após sua chegada, os funcionários reais fizeram um minucioso inventário da prata e roupa que dom João levou consigo do Rio de Janeiro. Além de terrinas flamengas, pratos, 439 facas de mesa, 435 garfos, 422 colheres, 133 colherinhas para café e chá, tudo de prata, ainda constavam no inventário os seguintes itens de guarda-roupa:

> Inventário da prata e roupa e mais trem pertencente à mantearia de Sua Magestade, que veio do Rio de Janeiro, em que veio incumbido o sr. Francisco José de Brito, fiel da mantiaria, e fez a entrega a José Caetano Frigo, fiel do mantieiro da Casa Real p. ordem do Il.mo sr. José Lourenço de Andrade, em 19 de outubro de 1821. Nesta mantiaria da Ajuda: a saber.

Roupa fina
196 tolhas primeiras
90 ditas segundas
553 ditas terceiras
400 ditas de mãos
2.600 guardanapos
116 toalhas de algodão

350 guardanapos dito
Roupa grossa
96 toalhas grandes
530 ditas mais pequenas
4.300 guardanapos
1.800 panos
26 baús para roupas

Declaro que o original deste inventário está um na mão do Il.mo sr. José Lourenço de Andrade, e outro na mão do Il.mo sr. Caetano José de Campos e Andrade Pinto, que serve de manteeiro da Casa Real, e para constar, a todo o tempo, fiz este assento, em 22 de outubro de 1821. ¶ José Caetano Frigo (ARQUIVOS NACIONAIS DA TORRE DO TOMBO. Lisboa. Torre do Tombo. Casa real. Lv. 2986)

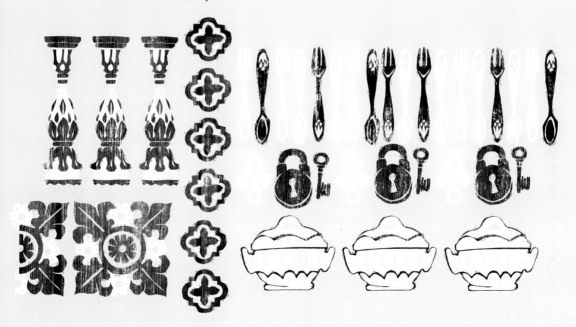

1821

28 SET ■ **ESCRAVOS MALTRATADOS** Nesta data, reportava Maria Graham em seu diário, indignada com o tratamento dispensado por senhores aos escravizados (GRAHAM, 1990, p. 136).

Esta manhã, antes do café, olhando pela janela da casa do sr. Stewart, vi uma mulher branca, ou antes um demônio, surrando uma pobre negra e torcendo seus braços cruelmente enquanto a pobre criatura gritava angustiadamente, até que nossos homens interferiram. Bom Deus! Como pode existir este tráfico e estes hábitos de escravidão! Perto da casa há dois ou três depósitos de escravos, todos moços. Em um vi uma criança de cerca de dois anos à venda. As provisões estão agora tão raras que nenhum bocado de alimentação animal tempera a massa de farinha de mandioca que é o sustento dos escravos, e mesmo isso estas pobres crianças, com seus ossos salientes e faces cavadas, revelam que eles raramente recebem suficientemente. Agora, o dinheiro também está tão escasso que não se encontra com facilidade um comprador. Mais uma angústia se acrescenta à escravidão: o desejo vão de encontrar um senhor! Vintenas dessas pobres criaturas são vistas em diferentes cantos das ruas com todos os sinais de desespero. — E se uma criança tenta arrastar-se por entre eles, em busca de um divertimento infantil, a única simpatia que ele pode provocar é um olhar de piedade. Estarão errados os patriotas? Eles puseram armas nas mãos dos novos negros, enquanto as lembranças da pátria, do navio negreiro e do mercado de escravos lhes estão frescas na memória.

1821

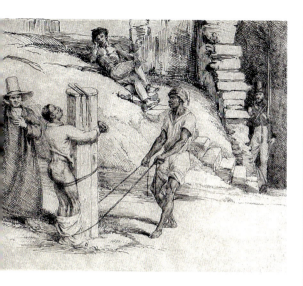

← **20.** Augustus Earle. *Portão e mercado de escravos em Pernambuco.* [c. 1821-1825].
↑ **21.** Charles Landseer. *Castigo de um escravo.* 1825. → **22.** José dos Reis Carvalho. *Chafariz do Lagarto.* [c. 1841-1889]. ↓ **23.** Augustus Earle. *Punindo negros em Cathabouco, Rio de Janeiro.* 1822.

1821

17 OUT
Do diário de Maria Graham (1990, p. 165):

Quarta-feira, 17 [de outubro de 1821] ¶ Chovia quando desembarcamos [em Salvador]. Por isso, como as ruas que conduzem para fora da imunda cidade baixa não permitem o emprego de veículos de roda, em virtude da violência da subida, alugamos cadeiras e as achamos, se não agradáveis, ao menos cômodas. Consistem numa poltrona de vime, com um estribo e um dossel coberto de couro. Cortinas, geralmente de melania [espécie de tecido ondeado, de lã ou seda], com debruns dourados e forradas de algodão ou linho, estão dispostas em torno do dossel, ou abertas, como se queira. Tudo é suspenso pelo alto por um único varal, pelo qual dois negros a carregam muito rápido sobre os ombros, mudando, de vez em quando, do direito para o esquerdo.

→ **24.** Carlos Julião. *Cadeira*. [c. 1740-1811].
↓ **25.** Frederico Guilherme Briggs. *Cadeirinha*. 1845.

↑ **26.** Henry Chamberlain. *The chege and cadeira*. 1821. ↓ **27.** Henry Thomas Alken. *A rede*. 1822.

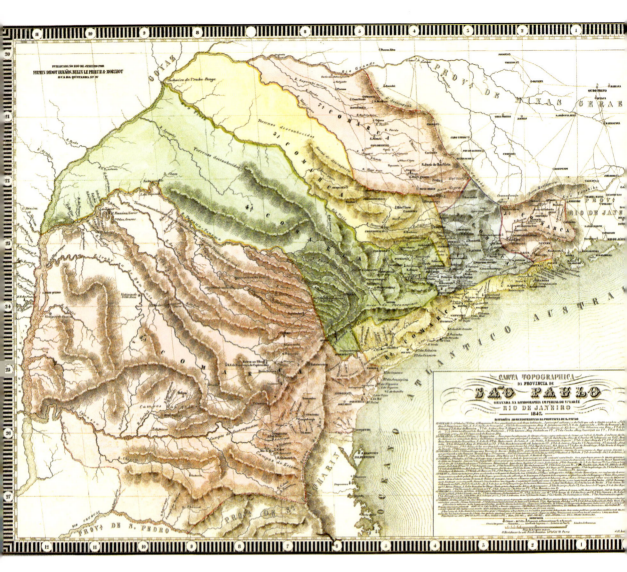

↑ **28.** Visconde de J. Villiers de L'Ile-Adam. *Carta topográfica e administrativa da província de São Paulo: Gravada na Litografia imperial de Vr. Laréé.* 1847.

24 DEZ ▪ REPRESENTAÇÃO DA JUNTA DE SÃO PAULO PEDE A DOM PEDRO QUE FIQUE NO BRASIL

Em 9 de dezembro, dom Pedro recebeu a notícia dos decretos das Cortes Portuguesas, que exigiam seu retorno à Europa e anulavam todas as leis anteriores que igualavam o Brasil a Portugal. Nas semanas seguintes, a tensão entre os poderosos interesses portugueses (instalados nas Cortes Gerais em Lisboa) e os não menos poderosos interesses antagônicos das classes ricas residentes no Brasil (vinculados à grande lavoura escravista e ao tráfico negreiro) colocavam o príncipe regente do Brasil dom Pedro no nível máximo de estresse. Nesse momento, as províncias faziam os arranjos para escolher seus deputados e elencar suas demandas, que seriam apresentadas e discutidas nas Cortes. Os paulistas, liderados pelos irmãos Andrada, começaram uma forte campanha para cooptar o príncipe regente. Na sessão de 21 de dezembro da Junta governativa de São Paulo, José Bonifácio foi o orador mais incisivo. Ele entendeu que havia chegado a hora decisiva de se tomarem medidas enérgicas para assegurar a unidade do Brasil, embora essa unidade talvez só existisse em sua cabeça ou servisse para dar coerência discursiva a seus interesses. Mas ele percebeu como ninguém que o centro de equilíbrio das partes do Brasil era a pessoa do príncipe dom Pedro. Foi quando, em nome da Junta, Bonifácio se dirigiu de modo incisivo ao príncipe (TEXTOS CLÁSSICOS BRASILEIROS, 1982, p. 215).

Senhor. Tínhamos já escrito a Vossa Alteza Real antes que pelo último correio recebêssemos a Gazeta extraordinária do Rio de Janeiro de 2 do corrente, e apenas fixamos a nossa atenção sobre o primeiro decreto das cortes acerca da organização dos governos provinciais do Brasil, logo ferveu em nossos corações uma nobre indignação; porque vimos nele exarado o sistema da anarquia e da escravidão; mas o segundo, pelo qual Vossa Alteza Real deve regressar para Portugal, a fim de viajar incógnito somente pela Espanha, França e Inglaterra, causou-nos um verdadeiro horror. Nada menos se pretende do que desunir-nos, enfraquecer-nos, até deixar-nos em mísera orfandade, arrancando do seio da grande família brasileira o único pai comum que nos restava, depois de terem esbulhado o Brasil do benéfico fundador deste reino, o augusto pai de Vossa Alteza Real. [...] Nós rogamos, portanto, a V.A. Real, com o maior fervor, ternura e respeito, haja de suspender a sua volta para a Europa, por onde o querem fazer viajar como um pupilo rodeado de aios e de espias; nós lhe rogamos que se confie corajosamente no amor e fidelidade dos seus brasileiros, e mormente dos seus paulistas, que estão todos prontos a verter a última gota do seu sangue e a sacrificar todos os seus haveres para não perderem o príncipe idolatrado em que têm posto todas as esperanças bem fundadas da sua felicidade e de sua honra nacional. Espere pelo menos V.A. Real pelos deputados nomeados por este governo, e pela câmara desta capital, que devem quanto antes levar à sua augusta presença nossos ardentes desejos e firmes resoluções; dignando-se aconselhá-los com o amor e a atenção que lhe devem merecer os seus paulistas. À augusta pessoa de V.A. Real guarde Deus por muitos anos. Palácio do governo de São Paulo, 24 de dezembro de 1821.

29. C. Shoosmith.
Paulista e um mendicante brasileiro. 1821.

A entrada no novo ano marca o ponto de não retorno, com a resposta positiva de dom Pedro aos paulistas, proclamando que ficaria no Brasil. Com o "Fico", o príncipe decidia-se pelo "partido brasileiro", posição reafirmada na firmeza com que expulsou tropas portuguesas que sitiavam a cidade do Rio de Janeiro. Na Bahia, deflagra-se o que pode ser chamada a verdadeira guerra da independência, com a invasão das tropas portuguesas à cidade de Salvador, de cuja crueldade sobraram memórias de mártires. O sentimento de convulsão pulsava por todo o território. Agentes importantes do tabuleiro político organizavam-se em sociedades secretas. À pressão crescente das Cortes Gerais portuguesas, e com amparo das elites do Centro-Sul, dom Pedro respondeu com a ruptura política, o famoso 7 de Setembro, tornada data de fundação da nacionalidade brasileira e assim apropriada pelas gerações futuras, em tempos de paz e de exceção.

09 JAN ■ **O DIA DO FICO** Contrariando as ordens de Lisboa e atendendo a requerimento com cerca de 8 mil assinaturas, dom Pedro não acata decreto para voltar a Portugal e decide ficar no Brasil após negociar com mineiros, paulistas e fluminenses. A data, conhecida como Dia do Fico, foi registrada por Maria Graham em seu diário (GRAHAM, 1990, p. 213):

Quarta-feira, 9 de janeiro. ¶ O dia de hoje, espera-se que seja decisivo no destino do Brasil. É preciso, porém, começar pela chegada de uma mensagem das Cortes de Lisboa ao príncipe, intimando-o de que aprove [agradou] às ditas Cortes que ele partisse imediatamente para a Europa a fim de iniciar sua educação e empreender uma viagem incógnito pela Espanha, França e Inglaterra. Esta mensagem despertou a mais viva indignação, não somente no ânimo de Sua Alteza Real, mas no dos brasileiros de ponta a ponta do reino. O príncipe está desejoso de obedecer às ordens do pai e das Cortes, mas, ao mesmo tempo, não pode deixar de sofrer, como homem, a inconveniência da mensagem, vendo-se, dessa maneira, compelido a voltar a casa, especialmente sendo-lhe proibido levar consigo quaisquer guardas, ao que parece por temerem que elas tenham contraído demasiada dedicação à sua pessoa. Os brasileiros consideram este passo como uma preliminar para extinguir neste país os tribunais de justiça que, durante quatorze anos, se mantiveram aqui, transferindo-se assim as causas para Lisboa, por cujo meio o Brasil será de novo reduzido à condição de uma colônia dependente, em vez de gozar de direitos e privilégios iguais aos da mãe pátria, o que é uma degradação a que eles não estão dispostos, de maneira alguma, a se submeter.

O LARGO DO PAÇO EM QUATRO TEMPOS

↑ **01.** Debret. *Aclamação de Dom Pedro II, segundo Imperador do Brasil.* [c. 1834-1839]. ← **02.** A. Morand e J. Smith. *Paço da Cidade, Rio de Janeiro.* [c. 1842-1843].

↑ 03. Povo no Paço acenando para princesa Isabel após assinatura da Lei Áurea. 1888.
↓ 04. Paço Imperial, Rio de Janeiro. 2010.

↑ **05.** Victor Meirelles. *Estudo para o Panorama do Rio de Janeiro – Morro do Castelo.* 1885. ↓ **06.** Oscar Pereira da Silva. *Príncipe regente dom Pedro e Jorge de Avilez a bordo da fragata União.* 1922.

11 JAN ■ A DIVISÃO AUXILIADORA E O AUMENTO DA PRESSÃO

As tropas portuguesas da guarnição do Rio de Janeiro, que compunham a Divisão Auxiliadora de 2 mil homens comandados pelo general Jorge de Avilez Juzarte de Sousa Tavares, tomando posições no morro do Castelo e ao longo do litoral do Rio de Janeiro, rebelaram-se contra a decisão de dom Pedro de permanecer no Brasil e exigiram seu regresso a Portugal. Cerca de 4 mil milicianos e cidadãos armados, liderados pelo tenente-coronel Joaquim Xavier Curado, reagiram em apoio ao príncipe regente. Acuado e com suas tropas isoladas, o tenente-general Avilez depôs as armas e recuou para a praia Grande, em Niterói, de onde foi definitivamente expulso do Brasil em fevereiro. Um decreto imperial de 17 de fevereiro de 1822 proibia o desembarque das tropas da Divisão Auxiliadora no país e ordenava que "o Governo Provisório da Província de Pernambuco, no caso eventual de aportar aí, por qualquer motivo, a tropa que de Portugal aqui se dirige, lhe intime pelos ponderosos motivos, que ficam expendidos, a Sua Real determinação, para que daí mesmo regressem para aquele Reino" (LISBOA, 1829, p. 83).

↑ **07.** Benjamin Murlock. *A cidade da Bahia vista do Forte do Mar.* [c. 1859-1861].

19-20 FEV

■ MOTIM NA BAHIA As guerras de independência na Bahia começaram com os episódios dramáticos de 19 e 20 de fevereiro de 1822 e só terminaram no famoso 2 de julho do ano seguinte. As primeiras sublevações foram reprimidas duramente por ordem de dom Pedro. Em 15 de fevereiro de 1822, chegou à cidade de Salvador uma Carta Régia nomeando o brigadeiro português Inácio Luís Madeira de Melo para o cargo de governador das Armas, substituindo o brasileiro Manuel Pedro de Freitas Guimarães, mas o comando militar da cidade não aceitou a substituição. Violentos combates irromperam pelo recôncavo. Na madrugada, um regimento português cercou o forte de São Pedro e intimou seus defensores a abandonar a posição. Entre os sitiados estavam Francisco Sabino da Rocha Vieira, futuro líder da Sabinada, cirurgião da Legião de Caçadores. As tropas portuguesas tomaram ainda o aparato militar e os quartéis da Palma e da Mouraria. No dia 20, marinheiros portugueses e caixeiros saquearam casas. Ao invadirem o convento de Nossa Senhora da Conceição da Lapa, próximo ao quartel da Mouraria, feriram mortalmente a abadessa soror Joana Angélica a golpes de baioneta. O grosso da guarnição do forte de São Pedro fugiu, seu comandante Freitas Guimarães se rendeu e a cidade foi dominada pelas tropas portuguesas, calculadas em 1.600 homens. Estima-se que entre duzentas e trezentas pessoas morreram nos combates.

> Entregou-se então a soldadesca portuguesa a todos os excessos; roubaram o cofre daquele 1º regimento, romperam os livros mestres e as próprias bandeiras foram despedaçadas: o seu arrojo se estendeu às casas particulares, muitas famílias foram insultadas, e, violada a clausura do convento das religiosas da Lapa, depois de as cobrirem de impropérios, assassinaram desapiedadamente com uma baionetada a respectiva abadessa Joana Angélica, ao tempo em que lhes abria a porta, que eles pretendiam arrombar, não poupando até ao idoso respeitável capelão desse convento, Daniel da Silva Lisboa, que a coices de espingardas o deixaram por morto; e aterradas com tais violências as mesmas religiosas, receando ainda a continuação de outras, saíram do seu convento, e se foram recolher ao do Desterro. ¶ Distinguiu-se nesses atos de crueldade, com o capcioso pretexto de haverem sofrido tiros das casas violadas, o esquadrão de cavalaria, pela maior parte composto de brasileiros, e a maruja armada de ordem do general Madeira, o qual na manhã do mesmo dia 19 havia assegurado

em uma proclamação a inviolabilidade do asilo e a segurança dos habitantes, e logo de tarde, ordenando a reunião toda a força que lhe obedecia na praça da Piedade, mandou intimar aos da fortaleza de S. Pedro que se rendessem; mas não sendo terminante a resposta que recebeu, resolveu bombardear a mesma fortaleza no dia seguinte e batê-la com grossa artilharia, para o que determinou ao capitão José Feliciano da Silva Costa, engenheiro da legião Lusitana, tratasse dos preparativos necessários (SILVA, 1826, tomo II, p. 58).

Assim Joaquim Norberto narra o martírio da madre Joana Angélica, em seu panteão das *brasileiras célebres*, de 1862:

> Entre tantas profanações restava intacto o asilo sagrado das esposas de Deus, das virgens votadas ao culto do Senhor, e o grito tremendo, horrível, sacrílego: "Aos conventos!" partiu dentre eles, e seus olhos ávidos de ouro e de sangue se voltaram para o mosteiro da Lapa. Que silêncio, apenas interrompido pelo compassado ruído de seus passos, precede a bárbara tempestade! ¶ Essas virgens [do mosteiro da Lapa] votadas ao culto do Senhor estavam prostradas ante os altares e pediam a sua intervenção na causa da pátria, que se pleiteava nas ruas da cidade, quando as portas estremeceram e caíram pedaços aos golpes dos machados. Os soldados entraram, mas detiveram-se ante o postigo; de repente abriu-se o postigo e se apresentou ante eles uma débil mulher. Era a madre abadessa, era a soror Joanna Angélica. ¶ — Detende-vos, bárbaros, bradou a madre abadessa com o acento nobre da indignação e da mais santa coragem; aquelas portas cairão aos vaivéns de vossas alavancas, aos golpes de vossos machados, mas esta passagem está guardada pelo meu peito, e não passareis, senão por cima do cadáver de uma mulher! ¶ E eles, avançando sempre, lhe atravessavam o peito com as baionetas. A madre abadessa cruzou os braços sobre o seio ensanguentado, como se apertasse contra ele a gloriosa palma do martírio que recebia com a sua morte, alçou os olhos para o céu e expirou com um sorriso nos lábios. ¶ O capelão do convento, Daniel da Silva Lisboa, respeitável pelas suas virtudes e idade, acudiu ao conflito, entrou e contemplava cheio de horror o cadáver de uma santa no meio de tanta profanação, quando recebeu também a morte na ponta das baionetas! [...] As freiras espavoridas fugiram e buscaram no convento da Soledade uma guarida contra aqueles monstros, que ávidos das riquezas de seu claustro, se embriagavam no saque (SILVA, 1862, p. 201-204).

1822

↑ **08.** Louis-Julien Jacottet. *Hospício de Nossa Senhora da Piedade.* [c. 1806-1880]. → **09.** *Martírio de Joana Angélica.* 1821. ↓ **10.** Pedro Gonsalves da Silva. *Forte de Santa Maria na Barra.* [c. 1912-1919].

A independência da Bahia seguiu um calendário próprio. A situação incendiou mesmo por lá em 1823, numa sequência intensa de cercos e batalhas navais em abril e maio, com a participação decisiva de Lord Cochrane. Contratado por dom Pedro, Cochrane tornou-se primeiro-almirante da Marinha do Brasil e foi agraciado com o título de marquês do Maranhão pelo imperador. Cochrane liderou a armada a soldo da Coroa em vários combates contra os portugueses no litoral da Bahia. O maior e mais importante deles foi em 4 de maio, quando a esquadra "brasileira" enfrentou sérios problemas. Com a resistência oferecida pelos portugueses, sob o comando do português Madeira de Melo, as batalhas prolongaram-se até o fatídico 2 de julho, quando Salvador foi retomada e os portugueses foram expulsos da capital baiana.

→ **11.** Rugendas. *Costumes da Bahia*. 1835. ↓ **12.** Nicolas-Eustache Maurin. *Negro e negra da Bahia*. 1835.

↑ **13.** Luciano Gavarni. Ilustração para o *L'Illustration Journal Universel* do desfile de Dois de Julho de 1866. A cena se passa na descida da Ladeira da Soledade, vendo-se parte da lateral do Convento. 1866.

Naquela data cívica dos baianos, com a cidade de Salvador sitiada e bloqueada, o general Madeira de Melo decide abandoná-la. Transpõe a barra com cerca de 4.500 homens em 17 navios de guerra e 70 de transportes. É perseguido de início por Cochrane, depois pelo capitão Taylor, que o segue até a embocadura do Tejo, fazendo várias presas. O 2 de Julho de 1823 marca oficialmente a independência da Bahia e sua adesão ao Império do Brasil.

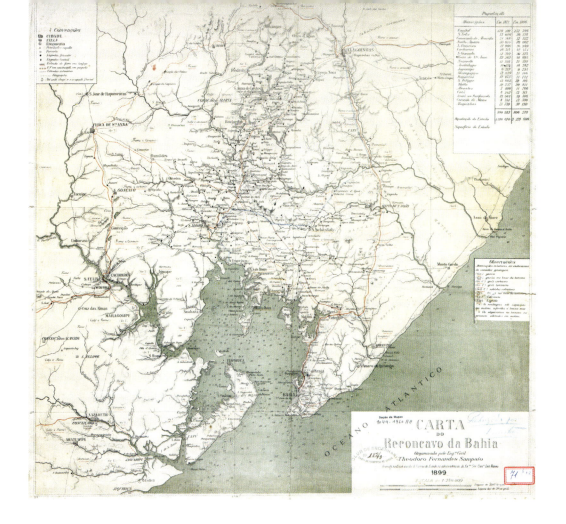

← **14.** Presciliano Silva. *Entrada do Exército Libertador.* 1930. ↑ **15.** Mapa do Recôncavo da Bahia. 1899. → **16.** Frederico Guilherme Briggs. *Uma jovem liberta.* 1845.

↑ **17.** Benedito Calixto. *Porto de Santos*. 1895.

23 MAI

BERNARDA DE FRANCISCO INÁCIO A "Bernarda" foi um movimento político armado que envolveu os poderosos da província de São Paulo em maio de 1822. De um lado, os irmãos Andrada José Bonifácio e Martim Francisco e seus aliados; de outro, Francisco Inácio de Sousa Queirós e João Carlos Augusto de Oeynhausen, presidente da junta de governo paulista. O estopim da revolta foi a intimação feita a Oeynhausen e Francisco Inácio para comparecerem na presença de dom Pedro, no Rio de Janeiro, para se explicarem dos tumultos verificados dias antes — mas essas ordens não foram cumpridas. No dia 23 de maio, tropas sob a chefia de Francisco Inácio dirigiram-se ao largo de São Gonçalo, obrigando a saída de Martim Francisco e do brigadeiro Jordão da cidade e exigindo a continuação de Oeynhausen e Costa Carvalho no governo. O tumulto correu solto e chegou a assustar os paulistanos. Se o presidente da junta governativa fosse deposto, Martim Francisco assumiria sua posição. Mas Francisco Inácio e seus aliados se movimentaram para impedir a saída de Oeynhausen. Por causa da Bernarda, Martim Francisco foi demitido do cargo de secretário da Fazenda da província e rumou para o Rio de Janeiro. Então ministro do Reino e de Negócios Estrangeiros, José Bonifácio conseguiu apoio de dom Pedro, que ordenou a extinção do governo provisório e viajou para São Paulo para controlar a situação. Francisco Inácio foi removido para Santos e uma junta de governo trina foi empossada em São Paulo, até que uma nova junta provisória tomasse posse, o que aconteceu em janeiro de 1823. Como os insurretos eram potentados locais (grandes fazendeiros e comerciantes), em setembro de 1823 todos os envolvidos no movimento acabaram anistiados por dom Pedro I.

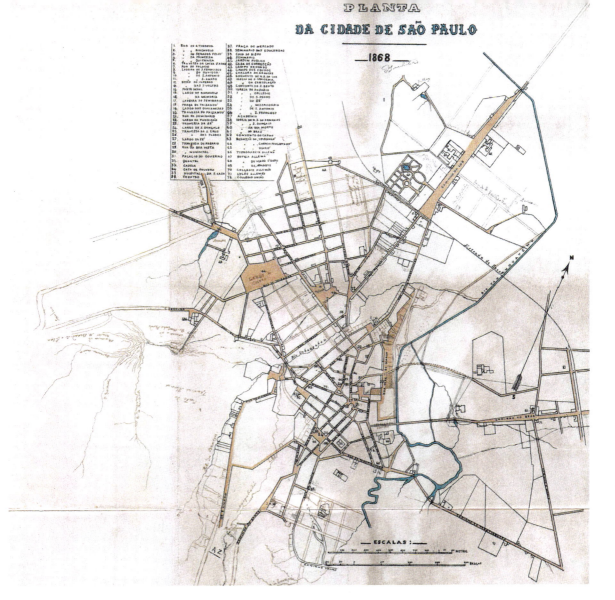

↑ **18.** Carlos Frederico Rath. *Planta da cidade de São Paulo*. 1868. ↓ **19.** Militão Augusto de Azevedo. *Igreja de Nossa Senhora dos Remédios e Pátio da Cadeia (São Paulo), no Largo de São Gonçalo*. 1862.

1822

2 JUN ▪ INAUGURAÇÃO DA SOCIEDADE SECRETA APOSTOLADO DA NOVA ORDEM DOS CAVALEIROS DE SANTA CRUZ

As sociedades secretas tiveram papel central nas revoluções liberais da época moderna, sendo a maçonaria a mais conhecida delas. No Brasil não foi diferente. Muitos estudantes nascidos na América portuguesa frequentaram universidades europeias, onde tiveram contato com as ideias liberais e as formas de sociabilidade próprias a elas. Às vésperas da Independência, várias lojas maçônicas disputavam atrair o príncipe dom Pedro para suas fileiras. Seus membros tinham propósitos diferentes. Uns poucos alimentavam o sonho republicano, mas a maioria entendia que a ruptura com Portugal deveria se dar pela via da instituição de uma monarquia constitucional no Brasil, para a qual dom Pedro seria o ponto de convergência dos interesses brasileiros. Os jornalistas Joaquim Gonçalves Ledo e José Clemente Pereira já tinham conseguido as simpatias do príncipe em 13 de maio, ao conceder-lhe o título de "Defensor perpétuo" do Brasil. Para tentar conter o poder de seus rivais maçons, José Bonifácio, que já estivera na criação do Grande Oriente Brasileiro, fundou sua própria loja em 2 de junho, batizada de Apostolado da Ordem dos Cavaleiros de Santa Cruz.

> ❝ Não fiava contudo José Bonifácio somente da atividade das lojas a realização das suas vistas e talvez mesmo não concedesse à instituição maçônica todo o crédito que esta pretendia, preferindo-lhe o Apostolado, que era inequivocamente monárquico-constitucional, quando a outra pendia para a pura democracia. Seguramente não concedeu José Bonifácio à maçonaria atenção idêntica à dispensada pelos seus desafetos: o banquete de instalação do Grande Oriente do Brasil foi presidido por Ledo, na ausência do grão-mestre e do seu adjunto. José Bonifácio sentia-se pelo contrário onipotente, na expressão de Rio Branco, na outra sociedade secreta organizada quase simultaneamente. Do livro de atas da 'Nobre Ordem dos Cavaleiros de Santa Cruz, denominada Apostolado', se colige que as suas sessões começaram a 2 de junho de 1822 e se estenderam até 15 de maio de 1823, figurando entre os associados Ledo, Nobrega e outros dos adversários de José Bonifácio. Dom Pedro era o arconte-rei e a sociedade dividia-se em palestras e decúrias. Seus membros apelidavam-se colunas do trono (OLIVEIRA LIMA, 1922, p. 241).

← **20.** Henrique José da Silva. *Dom Pedro I. Imperador, e defensor perpétuo do Brasil.* 1831.

1º AGO ▪ AS CORTES DE LISBOA FECHAM O CERCO A DOM PEDRO

O caminho da ruptura estava aberto. Em uma "Proclamação aos brasileiros", depois de arrolar detalhadamente as severas medidas adotadas pelas Cortes contra os interesses da classe dirigente da ex-colônia e, desde 1815, Reino Unido a Portugal, o príncipe regente procurou assumir o protagonismo que lhe concederam as elites do Centro-Sul do Brasil, num movimento de conclamação dos povos de todas as províncias.

> ❝ **BRASILEIROS.** Está acabado o tempo de enganar os homens. Os governos que ainda querem fundar o seu poder sobre a pretendida ignorância dos povos, ou sobre antigos erros e abusos, têm de ver o colosso da sua grandeza tombar da frágil base sobre que se erguera outrora. Foi por assim o não

pensarem que as Cortes de Lisboa forçaram as províncias do Sul do Brasil a sacudir o jugo que lhes preparavam: foi por assim pensar que eu agora já vejo reunido todo o Brasil em torno de mim; requerendo-me a defesa de seus direitos e a mantença da sua liberdade e independência. Cumpre, portanto, ó BRASILEIROS, que eu vos diga a verdade; ouvi-me, pois. [...] ¶ Que vos resta, pois, BRASILEIROS? Resta-vos reunir-vos todos em interesses, em amor, em esperanças; fazer entrar a augusta Assembleia do Brasil no exercício das suas funções, para que, maneando o leme da razão e prudência, haja de evitar os escolhos que nos mares das revoluções apresentam desgraçadamente França, Espanha e o mesmo Portugal; para que marque com mão segura e sábia a partilha dos Poderes, e firme o código da vossa legislação na sã filosofia e o aplique às vossas circunstâncias peculiares. [...] Brasileiros em geral! Amigos, reunamo-nos; sou vosso compatriota, sou vosso defensor; encaremos, como único prêmio de nossos suores a honra, a glória, a prosperidade do Brasil. Marchando por esta estrada ver-me-eis sempre à vossa frente e no lugar do maior perigo. A minha felicidade (convenci-vos) existe na vossa felicidade: é minha glória reger um povo brioso e livre. Dai-me o exemplo das vossas virtudes e de vossa união. Serei digno de vós. Palácio do Rio de Janeiro em o 1º de agosto de 1822. ¶ PRÍNCIPE REGENTE (COLEÇÃO DE LEIS DO IMPÉRIO DO BRASIL, 1822, V. 1, P. 125)

↑ **21.** Thomas Ender. *Vista da Serra das Figuras desde o rio Maranhão*. 1832.

1822

← **22.** Jules A. Monthelier. *Sabará.* [c. 1804-1883]. ↑ **23.** Francisco Antonio Marques Giraldes. *Prospecto da Villa da Fortaleza de Nossa Senhora d'Assunção ou Porto do Ceará.* 1811. → **24.** Luis Schlappriz. *Rua do Crespo.* Recife (PE). [c. 1863-1865]. ↓ **25.** José Joaquim Freire. *Prospecto da Villa do Camotá e da entrada que fez o Exmo. sr. Martinho de Souza Albuquerque, governador e capitão-general do Estado, na tarde do dia 19 de janeiro de 1784.*

↑ **26.** François-René Moreau. *Proclamação da Independência*. 1844.

7 SET ■ ÀS MARGENS DO IPIRANGA

Em reação a resoluções das Cortes que determinavam seu regresso a Portugal, à nomeação de ministros e secretários de governo e à abertura de processo contra os que estiveram à frente do movimento a favor do "Fico", dom Pedro proclamava a independência do Brasil às margens do riacho Ipiranga. A data só foi oficialmente reconhecida quase um ano depois. ¶ O "7 de Setembro" foi uma construção das classes dirigentes no século XIX, que a estabeleceram como um mito de fundação da nação. Poderia ter sido qualquer outra, mas escolheram essa data, a reação do príncipe às notícias vindas de Lisboa, quando de sua viagem a São Paulo, que teria gritado "independência ou morte" às margens do rio Ipiranga, como ficou imortalizado na tela de Pedro Américo, de 1888. Esse mito de fundação nos legou a imagem de um português como herói nacional. Mas uma nação era algo que estava longe de existir naquela ocasião. Mesmo a nação que se ergueu ao longo do século XIX sob o Estado monárquico era uma comunidade de poucos, da elite branca, herdeira dos portugueses colonizadores. A "nação brasileira", obra sobretudo dos escritores românticos do século XIX, não reconhecia a cidadania de grandes parcelas da população, dos povos originários e africanos e afrodescendentes escravizados, índios e pretos. ¶ Porém, da perspectiva da história política, o 7 de Setembro foi assumido como ponto de ruptura entre portugueses de Portugal e portugueses do Brasil, a data oficial de nascimento de um novo país. Naqueles dias, cooptado pelas elites do Centro-Sul, o príncipe regente dom Pedro radicalizou a opção que já havia assumido desde o "Fico". Seduzido pelas campanhas populares que pediam sua permanência, testemunhadas em suas viagens a São Paulo e Minas Gerais, dom Pedro decidiu permanecer no Brasil. Dali em diante, a marcha dos acontecimentos atropelou sua vontade pessoal. Embora sem a adesão das províncias do Norte, dom Pedro comprometia-se com a "causa brasileira". Talvez nem

MITO

O conceito de "mito" tem várias acepções. Aqui, refere-se à narrativa ou relato de teor simbólico sobre fatos, personagens (de caráter genial) e tempos investidos de significado heroico pelos pósteros, que se usa para a construção de comunidades imaginadas, como as nações inventadas no século XIX.

↑ **27.** Pedro Américo. *Independência ou morte.* 1888. → **28.** Jean-Louis-Ernest Meissonier. *Napoleão III na Batalha de Solferino.* 1863.

desejasse mesmo a separação, mas abraçou a independência, que fez em nome das instituições liberais e da tradição monárquica, assegurando a unidade do país. Assim distinguia-se o processo emancipatório na América portuguesa do da América espanhola, fragmentada em inúmeros países independentes que adotaram o regime republicano. ¶ Sob a orientação de José Bonifácio de Andrada e Silva, dom Pedro começou a agir. Tomou medidas que anteciparam os rumos da independência. Convocou eleições para a formação de um Conselho de Estado. Gonçalves Ledo e seu grupo consideraram insuficiente o caráter consultivo de que se investiu o órgão, defendendo que fosse deliberativo e legislativo. Nasceu dessa facção a ideia de convocar uma Assembleia Constituinte, que sofreu franca oposição de setores conservadores encabeçados pelos irmãos Andrada. Dispondo da máquina governamental, a facção andradina abusou da repressão e da violência para conter o avanço dos opositores. Entre as maiores conquistas dos liberais destacaram-se a concessão a dom Pedro do título de Defensor Perpétuo do Brasil, a convocação da Assembleia Constituinte e a aclamação do príncipe, em 12 de outubro de 1822. ¶

1822

A esperança de manterem-se unidas as duas coroas, de Portugal e Brasil, ainda que se respeitando as autonomias administrativas, perdurou até as vésperas da proclamação formal da Independência. Mas não havia meios de isso se concretizar. ¶ Sob o carisma de dom Pedro, reuniram-se facções políticas as mais diversas (monarquistas absolutistas, constitucionais e até republicanos), mas mesmo a convocação da Assembleia Constituinte, em junho de 1822, não era ainda uma declaração de independência. Bonifácio foi refratário à Constituinte, pois defendia um governo aristocrático de nobres e sábios. Seus atritos com o grupo de Ledo tornaram-se cada vez mais contundentes. Apesar de convocadas eleições gerais, logo se mostraria o caráter elitista que as inspirava, com o impedimento do voto à maioria esmagadora da população. ¶ Em meio à confusão de informações que chegavam a Portugal, as Cortes passaram a tomar medidas extremadas. Reduziram a autoridade do príncipe e mandaram processar quem se colocasse contra a política de Lisboa. Tal reação acabou gerando o 7 de Setembro.

↓ **29.** Georgina de Albuquerque. *Sessão do Conselho de Ministros*. 1922.

O 7 de Setembro foi elevado pelos ideólogos do Império do Brasil à data de fundação da nação, e dom Pedro I alçado a herói dessas façanhas. As representações do "brado do Ipiranga" constituem-se de e compõem narrativas épicas, de um herói viril escoltado por uma legião de "dragões" da sua guarda, todos ricamente fardados e servidos de belas montarias. A rigor, são muito poucos os relatos de testemunhas oculares do evento. Uma delas, do coronel Antônio Leite Pereira da Gama Lobo, membro do governo provisório e partidário da facção Andradina designado por José Bonifácio para escoltar dom Pedro na jornada a Santos como primeiro comandante da Guarda de Honra, assim relata as primeiras horas da data que se tornaria cívica:

> *Não partimos pela madrugada, mas saímos cedo. Montava d. Pedro uma possante besta gateada, sendo menos verdadeira a notícia, mais tarde dada pelos jornais, de que vinha em ardoroso cavalo de raça mineira. Trazia a seu lado o padre Belchior Pinheiro, com quem mantinha animada conversação. Já havíamos subido a serra quando d. Pedro se queixou de ligeiras cólicas intestinais, precisando por isso apear-se, para empregar os meios naturais de aliviar seus sofrimentos. Observou-nos, então, que seria melhor a guarda seguir adiante e esperá-lo na estrada de São Paulo, se antes não fôssemos por ele alcançados. Chegado ao Ipiranga, sem que ninguém aparecesse, fiz parar a guarda junto a uma casinhola, que ficava à beira da estrada, à margem daquele riacho. [...] Pouco tempo, porém, se tinha decorrido, quando vimos chegar, dirigindo-se para o nosso lado, dois viajantes, que logo reconhecemos serem pessoas de consideração. Eram Paulo Bregaro, oficial da Secretaria do Supremo Tribunal Militar, e o major Antônio Ramos Cordeiro, que, a mandado de José Bonifácio, vinham do Rio de Janeiro apressadamente, procurando d. Pedro, para lhe fazerem entrega de papéis de muita circunstância, que o governo lhe enviava. Não podia esse encontro deixar de impressionar a todos, curiosos por sabermos do que era que se tratava. [...] Poucos minutos poderiam ter-se passado depois da retirada dos referidos viajantes, e eis que

percebemos que o guarda que estava de vigia vinha apressadamente em direção ao ponto em que nos achávamos. Compreendi o que aquilo queria dizer, e imediatamente mandei formar a guarda para receber d. Pedro, que devia entrar na cidade entre duas alas. Mas tão apressado vinha o príncipe, que chegou antes que alguns soldados tivessem tido tempo de alcançar as selas. ¶ Havia de ser quatro horas da tarde, mais ou menos. Vinha o príncipe na frente. Vendo-o voltar-se para o nosso lado, saímos a seu encontro. Diante da guarda, que descrevia um semicírculo, estacou seu animal e, de espada desembainhada, bradou: "Amigos! Estão para sempre quebrados os laços que nos ligavam ao governo português! E nos topes que nos indicam como súditos daquela nação, convido-vos a fazerdes assim". E, arrancando do chapéu que ali trazia a fita azul e branca, a arrojou no chão, sendo nisso acompanhado por toda a guarda, que, tirando dos braços o mesmo distintivo, lhe deu igual destino. "E viva o Brasil livre e independente!". Gritou d. Pedro. Ao que, desembainhando também nossas espadas, respondemos: "Viva o Brasil livre e independente! Viva d. Pedro seu defensor perpétuo!". E bradou ainda o príncipe: "Será nossa divisa de ora em diante 'Independência ou morte!'". Por nossa parte, e com o mais vivo entusiasmo, repetimos: "Independência ou morte!" [...] ¶ E terminava o velho coronel [Gama Lobo], já então barão de Pindamonhangaba, essa sua narrativa, lamentando não possuir dom Pedro as qualidades de estadista e exclamando: "Foi um herói aquele dom Pedro!" (ROMEIRO, 1914, p. 1505-1506).

■ **SOBRE COMEMORAÇÕES** Quando do primeiro Centenário da Independência do Brasil foi a mesma catarse comemorativa. Entre inúmeras atividades culturais, o Brasil realizou a exposição internacional de 1922, inaugurada em 7 de setembro no Rio de Janeiro, sendo expositores treze países de três diferentes continentes. O presidente Epitácio Pessoa teve toda a sensibilidade para perceber o potencial político das efemérides do Centenário e fez delas o carro-chefe da propaganda de seu mandato. As celebrações mobilizaram o país e podem ser consideradas o primeiro grande *boom* memorial e patrimonial do Brasil. Com pompa e circunstância, em 1921 os restos mortais de Pedro II e da imperatriz Thereza Christina foram trasladados de volta a terras brasileiras. Estátuas de Osório, Caxias, Mauá e Pedro II foram inauguradas.

‟ **O CENTENÁRIO** Para comemorar o 1º Centenário da Independência política do Brasil houve muito quem pensasse numa Exposição Nacional; depois numa Continental Americana; não sei como prevaleceu, em 1921, a ideia de uma Exposição Universal. * ¶ No dia 7 de setembro de 1922, sobre o aterro de Santa Luzia, onde fora a avenida Wilson, estava lançada, realmente, a avenida das Nações. Na área que fora do antigo Arsenal de Guerra avultavam palácios de grandiosa arquitetura, composição graciosa de artistas nacionais. Procedeu-se oficialmente à inauguração da Exposição, havendo, apenas prontos, acabados na véspera, o 'Palácio das Festas', e os pavilhões da Bélgica, Dinamarca, Inglaterra, França,

↑ **30.** Augusto Malta. Vista parcial da Exposição Internacional do Centenário da Independência do Brasil. 1922.
→ **31.** Centenário da Independência do Brasil – Exposição Nacional – De 7 de setembro a 15 de novembro de 1922 – 1822-1922 – Selo Comemorativo de 300 réis. 1922. ↓ **32.** Exposição Internacional do Centenário da Independência. Pavilhões do Brasil. 1922.

Japão, e Grandes Indústrias Nacionais. Estavam por acabar, a meio construídos ou apenas esboçados, o Pavilhão dos Estados, o das Pequenas Indústrias e o da Estatística (nacionais), e os pavilhões do México, dos Estados Unidos da América do Norte, da Argentina, de Portugal, da Suécia, da Noruega, da Itália e da Tchecoslováquia. * ¶ Às 16 horas foi solenemente inaugurada a Exposição. Era a terceira grande solenidade comemorativa. […] * ¶ À noite houve espetáculo suntuoso no Teatro Municipal, com uma assistência brilhantíssima de convidados do sr. presidente da República, sendo cantada a ópera *Il Guarany*, inspirada composição do maestro brasileiro Antônio Carlos Gomes (ROSA, 1924, p. 179 ss).

O PASSADO É PRESENTE O regime de exceção democrática sob tutela civil-militar (1964-1985) entendeu a importância e usou muito bem, a seu favor, as comemorações dos 150 anos da Independência brasileira (1972), as ditas "festas dos sesquicentenário". No momento de maior repressão política, com mortes clandestinas e exílios perpetrados pela ditadura, o presidente general Emílio Médici criou uma comissão nacional para cuidar das celebrações, que começaram inicialmente em 21 de abril de 1972, dia de Tiradentes. O governo militar encetou um conjunto de ações no sentido de reforçar o ufanismo nacionalista, patrioteiro, com a exaltação de supostos "heróis" nacionais. Entre eles, reforçou-se o mito de dom Pedro I (um português) como protagonista da Independência. Em consórcio com a ditadura salazarista vigente em Portugal, tratou-se da transferência dos restos mortais de dom Pedro de Portugal para o Brasil. Aqui, os despojos foram levados a inúmeras cidades, como ponto alto de paradas e desfiles nos quais se reforçavam as bases ideológicas do regime. Lugares de memória como monumentos foram erigidos e moedas, cunhadas. "Campanhas cívicas" com lemas como "Eu te amo, meu Brasil" e "Brasil: ame-o ou deixe-o!", estruturadas com forte aparato audiovisual, foram intensamente veiculadas nas mais diversas mídias, usadas para fazer apologia do regime inaugurado pelo golpe militar batizado de "Revolução de 1964", do "milagre econômico", dos "anos de ouro" supostamente alavancados por ele e para promover apagamentos e silenciamentos. Em 2020, causou forte reação da sociedade civil e movimentos de direitos humanos o fato de o presidente da República haver determinado ao Ministério da Defesa realizar a 31 de março as "comemorações devidas" à "revolução de 1964".

← **33.** O corpo do imperador morto é transportado sobre um tanque de guerra, ao longo do Parque do Flamengo, no Rio de Janeiro em 1972. *Manchete*, 6 maio 1972, p. 7.

A ditadura foi combatida com todas as armas disponíveis, mas as que mais incomodavam os ditadores militares eram a poesia e o humor. O *slogan* autoritário "Brasil: ame-o ou deixe-o" (assim, no imperativo), no contexto de forte censura, foi contestado com criatividade por artistas e intelectuais, como na lírica de Gilberto Gil "Ame-o e deixe-o livre para amar". É folclórico o caso da prisão do jornalista Jaguar e da turma do *Pasquim*, pela icônica charge na qual ele colocou um balão de fala para D. Pedro no famoso quadro de Pedro Américo, onde o príncipe bradava "Eu quero mocotó!". O relato é do próprio Jaguar (BIBLIOTECA NACIONAL DIGITAL, s.d.)
¶ *O negócio é o seguinte: eu fiz uma montagem com o quadro Independência ou Morte do Pedro Américo, coloquei um balão onde o Dom Pedro gritava "Eu quero é mocotó" de uma famosa música na época, do Erlon Chaves, e foi um deus-nos-acuda! Eu tava viajando, tinha alugado uma casa de pescador lá em Arraial do Cabo. Quando voltei, me aconselharam. "Jaguar, se esconde, estão prendendo todo mundo". Aí eu falei, "e agora?" [...] Liguei pro Sérgio Cabral [o pai, naturalmente], que também estava escondido e falei assim: "Sérgio, o que você acha?". "Vamos lá", respondeu. E o Flávio Rangel, que não estava sendo procurado por nada, gritou: "Eu também vou!". [...] Chegando na porta da Vila Militar eu mandei o táxi parar. E o Sérgio Cabral pra mim: "O que foi, mudou de ideia?". "Não, mas vamos pro boteco mais próximo!". Tomei meia garrafa de cachaça, depois voltei e me entreguei. Cheguei e pedi para falar com um oficial. "Eu sou o Jaguar, estou sendo procurado...". "Ah, é? Prendam esse cara aí!". E ficamos lá por mais de dois meses...*

↑ **34.** Debret. *Aclamação de Dom Pedro I no Campo de Santana*. [c. 1834-1839].

12 OUT ▪ DOM PEDRO É PROCLAMADO IMPERADOR DO BRASIL

Retornando à corte de viagem feita à província de São Paulo, onde foi consolidar alianças, dom Pedro I é proclamado imperador constitucional do Brasil (título sugerido por Domingos Alves Branco, em sessão da loja maçônica Grande Oriente) no Campo de Santana. O efeito ficou marcado na memória da população fluminense. Em 1º de dezembro foi consagrado e coroado imperador do Brasil. Debret registrou em desenho a aclamação:

> **ACLAMAÇÃO DE DOM PEDRO I IMPERADOR DO BRASIL NO CAMPO DE SANTANA NO RIO DE JANEIRO** [...] Utilizou-se, para celebrar o ato da aclamação, o Palacete, favoravelmente situado no centro do vasto Campo de Santana e que servira anteriormente de camarote para que a Corte apreciasse os fogos de artifício por ocasião das festas da coroação do rei. [...] ¶ O desenho representa o momento em que, após haver d. Pedro aceito o título de imperador, o presidente do Senado da Câmara Municipal ergue o primeiro viva, a que responde a tropa com salvas de mosquetões e de artilharia. ¶ A primeira fila, junto ao balcão, é ocupada no centro pelo imperador; à esquerda encontra-se o presidente do senado da Câmara (José Clemente Pereira), segurando ainda na mão o ato que acaba de ler e dando com o seu lenço o sinal de último viva; a seu lado o procurador da mesma corporação,

↑ **35.** Debret. *Coroação de Dom Pedro, Imperador do Brasil*. 1839.

porta-estandarte, saúda com a nova bandeira ornada com as armas do Império. À direita do imperador, e um pouco para trás, encontra-se a imperatriz; ao lado dela o capitão da guarda, segurando nos braços, para mostrá-la ao povo, a jovem alteza imperial d. Maria da Glória. ¶ Na segunda fila, formada pelos ministros, vemos, logo atrás do imperador e perto da porta do centro, José Bonifácio, ministro do Interior; à sua esquerda seu irmão Martim Francisco, ministro das Finanças, e à sua direita o ministro da Guerra. ¶ As autoridades civis e militares apinham-se dentro do palácio e de todos os lados camareiros distribuem profusamente a resposta impressa do imperador. ¶ Vê-se no fundo parte do povo reunido junto ao terraço do Palacete e cercado por um cordão de tropas. Através da fumaça da salva militar distingue-se bom trecho da parte superior do museu de história natural, coroado pelo morro dos Sinais fechando o horizonte (DEBRET, 1989, v. 3, p. 255).

↑ **36.** Félix-Émile Taunay. *Acclamação de S.M.O Snr. D. Pedro I imperador Cal. do Brasil*. 1822.

8 NOV ■ BATALHA DO PIRAJÁ

Desde fevereiro de 1822, quando ocorreram os primeiros confrontos entre forças militares portuguesas e baianas, até a entrada do Exército Pacificador em julho de 1823, entre cercos, escaramuças e armistícios, fato é que a Bahia se tornou um grande campo de batalha. Entre junho e julho de 1822, dom Pedro foi aclamado regente pelas vilas do Recôncavo. Os grandes senhores de engenho organizaram tropas armadas para sitiar a cidade de Salvador, embora soubessem que expulsar as tropas portuguesas, comandadas por Luiz Inácio Madeira de Melo, seria uma missão impossível. O general Pierre Labatut, que havia atuado nas guerras napoleônicas na Península Ibérica entre 1807 e 1814 e lutado ao lado de Simon Bolívar nas guerras de independência na América Latina, foi contratado por dom Pedro I para combater os focos de resistência à independência que ardiam Brasil afora. Em Salvador, somou forças com a brigada do major José de Barros Falcão de Lacerda, composta de 1.300 soldados vindos de Pernambuco, Bahia e Rio de Janeiro, conseguindo repelir três ataques portugueses. Oitenta pessoas morreram e dezenas de outras ficaram feridas. As tropas legalistas não tinham força de tomar a cidade, mas conseguiram organizar um bloqueio por mar e por terra para cortar o fornecimento de víveres, que acabou enfraquecendo os portugueses sitiados. ¶ Considerada um dos eventos decisivos da guerra pela Independência da Bahia, a batalha entre o Exército Pacificador e as forças portuguesas, com destaque para a Legião Constitucional, foi deflagrada na madrugada do dia 8 de novembro de 1822, quando 250 soldados portugueses desembarcaram em Itacaranha e atacaram a vizinhança do Engenho do Cabrito, enquanto outro grupo avançava por terra até Pirajá. Envolvendo 4 mil combatentes, a batalha durou oito horas e foi vencida pelos baianos. Nela, dois personagens tornaram-se legendários: o mercenário francês general Pierre Labatut, contratado por dom Pedro I para atuar militarmente na independência do Brasil. E Maria Quitéria!

← **37.** Domenico Failutti. *Dona Maria Quitéria de Jesus Medeiros*. 1820.

> Com efeito, constava no exército que o general Madeira tratava de rebelar a escravatura do Recôncavo, para melhor obstar ao rápido andamento da causa brasílica, e alguns dados conspiravam a dar importância a uma tal notícia. Já por mais algumas vezes diferentes pontos da brigada do norte haviam sido acometidos e hostilizados por partidas de escravos, e a continuação de tais excessos deu ocasião à ordem do dia 12 do sobredito mês [de novembro], pela qual determinou o general Labatut que seriam irremissivelmente punidos com a morte quaisquer escravos que fossem capturados praticando essas hostilidades, medida esta que não tardou a verificar-se: no dia 19 do mesmo mês um grupo de mais de 200 africanos, escravos de diversos engenhos, saíram dos lugares conhecidos por Mata-escura e Saboeiro, nas imediações de Pirajá, armados e com bandeira, e com o mais notável arrojo passaram a acometer a força que defendia os pontos dessa paragem, pela qual, depois de uma opiniativa [sic] resistência, foram presos 50 homens e 20 mulheres dos mesmos insurgidos, sendo os primeiros fuzilados no dia 21 e os segundos rigorosamente castigados com açoites (SILVA, 1826, t. II, p. 178 ss).

Maria Quitéria de Jesus foi a primeira mulher a assentar praça nas tropas do Exército brasileiro, tendo combatido nas guerras da Independência. Tornou-se patrona do Quadro Complementar de Oficiais do Exército e foi incluída em 2018 no *Livro dos heróis e heroínas da pátria* do Senado Federal. Sua história é inspiradora.

> **MARIA QUITÉRIA – "MARIA DE MEDEIROS"** Não se limitaram as senhoras baianas à simples manifestação de seus patrióticos sentimentos. Algumas dentre elas se distinguiram além do que se devia esperar de seu sexo: empunharam as armas, voaram ao campo da batalha! [...] Entre estas corajosas mulheres, de almas varonis, de corações guerreiros, tornou-se célebre dona Maria [Quitéria] de Medeiros. ¶ Tranquilo e indiferente à causa, que se pleiteava, achava-se no seu sítio do rio do Peixe, não longe da então vila da Cachoeira, o colono português Gonçalo de Medeiros, que vivia da criação de gado e cultura de algodão, quando um desses emissários veio bater-lhe à porta. Recebeu-o Gonçalo de Medeiros com aquela hospitalidade brasileira, que tanto admiram os estrangeiros; apresentou-o à sua família, levou-o para sua mesa e ofereceu-lhe o seu jantar. ¶ Sentou-se à mesa com o seu hóspede, tendo a seu lado a sua esposa e seus filhos, bem como dona Maria de Medeiros, filha de sua primeira mulher, que era uma senhora portuguesa. Rolou a conversa sobre os recentes acontecimentos, e sobre o que mais havia de interessante para se falar? O emissário demonstrou com as mais vivas cores o progresso e riqueza desta terra, que primeiro se chamou da Cruz, como um dos mais belos países do mundo, e quais seriam os benefícios, que resultariam para o seu engrandecimento e progresso, se se tornasse independente, formando com todas as suas províncias um dos maiores impérios. Expôs a degradante condição, a que o reino português queria de novo reduzir o Brasil, tornando-o simples colônia, para fazê-lo voltar à opressiva e humilhante tirania, que tanto impedira a sua marcha na senda da prosperidade e da civilização. Narrou com entusiasmo e eloquência a proclamação da emancipação política, que sem derramamento de

sangue triunfava nas provindas do Sul, narrando os longos serviços e mostrando a gloria de dom Pedro I, como fundador da monarquia americana, e exaltando as virtudes da jovem imperatriz, acabou por apelar para o amor da pátria e generosidade de seu hóspede. ¶ As palavras, como mágicas expressões, acendem o entusiasmo no coração da jovem baiana, dona Maria de Medeiros. O colono porém, que se mostrara frio, insensível e indiferente, respondeu que estava velho, e que portanto não podia ir reunir-se ao exército; que não tinha filho algum que pudesse dar em seu lugar, e que um ou outro escravo dentre vinte e tantos que possuía que mandasse para as fileiras dos independentes nenhum interesse teria em pelejar pela liberdade de um país que não era o seu, e terminou ajuntando que aguardaria com paciência o resultado da guerra, e seria súdito pacífico do vencedor. ¶ — É verdade que não tendes um filho, meu pai, lhe disse Maria, mas lembrai-vos que as baianas do Recôncavo manejam as armas de fogo, e o exercício da caça não é mais nobre do que a causa da pátria. Tenho o coração abrasado; deixai-me ir disfarçada empunhar as armas em tão justa guerra. ¶ — As mulheres, respondeu o velho, fiam, tecem e bordam, e não vão à guerra. ¶ Maria de Medeiros calou-se, suspirando tristemente; o emissário, admirando o contraste que se dera entre o pai e a filha, louvou tanto patriotismo, elogiou tão nobre empenho e retirou-se. ¶ A jovem dirigiu-se furtivamente à casa de sua irmã casada, que morava a pouca distância. As palavras do emissário ainda lhe retiniam nos ouvidos, e pois, com os olhos brilhantes de entusiasmo, relatou tudo a sua irmã, e terminou dizendo que desejava ser homem, para poder ir reunir-se a seus compatriotas. ¶ — Pois eu, respondeu a irmã, a não ser casada e ter filhos, era bastante ouvir metade do que me contas para ir alistar-me nas fileiras do imperador. ¶ Esta linguagem determinou o ânimo da jovem Maria, fazendo-a se decidir pela ideia, que a dominava; pediu à irmã alguma roupa de seu cunhado para seu próprio uso e retirou-se. No dia seguinte Maria de Medeiros seguia de longe, sem ser vista, a seu pai, que se dirigia à vila da Cachoeira a vender seus algodões; aproveitava-se assim da sua companhia, sem que ele o soubesse, para que o seu socorro lhe fosse útil no caso de necessidade. Ao avistar a vila da Cachoeira, fez alto, apartou-se da estrada, perdeu-se de seu pai, vestiu os trajos varonis que levava e entrou na povoação: daí a dois dias um soldado fazia a guarda do quartel do regimento de artilharia. ¶ Era ela! ¶ Conheceu, porém, que o serviço lhe pesava por demasiadamente impróprio à debilidade de seu corpo, à delicadeza de seu sexo, e passou-se para o batalhão de caçadores, denominado dos voluntários do príncipe dom Pedro, organizado sob o comando do bravo maior José António da Silva Castro. Já então era conhecido o seu disfarce. Traiu-a o próprio pai quando, sabendo de seus desígnios, dirigiu-se ao quartel para reclamá-la; já era tarde; tinha prestado o juramento solene ante o altar da pátria, que reclamava o concurso de seus filhos, repetindo o brado sagrado do Ipiranga. ¶ As fileiras do exército da independência não tiveram simplesmente um defensor. Dona Maria de Medeiros mostrou-se guerreira corajosa e distinguiu-se por seus feitos de armas. Quando os inimigos tentaram de

novo apoderar-se de Itaparica e outros muitos pontos da costa, ela achou-se à frente de muitas senhoras baianas e guiou-as à vitória. [...] ¶ Pacificada a Bahia, embarcou-se dona Maria de Medeiros e veio trazer a dom Pedro I a nova da feliz restauração. O imperador, que amava os bravos, que se entusiasmava com a glória das armas, tomando uma insígnia de cavaleiro da sua imperial ordem do Cruzeiro, colocou-lhe no peito com a própria mão, dirigindo-lhe estas simples, mas sinceras palavras, que tanto a sensibilizaram: — 'Concedo-vos a permissão de usar esta insígnia como um distintivo, que assinale os serviços militares, que com denodo raro entre as mais do vosso sexo prestastes à causa da independência do império na porfiosa restauração da Bahia.' [...] (SILVA, 1862, p. 209-216).

A aia de D. Leopoldina deixou sensível relato de seu encontro com Maria Quitéria (GRAHAM, 1990, p. 329-360):

29 de agosto [1823]. — Recebi hoje uma visita de d. Maria [Quitéria] de Jesus, jovem que se distinguiu ultimamente na guerra do Recôncavo. Sua vestimenta é a de um soldado de um dos batalhões do imperador, com a adição de um saiote escocês, que ela me disse ter adotado da pintura de um escocês, como um uniforme militar mais feminino. Que diriam a respeito os Gordons e os Mac Donalds? O traje dos velhos celtas, considerado um atrativo feminino?! – Seu pai é um português [na verdade, era baiano!], chamado Gonçalves de Almeida, e possui uma fazenda no rio do Pex [Peixe], na paróquia de S. José [de Itapororocas], no Sertão, cerca de 40 léguas para o interior de Cachoeira. Sua mãe era também portuguesa; contudo as feições da jovem, especialmente os olhos e a testa, apresentam os mais acentuados traços dos índios. [...] ¶ Ela é iletrada, mas inteligente. Sua compreensão é rápida e sua percepção aguda. Penso que, com educação, ela poderia ser uma pessoa notável. Não é particularmente masculina na aparência; seus modos são delicados e alegres. Não contraiu nada de rude ou vulgar na vida do campo e creio que nenhuma imputação se consubstanciou contra sua modéstia. Uma coisa é certa: seu sexo nunca foi sabido até que seu pai requereu a seu oficial comandante que a procurasse. ¶ Não há nada de muito peculiar em suas maneiras à mesa, exceto que ela come farinha com ovos ao almoço e peixe ao jantar, em vez de pão, e fuma charuto após cada refeição, mas é muito sóbria. [...] ¶ *24 [de setembro de 1823]*. — Tendo recebido, agora, o retrato que o sr. Earle, talentoso jovem artista inglês, pintou da senhora alferes Dona Maria de Jesus, tomei-o para mostrar a seu amigo e protetor José Bonifácio de Andrada e Silva.

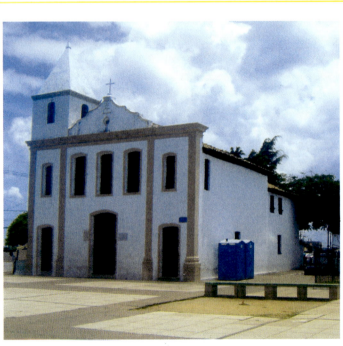

← **38.** Igreja de São Bartolomeu de Pirajá, Salvador.

1822

↑ **39.** Frans Post. *Engenho.* Século XVII.
→ **40.** Jules Marie Vincent de Sinety. *Bahia.* 1838.

1822

13 DEZ ■ TENTATIVA DE LEVANTE ESCRAVO EM CEDRO, MUNICÍPIO DE CACHOEIRA

As revoltas escravas se espalhavam pelo interior do país, colocando as elites em pânico. Não sabiam como lidar com elas, como atesta a correspondência, datada da Bahia e 13 e 15 de abril de 1822, de Maria Bárbara ao marido, Luís Paulino d'Oliveira Pinto da França, deputado pela província da Bahia nas Cortes de Lisboa (apud *Cartas baianas*, 1980, p. 35, 36, 38).

Por estas e outras, a Bahia está com ele [general Madeira de Melo, governador de armas que comandou as tropas portuguesas assediadas em Salvador] descontente: pois só são verdades para ele o que dizem os praístas. Eu não nego que a mulatada seja infame. É; pois são soberbos, mas, como temos boas leis, demos-lhes quem os escute e castigue. Já saberás que a crioulada da Cachoeira fez requerimentos para serem livres. Estão tolos, mas a chicote tratam-se! Aviso-te mais: que, em nome dos cativos daqui, há aí quem meta às Cortes requerimentos. Estão tolos, mas a chicote tratam-se! [...] A Bahia precisa, apesar de ser sumamente boa, que a tenham muito em vista para que não suceda como dizem sucede agora em Pernambuco, onde pretos e pardos (corja do diabo!) apedrejam e dão cacetada em todo lojista. Esta sorte decerto acontecerá à Bahia, logo que não tenha tropa, pois a gente baixa daqui está com a Praia numa desesperação, e os nobres o mesmo, pois na realidade os maus homens daí (como os há em toda a parte) têm por todos os modos calcado as pessoas do país. Tu bem sabes que eu sou imparcial e, como tu, amo o que for de justiça. ¶ [Ao tentar convencer o príncipe de seus argumentos] Pode-se não apenas fazer valer junto a estas pessoas [de poder e influência na corte] as mesmas razões expostas aqui, com nuances que os interessa mais diretamente, mas deve-se igualmente demonstrar-lhes as desgraças a que certamente se expõem as pessoas brancas, principalmente os brasileiros brancos, não se opondo à perseguição e aos massacres que sofrem os portugueses europeus, pois embora havendo no Brasil aparentemente só dois partidos, existe também um terceiro: o partido dos negros e das pessoas de cor, que é o mais perigoso, pois trata-se do mais forte numericamente falando. Tal partido vê com prazer e com esperanças criminosas as dissensões existentes entre os brancos, os quais dia a dia têm seu número reduzido. ¶ Aperçu. *Autor anônimo (provavelmente espião francês. c. 1823)* (MOTA, 1972, p. 482).

→ **41.** Charles Landseer. *Escravo segurando tocha.* [c. 1825-1826].

1822

E a hi conti

Quando e como deveria se encerrar um almanaque do Brasil dos tempos da Independência? O que sobreviveu do Brasil desses tempos? Essas perguntas aparentemente ingênuas fomentam muitas respostas. A independência do Brasil não se concluiu no 7 de Setembro, nem em 1822. Dali em diante o país pegou fogo. Até o golpe da antecipação da maioridade de dom Pedro II aos 14 anos de idade, que pôs fim ao período regencial em 1840, o território esteve por um fio de se

esfacelar. Revoluções, revoltas, sedições e conjuras pipocaram no Brasil ainda no reinado de dom Pedro I e durante o período regencial. O povo se levantou em armas por todo lado. O projeto de unificação da nação dos grandes proprietários rurais e traficantes do Centro-Sul do país só se tornaria hegemônico por volta da metade do século, quando a monarquia consagrou o regime da propriedade da terra nas mãos dos latifundiários, com a Lei de Terras de 1850, e cooptou as elites regionais de Norte a Sul. ¶ Na década de 1820, os tempos e distâncias eram muito mais dilatados. Mas as florestas foram aceleradamente sendo tombadas para a entrada do café, cujos preços explodiam no mercado internacional. Os povos indígenas continuaram marginalizados, nem aceitos na sociedade dos brancos, nem respeitados em suas próprias terras, que continuam a ser invadidas até hoje. Apesar da pressão internacional, de abolicionistas e do movimento negro, a escravidão, que foi a base econômica da monarquia e o princípio organizador da Independência, se estendeu por quase todo o século XIX. Quando foi finalmente abolida, em 1888, o regime monárquico ruiu como um castelo de cartas no ano seguinte. A exclusão dos afrodescendentes à cidadania plena no pós-abolição está na origem das maiores mazelas do país hoje, como a desigualdade social e o racismo estrutural. ¶ Então um modo instigante de finalizar este almanaque é mostrando que os tempos da Independência, que recuam a muito antes, também vão bem além de 1822, muitos de seus impasses tendo repercussão até no nosso tempo presente, como vimos. A seguir, para encerrar, jogo alguma luz em eventos que se sucederam nos dois anos imediatos à proclamação da Independência. Mas esse tempo também não para. ¶ Contra a ideia da separação pacífica, a história da "adesão" da Bahia e do Pará desvela a violência dos movimentos, que muitos historiadores consideram uma verdadeira guerra civil. A narrativa dos cercos e martírios na Bahia foi em parte lembrada aqui. Mas outras regiões viveram momentos igualmente brutais das guerras de independência. Um dos episódios mais infames foi a chamada "tragédia do brigue Palhaço", em Belém do Pará, no violento processo de adesão do Pará à independência imposta pelo Rio de Janeiro.

> **"** Na noite do dia 16 de outubro de 1823, um grupo de soldados do 2º Regimento de Artilharia de Belém do Pará, juntamente com gente do povo, continuou uma série de ataques a estabelecimentos comerciais portugueses, iniciados na noite anterior. Os praças encarregados da guarda ficaram impedidos de estabelecer a ordem, tendo que recorrer à força naval vinda da Corte, sob o comando de John Pascoe Grenfell (1800-1869), que estava em Belém para impor a 'adesão' do Pará ao novo Império do Brasil. Grenfell determinou, já alta noite, o desembarque de tropas, reforçadas por elementos dos navios mercantes, que detiveram todas as pessoas encontradas pelas ruas e casas suspeitas e denunciadas. No dia 17 foram fuzilados cinco indivíduos. Os soldados, inclusive os cidadãos detidos na noite anterior, em número de 256, foram recolhidos à cadeia pública até o dia 20, quando foram transferidos para bordo de um brigue, denominado *São José Diligente*, depois *Palhaço*, sob o comando do primeiro-tenente Joaquim Lúcio de Araújo. ¶ Os presos foram confinados no porão da embarcação, num pequeno espaço de 30 palmos de comprimento, 20 de largura e 12 de altura, com as escotilhas fechadas e apenas uma pequena fresta aberta para a entrada do ar. Gritos, reclamações, súplicas e ameaças foram ouvidos durante a noite. Da narrativa dos sobreviventes, depreende-se que, tendo sido lançada água do rio aos prisioneiros numa tina existente no porão, agravou-se o tumulto. A guarnição, decidida a acalmar os ânimos, disparou alguns tiros para o interior do porão, onde se espalhou grande quantidade de cal, fechando a abertura do porão. No dia seguinte, às sete horas da manhã, aberto o porão do navio na presença de seu comandante, contaram-se 252 corpos, com sinais de longa agonia. Apenas quatro sobreviventes foram resgatados, dos quais, no dia seguinte, apenas um, por alcunha João Tapuia, resistiu. Grenfell não assumiu a culpa pelo incidente, argumentando que o ataque não fora executado sob suas ordens (FIGUEIREDO, 2009, p. 176).

Um único preso, de nome Fernando e idade de vinte anos, sobreviveu ao massacre, deixando esta narração (SOUZA, 1997, p. 203-205).

→ **01.** Franz Xaver Nachtmann. *S. Maria de Belem do Gram Pará.* [c. 1823-1831]. ↓ **02.** Giuseppe Leone Righini. *Vista panorâmica da baía de Belém.* 1870.

No dia 20, bem cedo, nos levaram para o brigue **Diligente**. Jogam-nos no porão, sem nada, sequer um pote d'água. [...] Quando amanheceu, os presos foram transferidos para o brigue **Palhaço** [...] era comandado pelo tenente Joaquim Lúcio de Araújo, um homem frio, que se considerava um militar exemplar, cumpridor das ordens. [...] O calor, a falta de ar, os corpos prensados uns contra os outros, que lhes impediam os mínimos movimentos, provocaram terror e pânico. [...] com menos de duas horas, os presos gemiam e gritavam desesperadamente. [...] às gargalhadas, os marujos apanharam água suja do rio, urinaram e defecaram numa grande tina, que fizeram descer até o porão. Os presos não se importaram, era água, e se atiraram alucinados, pisando e esmagando os mais enfraquecidos. [...] Os marujos despejaram vários sacos de cal sobre os presos. [...] aos poucos foi caindo o silêncio no brigue **Palhaço**.

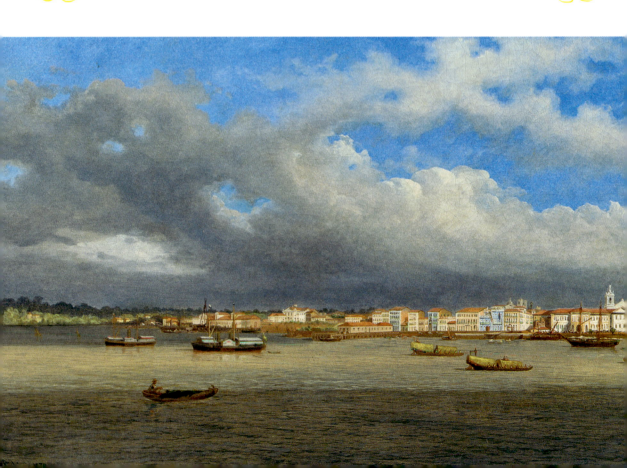

03. Felipe Augusto Fidanza. Reduto (Belém-PA). 1875. ← **04.** Anônimo. Antigo Igarapé das Almas, no Reduto Antigo (Belém), início do século XX.

E a história continua...

As negociatas corriam soltas e a monarquia de dom Pedro foi comprando a legitimidade de sua liderança à frente do novo país. Mas seus impulsos autoritários não demoraram a se manifestar. Depois da Independência e da coroação de dom Pedro I, o trabalho de organização nacional exigia providências. Para dar corpo ao novo Estado, a primeira Assembleia Constituinte do Brasil foi instalada em 3 de maio de 1823. Um esboço de texto constitucional chegou a ser redigido por Antônio Carlos de Andrada, inspirado no modelo francês que previa a tripartição dos poderes. Em meio a ferozes disputas entre grupos políticos, dom Pedro enviou suas tropas e mandou dissolver a Assembleia Constituinte, naquela que ficou conhecida como "a noite da agonia". No dia seguinte, dom Pedro tratou de apertar a repressão com medidas policiais contra tentativas de reuniões públicas, decretou a expatriação dos deputados mais exaltados e instituiu o Conselho de Estado, um grupo restrito de partidários seus, escolhidos pelo monarca, a quem delegou escrever uma Constituição que fosse "digna do Brasil e de mim". A dissolução da Assembleia foi o estopim para inúmeras contestações ao poder central, entre as quais a Confederação do Equador, que se espraiou pelo Nordeste. ¶ Pernambuco esteve à beira de uma guerra civil desde fins de 1823, quando, descontentes com a alta tributação do governo central, a dissolução da Assembleia Constituinte e as tendências centralistas de dom Pedro I, novamente os pernambucanos se insurgiram, movidos por ideais republicanos e federalistas. O presidente da Junta e antigo revolucionário de 1817, Pais de Andrade, recebeu apoio de figuras de destaque da política pernambucana como Cipriano Barata, Antônio Macário, padre Mororó e frei Joaquim do Amor Divino Caneca, este último o redator do jornal oposicionista *Tífis Pernambucano*. Dom Pedro mandou prender Pais de Andrade e nomeou outro presidente, deflagrando a revolta, que rapidamente se espalhou e radicalizou. Liberto em julho de 1824, Pais de Andrade proclamou a Confederação do Equador, convocou uma assembleia e lançou um projeto de Constituição. Ceará, Rio Grande do Norte e Paraíba responderam positivamente aos emissários republicanos, aderindo ao movimento. O governo central não vacilou, incumbindo da repressão e dos cercos navais e terrestres respectivamente Lord Cochrane e Francisco de Lima e Silva, que contaram com o apoio dos grandes produtores rurais de cana-de-açúcar da região. O último foco de resistência foi derrotado em dezembro de 1824. Além de centenas de mortos nos campos de batalha, dezenas foram condenados à morte, entre os quais o lendário frei Caneca.

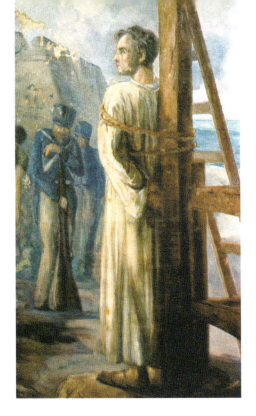

Esta he a ocaziaõ o Pernambucanos.
De mostrar que somos livres, somos fortes
Milhor he pella Patria sofrer mil mortes
Que ser escravos de Despotas Tiranos

Basta de ferros sofrer basta de enganos
Vinguemos a Patria vinguemos as sortes
Porca se fazendo, vidas e consortes
Morrão os Despotas fiquemos ufanos

Temos Bahia, Ceará e Maranhão
Que podemos dispor á nossa vontade
Quebre-se do Soberano o cruel grilhão

Estinga-se do Brazil a Magestade
Basta de Cervelismo, basta de opressaõ
Viva a Republica, viva a liberdade

← **05.** Murillo La Greca. *A execução de Frei Caneca.* 1924. ↑ **06.** Confederação do Equador. Panfleto. 1824. ↓ **07.** Antônio Parreiras. *O julgamento de Frei Caneca.* 1918.

O *Tífis Pernambucano*, jornal de orientação republicana, foi fundado e dirigido por frei Joaquim do Amor Divino Caneca para combater o autoritarismo imperial e organizar a resistência popular. Lançado em 25 de dezembro de 1823 e circulando até 12 de agosto de 1824, o *Tífis* denunciava que a situação do país era como a de "uma nau destroçada pela fúria oceânica, ameaçando soçobro, carecendo da ajuda decidida e abnegada de todos os seus filhos". Frei Caneca foi perseguido pelas autoridades locais, como o governador conde dos Arcos, que acusava o padre de ter transformado Pernambuco num "covil de monstros infiéis". Foi um dos protagonistas da Independência, líder da insurreição de caráter republicano instaurada em Pernambuco em 1817, pela qual foi preso e depois anistiado, e da Confederação do Equador de 1824, dessa vez preso, indiciado e enforcado por uma junta militar imperial como líder do movimento e "escritor de papéis incendiários". Para Caneca, a Constituição outorgada era "iliberal e contrária à liberdade, à Independência e direitos do Brasil" e o Poder Moderador, "a chave mestra da opressão da nação brasileira". O tempo mostrou que o frei estava coberto de razão.

→ **08.** Augusto Malta. *Cadeia Velha*. 1919. O edifício abrigou a primeira Assembleia Geral Constituinte Brasileira, em 1823. Foi sede da Câmara até 1914. Em 1922, foi demolido para dar lugar ao Palácio Tiradentes.

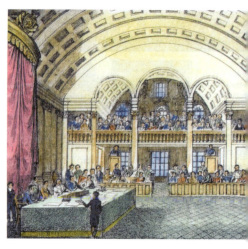

← **09.** Antonio Luiz Ferreira. Sessão do Senado em que se aprovou a Lei Áurea, a 13 de maio de 1888. ↓ **10.** Robert Walsh. *Câmara dos Deputados em 1830*. 1830.

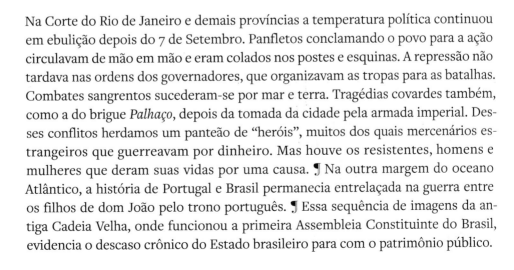

Na Corte do Rio de Janeiro e demais províncias a temperatura política continuou em ebulição depois do 7 de Setembro. Panfletos conclamando o povo para a ação circulavam de mão em mão e eram colados nos postes e esquinas. A repressão não tardava nas ordens dos governadores, que organizavam as tropas para as batalhas. Combates sangrentos sucederam-se por mar e terra. Tragédias covardes também, como a do brigue *Palhaço*, depois da tomada da cidade pela armada imperial. Desses conflitos herdamos um panteão de "heróis", muitos dos quais mercenários estrangeiros que guerreavam por dinheiro. Mas houve os resistentes, homens e mulheres que deram suas vidas por uma causa. ¶ Na outra margem do oceano Atlântico, a história de Portugal e Brasil permanecia entrelaçada na guerra entre os filhos de dom João pelo trono português. ¶ Essa sequência de imagens da antiga Cadeia Velha, onde funcionou a primeira Assembleia Constituinte do Brasil, evidencia o descaso crônico do Estado brasileiro para com o patrimônio público.

Mas a emancipação do Brasil era já um processo irrefreável. Uma a uma, as nações estabelecidas reconheceram a independência. O primeiro país a reconhecer formalmente a independência do Brasil foi nossa vizinha Argentina, a 25 de junho de 1823. No ano seguinte foi a vez dos Estados Unidos, que tinham interesse no reconhecimento do Brasil por questões estratégicas — enfraquecer a hegemonia britânica na região. Em 31 de janeiro de 1824, José Silvestre Rebello recebia sua carta credencial como encarregado de Negócios do Império do Brasil nos Estados Unidos, junto com as instruções. Chegando à capital estadunidense a 3 de abril, foi obrigado a esperar quase dois meses por seu credenciamento pelas autoridades locais para ser reconhecido como porta-voz das autoridades brasileiras, quando teve que responder a consultas sobre o processo de independência e a organização política do novo Império. O presidente James Monroe recebeu o enviado brasileiro em Washington; com esse gesto, os Estados Unidos reconheciam a independência do Brasil. Silvestre Rebello registrou seu encontro com o presidente Monroe em carta datada de 16 de maio.

← **11.** George Cooke. *Cidade de Washington vista do estaleiro da Marinha*. 1833. ↑ **12.** Robert Cruikshank. *President's Levee, or All Creation Going to the White House.* 1829. Retrata a multidão em frente à Casa Branca durante a primeira recepção de posse de Andrew Jackson. → **13.** Anne-Marguerite Hyde de Neuville. *Washington City 1821 June Esquissé en 1820*. 1821.

Só com a velha metrópole os arranjos diplomáticos de reconhecimento da independência custaram ao Brasil 2 milhões de libras esterlinas, uma fortuna para a época. Nossa dívida externa nascia junto com o próprio país. Internamente, porém, os impulsos absolutistas de dom Pedro, ao dissolver a Assembleia Constituinte, provocaram fortes reações, sendo a mais expressiva delas a república proposta pelos confederados de Pernambuco. As tensões em todo o território foram constantes durante o I Reinado. ¶ Após a abdicação do trono por dom Pedro I, seguiu-se um período de guerras civis e insurreições que se alastraram de Norte a Sul, a ponto de quase esfacelar o país. Nessa época, o café, a droga que movia a classe trabalhadora europeia nas fábricas da revolução industrial, se tornava uma mercadoria de grande valor e demanda. Bem aclimatado no Brasil, sua produção explica a ocupação dos sertões, à custa da guerra de extermínio contínua contra os povos indígenas e do avanço contra os biomas, entre os quais a quase extinção da Mata Atlântica é o mais emblemático. Resistindo a pressões internacionais, as classes produtoras escravistas brasileiras que sustentavam a monarquia conseguiram manter intenso o tráfico intercontinental até 1850 e a própria legalidade da escravidão até 1888. Essa chaga mantém doente a sociedade brasileira até hoje. ¶ Este almanaque não poderia se encerrar de outro modo, senão com robustas reticências, a indicar que o tempo não para e a história continua...

Índice de Imagens

APRESENTAÇÃO

01. Almanaque das Musas. 1767. Reprodução/Coleção Particular. | **02.** *Almanak Administrativo Mercantil e Industrial do Rio de Janeiro (Almanak Laemmert)*. 1844. Reprodução/Fundação Biblioteca Nacional, Rio de Janeiro, RJ. | **03.** *Branson's agricultural almanac: for the year of our Lord*. [c. 1902]. Reprodução/Arquivos do Estado da Carolina do Norte, EUA

1808

01. Nicolas-Louis-Albert Delerive. *Embarque da família real para o Brasil*. Século XIX. Reprodução/Museu Nacional dos Coches, Lisboa, Portugal. | **02.** Anônimo. *Senhora na liteira com dois escravos*. [c. 1860]. Reprodução/Coleção particular. | **03.** Alberto Henschel. *Escravos transportando homem numa liteira*. [c. 1869]. Reprodução/Coleção Particular. | **04.** *Estados Unidos do Brasil: Exposição Nacional de 1908 em comemoração do 1º centenário da abertura dos portos do Brasil ao comércio internacional*. 1908. Reprodução/Fundação Biblioteca Nacional, Rio de Janeiro, RJ. | **05.** José Mariano da Conceição Velloso. *O fazendeiro do Brazil*. [c. 1806]. Reprodução/John Carter Brown Library, Providence, EUA (foto) / Reprodução/Publicdomainvectors.org (moldura). | **06.** Anônimo. Albert Einstein em visita ao Jardim Botânico do Rio de Janeiro. 1925. Alamy/Fotoarena (foto) / Reprodução/Publicdomainvectors.org (moldura). | **07.** Pieter Godfred Bertichen. *Jardim Botânico*. 1856. Reprodução/Coleção Particular. | **08.** Antonio Caetano da Costa Ribeiro. *Jardim Botânico*. 1914. Reprodução/Fundação Biblioteca Nacional, Rio de Janeiro | **09.** Johann Moritz Rugendas. *Plantação chinesa de chá*. 1835. Reprodução/Coleção Particular, São Paulo. | **10.** Primeira página da *Gazeta do Rio de Janeiro*. 1808. Reprodução/Fundação Biblioteca Nacional, Rio de Janeiro, RJ (foto) / Publicdomainvectors.org (moldura). | **11.** Jean-Baptiste Debret. *Família de botocudos em marcha*. [c. 1834 -1839]. Reprodução/Coleção Particular. | **12.** Jean-Baptiste Debret. *Soldados índios de Mogi-das-Cruzes*. [c. 1834 -1839]. Reprodução/Coleção Particular. | **13.** Vanderlei Almeida. *A native gestures as he is sourrended by riot policemen as he protests against their eviction outside the former Indigenous Museum --aka Aldea Maracana-- next to the Maracana stadium in Rio de Janeiro, Brazil on March 22, 2013*. 2013. Vanderlei Almeida/AFP.

1809

01. Jean-Baptiste Debret. *Paço de Boa Vista em São Cristóvão*. 1817. Reprodução/Coleção particular, Paris, França. | **02.** Juan Gutierrez. *Paço de São Cristóvão*. s.d. Reprodução/Fundação Biblioteca Nacional, Rio de Janeiro, RJ. | **03.** Victor Frond. *Palácio Imperial da Quinta da Boa Vista*. 1865. Reprodução/Coleção Particular. | **04.** Uriel Malta. *Antiga entrada da Quinta da Boa Vista*. 1952. Reprodução/Arquivo Geral da Cidade do Rio de Janeiro, Rio de Janeiro, RJ. | **05.** Tânia Rego. Um incêndio de proporções ainda incalculáveis atingiu, no começo da noite deste domingo (2), o Museu Nacional do Rio de Janeiro, na Quinta da Boa Vista, em São Cristóvão, na zona norte da capital fluminense. 2018. Tânia Rego/Agência Brasil. | **06.** Frederico Guilherme Briggs. *Negro de ganho*. [c. 1832-1836]. | **07.** Jacques Bellin. *Carte de la Guyane françoise et l'isle de Cayenne*. 1763. Reprodução/Fundação Biblioteca Nacional, Rio de Janeiro, RJ.

| **08.** Jean de Brûletout. *Maison rustique à l'usage des habitans de la partie de la France equinoxiale, connue sous le nom de Cayenne*. 1763. Reprodução/Fundação Biblioteca Nacional, Rio de Janeiro, RJ. | **09.** Anônimo. *Retrato de José Maurício Nunes Garcia*. s.d. Reprodução/Coleção Particular. | **10.** Henrique Bernardelli. *Dom João ouvindo o padre José Maurício ao cravo*. s.d. Reprodução/Museu Histórico Nacional, Rio de Janeiro, RJ. | **11.** Henry Chamberlain. *O mercado de escravos*. 1821. Reprodução/Acervo da Pinacoteca do Estado de São Paulo, São Paulo, SP. | **12.** Augustus Earle. *Valongo, ou Mercado de Escravos no Rio*. 1824. Reprodução/Coleção Particular. | **13.** Jean-Baptiste Debret. *Garde d'honneur e Chasseur du bataillon de l'empereur*. [c. 1834-1839]. Reprodução/Coleção particular.

1810

01. *Tratado de amizade, commercio, e navegação... entre S.A.R. o príncipe regente de Portugal e sua Magestade Britannica*. 1810. Reprodução/Fundação Biblioteca Nacional, Rio de Janeiro, RJ. | **02.** Robert Walsh. *Compartimentos de um navio negreiro*. 1830. Reprodução/Coleção particular. | **03.** Johann Moritz Rugendas. *Negros no fundo do porão*. 1835. Reprodução/Fundação Biblioteca Nacional, Rio de Janeiro, RJ. | **04.** W. L. Walton. *Revolta a bordo de um navio negreiro*. 1851. Reprodução/Biblioteca da Companhia de Filadélfia, EUA. | **05.** Jean-Baptiste Debret. *Negros de carro*. [c. 1834-1839]. | **06.** Christiano Junior. *Escravo barbeiro*. 1865. Christiano Jr./Museu Histórico Nacional, Rio de Janeiro, RJ. | **07.** Christiano Junior. *Vendedora e menino*. [c. 1864-1865]. Christiano Jr./Museu Imperial, Petrópolis, RJ. | **08.** Eduard Hildebrandt. *Fonte no Rio de Janeiro*. 1844. Reprodução/Museus Estatais de Berlim, Alemanha. | **09.** Cyrillo Volkmar Machado. *Casamento do infante D. Pedro com a princesa da Beira em 1816*. 1816. Reprodução/Coleção particular. | **10.** Juan Manuel Blanes. *O juramento dos trinta e três orientais*. [c. 1875-1878]. Reprodução/Museu Blanes, Montevidéu, Uruguai. | **11.** Biblioteca Nacional no dia de sua inauguração, Rio de Janeiro - RJ. 1910. Reprodução/Fundação Biblioteca Nacional, Rio de Janeiro, RJ. | **12.** Grandjean de Montigny. *Projeto de fachada para Biblioteca Imperial (1841)*. 1841. Reprodução/Museu Nacional de Belas Artes – Iphan/Ministério da Cidadania, Rio de Janeiro, RJ. | **13.** Julio Durski e Leuthold. *Fábrica de Ferro de São João de Ypanema*. 1879. Julio Durski e Leuthold/Coleção Thereza Christina Maria/Fundação Biblioteca Nacional, Rio de Janeiro, RJ. | **14.** Julio Durski. *Fábrica de Ferro de São João do Ipanema, em Sorocaba, província de São Paulo*. 1884. Julio Durski/Coleção Princesa Isabel, Rio de Janeiro, RJ.

1811

01. Oscar Pereira da Silva. *Carga de canoas*. 1920. Reprodução/Museu Paulista da USP, São Paulo, SP. | **02.** Anônimo. Vistas dos prédios da Biblioteca Pública e Telégrafo Nacional, ambos demolidos na década de 1970. s.d. Reprodução/Fundação Biblioteca Nacional, Rio de Janeiro, RJ. | **03.** Anônimo. Salão de leitura da então Biblioteca Pública da Bahia, atual Catedral Basílica de Salvador. s.d. Reprodução/Biblioteca Central do Estado da Bahia, Salvador, BA. | **04.** Palácio do Governo, antiga sede na Praça Rio Branco (depois Praça Muni-

Índice de Imagens

cipal), após o bombardeio de 1912. s.d. Reprodução/ Centro de Memória da Bahia - FPC/SecultBA, Salvador, BA. | **05.** Benjamin Robert Mulock. *The city of Bahia: from the Forte do Mar.* 1859. Benjamin Mulock/Coleção Thereza Christina Maria/Fundação Biblioteca Nacional, Rio de Janeiro, RJ. | **06.** *Idade D'Ouro do Brazil* (BA), em 1811. Edição 1. Reprodução/Fundação Biblioteca Nacional, Rio de Janeiro, RJ (foto) / Publicdomainvectors.org (moldura). | **07.** Hino da Independência do Brasil, composto por Evaristo Ferreira da Veiga, música de Marcos Portugal. 1822. Reprodução/Arquivo Nacional, Rio de Janeiro, RJ. | **08.** Jean-Baptiste Debret. A *coroação de Dom Pedro I.* 1828. Reprodução/Acervo do Palácio Itamaraty, Brasília, DF. | **09.** Bjanka Kadic. Igreja de Nossa Senhora do Monte do Carmo da antiga Sé. 2015. Bjanka Kadic/Alamy/Fotoarena. | **10.** Marc Ferrez. *A aclamação de Princesa Isabel como regente do Império do Brasil.* 1887. Marc Ferrez/Coleção Princesa Isabel, Rio de Janeiro, RJ. | **11.** Jean-Baptiste Debret. *Interior de uma habitação de ciganos.* 1834-1839. Reprodução/Fundação Biblioteca Nacional, Rio de Janeiro, RJ. | **12.** Félix Émile Taunay. *Rua Direita.* 1823. Reprodução/Pinacoteca do Estado de São Paulo, SP. | **13.** Johann Moritz Rugendas. *Rua Direita.* 1834. Reprodução/Fundação Biblioteca Nacional, Rio de Janeiro, RJ. | **14.** Augusto Ballerini. *Morte do coronel Brandsen durante a batalha de Ituzaingó.* s.d. Reprodução/Wikipedia/Wikimedia Commons 1.0. | **15.** Johann Moritz Rugendas. *Habitantes de Goiás.* 1835. Reprodução/Fundação Biblioteca Nacional, Rio de Janeiro, RJ. | **16.** Jean-Baptiste Debret. *Dança dos selvagens da Missão de São José.* 1834. Reprodução/Fundação Biblioteca Nacional, Rio de Janeiro, RJ. | **17.** Joaquim Rodrigues de Moraes Jardim. *Carta da província de Goyaz.* 1875. Reprodução/Fundação Biblioteca Nacional, Rio de Janeiro, RJ.

1812

01. Thomas Ender. *Brasilien Expedition.* 1817. Reprodução/Coleção Particular. | **02.** José Correa Rangel. *Mappa botanico para uzo do Ilmo. e Exmo. Sr. Luis de Vasconcellos e Soiza.* s.d. Reprodução/Fundação Biblioteca Nacional, Rio de Janeiro, RJ. | **03.** Domenico Vandelli. *Diccionario dos termos technicos de historia natural extrahidos das obras de Linnéo ...: Memoria sobre a utilidade dos jardins botanicos.* 1788. Reprodução/Fundo Antigo da Faculdade de Ciências da Universidade do Porto (FCUP), Porto, Portugal. | **04.** José Mariano da Conceição Velloso. *Trabalho do terreno para se plantar hum [um] indigoal, e para o colher.* 1806. Reprodução/Coleção Particular. | **05.** Jean-Baptiste Debret. *Cena de carnaval.* [C. 1834-1839]. Reprodução/Coleção Particular. | **06.** Anônimo. *Carnaval de rua, início do século XX.* s.d. Reprodução/Fundação Biblioteca Nacional, Rio de Janeiro, RJ (foto) / Publicdomainvectors.org (moldura). | **07.** Photocarioca. *Samba school parade Mangueira during the 2019 carnival in Rio de Janeiro, the Sambodromo.* 2019. Photocarioca/Shutterstock. | **08.** Domingos Caldas Barbosa. *A saloia namorada ou O remédio é casar: pequena farsa dramática.* 1793. Reprodução/Biblioteca Nacional de Portugal, Lisboa, Portugal. | **09.** Sir Thomas Lawrence. *Maria, Lady Callcott.* 1819. Reprodução/Galeria Nacional, Londres, Inglaterra. | **10.** Jean-Baptiste Debret. *O jantar – A sesta.* 1835. Reprodução/Museus Castro Maya, Rio de Janeiro, RJ. | **11.** Victor Frond. *Passeio público.* 1858. Reprodução/Co-

leção Particular. | **12.** Thomas Abiel Prior. *San Salvador, Bahia.* 1823. Reprodução/Coleção Particular.

1813

01. P. Blanchard. *Expedição brasileira pelo Mato Grosso.* 1866. Reprodução/Coleção Particular. |**02.** Jean-Baptiste Debret. *Carga de cavalaria guaicuru.* [C. 1834 -1839]. Reprodução/Coleção Particular. | **03.** E. Meyer. *Festa de beber dos coroados.* [C. 1820-1823]. Reprodução/Fundação Biblioteca Nacional, Rio de Janeiro, RJ. | **04.** Johann Moritz Rugendas. *Guerrilhas.* 1835. Reprodução/Coleção Particular. | **05.** Jean-Baptiste Debret. *As vênus negras do Rio de Janeiro.* s.d. Reprodução/Coleção Particular. | **06.** Aimé-Adrien Taunay. *A partida da Expedição Langsdorff, no rio Tietê.* 1825. Reprodução/Coleção Particular. | **07.** Johann Moritz Rugendas. *Canoa com índios.* 1835. Reprodução/Coleção Particular. | **08.** Karl Friedrich Wilhelm Loeillot de Mars. *Teatro Imperial.* 1835. Reprodução/Fundação Biblioteca Nacional, Rio de Janeiro, RJ. | **09.** Jacques Etienne Victor Arago. *Vue de la Salle de Spectacle sur la Place do Rocio, à Rio de Janeiro.* [C. 1822-1831]. Reprodução/Coleção Particular. | **10.** Jean-Baptiste Debret. *Visita a uma fazenda.* [C. 1834-1839]. Reprodução/Coleção Particular. | **11.** Louis-Julien Jacottet. *Fazenda Quissamã, próxima a Campos.* [C. 1859-1861]. Reprodução/Fundação Biblioteca Nacional, Rio de Janeiro, RJ. | **12.** Johann Moritz Rugendas. *Família de plantadores.* 1835. Reprodução/Coleção Particular. | **13.** Jean-Baptiste Debret. *Mulata a caminho do sítio para as festas de Natal.* [C. 1834-1839]. Reprodução/Coleção Particular. | **14.** Jean-Baptiste Debret. *Um funcionário a passeio com sua família.* 1831. Reprodução/Coleção particular. | **15.** Jean-Baptiste Debret. *Uma senhora brasileira em seu lar.* [C. 1834-1839]. Reprodução/Coleção Particular. | **16.** T. Hunt. *Criminosos carregando provisões.* 1822. Reprodução/Fundação Biblioteca Nacional, Rio de Janeiro, RJ. | **17.** Joaquim Ferreira Vilela. *Augusto Gomes Leal e ama de leite Mônica.* [C. 1860-1865]. Joaquim Ferreira Vilela/Coleção Fundação Joaquim Nabuco, Recife, PE. | **18.** Fotografia Artística de Eugênio & Maurício. *Ama de leite com Fernando Simões Barbosa.* 1860. Photographia Artística de Eugênio & Maurício/Acervo do Museu do Homem do Nordeste, Recife, PE. | **19.** Cícero R. C. Omena/CC BY 2.0. Trabalhador rural da zona canavieira de Alagoas. 2006. Cícero R. C. Omena/CC BY 2.0 (foto) / Reprodução/Publicdomainvectors.org (moldura).

1814

01. Rubens Chaves. Esculturas de orixás do artista plástico Tati Moreno no Dique do Tororó. Local: Salvador (BA). 2013. Rubens Chaves. | **02.** *Black woman, with typical clothes of African origin religion in Brazil, representing the female Orisha.* Shutterstock. | **03.** William Gore Ouseley. *Gamboa landing Bahia.* 1835. Reprodução/Pinacoteca do estado de São Paulo, São Paulo, SP. | **04.** J. A. Capillan. *Rio de Janeiro from Ilha dos Cobras.* 1833. Reprodução/Acervo particular. | **05.** Frederico Guilherme Briggs. *Negros que vão levar açoutes.* [C. 1832-1836]. Reprodução/Fundação Biblioteca Nacional, Rio de Janeiro, RJ. | **06.** Augustus Earle. *Negroes Fighting, Brazil.* 1824. Wikipedia/Wikimedia/ Domínio Público. | **07.** Johann Moritz Rugendas. *Jogo de capoeira.* 1835. Wikipedia/Wikimedia/Domínio

Índice de Imagens

Público. | **08.** Pierre-Jacques Benoît. *Gravura de uma aldeia amazônica, provavelmente Kali'na.* 1839. Reprodução/Biblioteca Nacional, Paris, França. | **09.** Sanson. *Mapa da Guiana, Venezuela e El Dorado.* 1656. Reprodução/Coleção particular.

1815

01. Giulio Ferrario. *Visão das missões de S. Fidelis.* 1821. Reprodução/Pinacoteca do estado de São Paulo, São Paulo, SP. | **02.** Maximiliano de Wied-Neuwied. Vista da Fazenda de Tapébuçu perto da costa, o Monte São João e a Serra de Iriri que se ergue no meio das florestas. 1822. Reprodução/Pinacoteca do estado de São Paulo, São Paulo, SP. | **03.** Maximiliano de Wied-Neuwied. Mapa da costa oeste do Brasil entre 15 e 23 latitude S de Arrowsmith com algumas correções. 1822. Reprodução/Pinacoteca do estado de São Paulo, São Paulo, SP. | **04.** Jean-Baptiste Debret. *Aclamação do rei dom João VI.* [c. 1834-1839]. Reprodução/Coleção particular. | **05.** Maximiliano de Wied-Neuwied. *Expedição ao Rio Doce.* 1815. Reprodução/Coleção particular. | **06.** Maximiliano de Wied-Neuwied. *Navegação em um braço do Rio Doce.* 1822. Reprodução/Pinacoteca estado de São Paulo, São Paulo, SP. | **07.** Maximiliano de Wied-Neuwied. *Vista da rocha de Tucutucuara sobre o rio perto da vila de Vitória.* 1822. Reprodução/Pinacoteca do estado de São Paulo, São Paulo, SP. | **08.** Gustavo Basso. *Dam Burst Brazil one Year After.* 2015. NurPhoto via AFP. | **09.** *Brumadinho / Minas Gerais / Brazil 30/1/2019 - Vale Environmental Crime.* Shutterstock.

1816

01. Marc Ferrez. Antigo Campo de Santana, que passou a se chamar Campo da Aclamação, depois de reformas urbanísticas feitas na década de 1870. s.d. Marc Ferrez/Biblioteca Nacional, Rio de janeiro. | **02.** Thomas Ender. *Campo de Santana.* 1817. Reprodução/Academia de Belas-Artes de Viena, Austria. | **03.** *Oração fúnebre da fidelíssima rainha do Reino Unido de Portugal, do Brasil e dos Algarves. A senhora d. Maria I. Coelho.* 1817. Reprodução/Biblioteca Brasiliana Guita e José Mindin. | **04.** Michael Wolgemut. *Circe e Ulisses.* 1493. Reprodução/Museu Ashmolean, Universidade de Oxford, Reino Unido. | **05.** Carlo Fontana e Nicola Oddi. *Castrum Doloris – Mausoléu – Interior da Igreja de Santo António dos Portugueses em Roma.* 1707. Reprodução/Biblioteca Nacional de Portugal, Lisboa. | **06.** Jean-Baptiste Debret. *Monumento e cortejo fúnebre da imperatriz Leopoldina no Rio de Janeiro.* 1839. Reprodução/Fundação Biblioteca Nacional, Rio de Janeiro, RJ. | **07.** Jean-Baptiste Debret. *Coleta de esmolas para a Igreja do Rosário.* 1828. Reprodução/Acervo Museus Castro Maya, Rio de Janeiro. | **08.** Carlos Julião. *Coroação de um rei negro nos festejos de Rei.* s.d. Reprodução/Fundação Biblioteca Nacional, Rio de Janeiro, RJ. | **09.** Johann Moritz Rugendas. *Festa de Santa Rosália, padroeira dos negros.* 1835. Reprodução/Coleção Particular. | **10.** Maracatus na Igreja do Rosário dos Pretos de Olinda. 2012. Prefeitura de Olinda. | **11.** Arsênio Silva. Festa religiosa de origem africana. 1860. Reprodução/Fundação Biblioteca Nacional, Rio de Janeiro, RJ | **12.** César Diniz. Terno de Congo de Sainha Irmãos Paiva de Santo Antônio da Alegria (SP). 2018. Cesar Diniz/Pulsar Imagens. | **13.** Félix Emile Taunay. *Vista de um mato virgem que se está reduzindo a carvão.*

1843. Reprodução/Museu Nacional de Belas Artes, Rio de Janeiro, Brasil. | **14.** Manuel de Araújo Porto-Alegre. *Grande cascata da Tijuca (atribuído).* 1833. Reprodução/Acervo da Pinacoteca do Estado de São Paulo, Brasil. | **15.** Ismar Ingber. *Cascatinha Taunay, Floresta da Tijuca, Rio de Janeiro.* 2014. Ismar Ingber / Pulsar Imagens. | **16.** Revert Henry Klumb. *Cascata da Cruz, Floresta da Tijuca.* 1886. Reprodução/Fundação Biblioteca Nacional, Rio de Janeiro, RJ. | **17.** Jean-Baptiste Debret. *Revista das tropas destinadas a Montevidéu, na praia Grande.* 1816. Reprodução/Coleção Particular. | **18.** Jean-Baptiste Debret. *Embarque na Praia Grande de tropas destinadas ao bloqueio de Montevidéu.* s.d. Reprodução/Museu Imperial, Petrópolis, RJ. | **19.** S. Neukomm. s.d. Reprodução/Biblioteca Pública de Nova York. | **20.** Grupo de rap Racionais MC's faz show único em São Paulo, no Credicard Hall. 2018. Fotoarena. | **21.** Aimé-Adrien Taunay. *Família do interior do Brasil em viagem.* 1818. Reprodução/Museus Castro Maya/Museu do Açude, Rio de Janeiro, Brasil. | **22.** Manuel Dias de Oliveira. *Nossa Senhora da Imaculada Conceição.* 1813. Reprodução/Museu Nacional de Belas Artes, Rio de Janeiro, RJ. | **23.** *Prospecto do Palácio Imperial.* s.d. Reprodução/Fundação Biblioteca Nacional, Rio de Janeiro, RJ. | **24.** Anônimo. *Vista da cidade e porto de Livorno.* [c. 1790-1800]. | **25.** *Meeting of "Maracatus de baque solto" ("rural maracatu"), music and dance typical of Pernambuco.* 2020. Shutterstock.

1817

01. Anônimo. *Retrato de Giovanni Francesco Fasciotti.* s.d. Biblioteca Nacional, Viena, Áustria. | **02.** Giovanni Pividor. Teatro alla Scala, em Milão - Itália. 1837. Coleção particular. | **03.** A.H. Payne. *Teatro alla Scala (Milão – Itália).* Coleção particular. | **04.** Anônimo. *Secca do Ceará.* [c. 1877-1879]. | **05.** J. A. Correia. *Secca de 1 Ceará.* Acervo FBN Joaquim Antônio Correia. | **06.** Notícia sobre o Campo de Concentração dos Flagelados, publicada no jornal *O Povo*, em 16/04/1932. | **07.** Flagelados da seca de 1877, na estação ferroviária do município de Iguatú, aguardando o trem para Fortaleza. "Isolamento e poder: Fortaleza e os campos de concentração na Seca de 1932". | **08.** Victor Meirelles. *Batalha dos Guararapes.* 1879. Museu Nacional de Belas Artes – Iphan/Ministério da Cidadania, Rio de Janeiro, RJ. | **09.** Frans Post. Palácio de Friburgo, local de residência e de despachos do conde alemão (a serviço da coroa holandesa) Maurício de Nassau, demolido no século XVIII. Frans Post/Wikipedia/Wikimedia Commons 1.0. | **10.** Luis Schlappriz. *Vista do Pateo do Carmo: Casa de Banhos, Convento do Carmo.* [c. 1863-1868]. Fundação Biblioteca Nacional, Rio de Janeiro, RJ. | **11.** Antônio Parreiras. *Benção das Bandeiras Republicanas.* s.d. Arquivo Público de Pernambuco, Recife-PE. | **12.** Antônio Alves. Bandeira Republicana de 1817. s.d. Fundação Biblioteca Nacional, Rio de Janeiro, RJ. | **13.** Frederico Guilherme Briggs. *Huma simplicia.* s.d. Fundação Biblioteca Nacional, Rio de Janeiro, RJ. | **14.** Pieter Gotfred Bertichen. *Arsenal da Marinha.* 1856. Coleção Brasiliana Itaú, São Paulo-SP. | **15.** Eduard Gurk. *Der Graben.* 1828. Coleção particular. | **16.** Piazza Grande, Livorno, Itália. Século XIX. | **17.** Vinzenz Katzler. Sala de concertos Wiener Musikverein, em Viena – Áustria. 1870. Biblioteca Nacional, Viena, Áustria. | **18.** Jean-Baptiste Debret. *Desembarque da princesa Leopoldina no Rio de Janeiro.* [c. 1834-1839]. Museu

Castro Maya, Rio de Janeiro, RJ. | **19.** Franz Joseph Frühbeck. *O festivo desembarque da Princesa Leopoldina no dia 6 de novembro de 1817.* 1817. Acervo do Instituto Moreira Salles. | **20.** Louis Buvelot. *A Lapa, Rua do Ouvidor.* Rio de Janeiro. 1845. Fundação Biblioteca Nacional, Rio de Janeiro, RJ.

1818

01. W. Loeillot. *O chafariz do Campo (1835) – tomado da Igreja de Sª Anna.* 1835. Reprodução/Fundação Biblioteca Nacional, Rio de Janeiro, RJ. | **02.** Franz Josef Frühbeck. *Rio de Janeiro Campo de Santana.* 1818. Alamy. | **03.** Jean-Baptiste Debret. *Retrato de dom João VI.* 1817. Reprodução/Museu Nacional de Belas Artes – Iphan/Ministério da Cidadania, Rio de Janeiro, RJ. | **04.** J. S. Moniz. *Planta e prospecto geométrico da régia varanda que se erigiu para a feliz Aclamação de nosso augusto soberano o s. dom João VI na Corte do Rio de Janeiro.* Século XIX. Reprodução/Pinacoteca do estado de São Paulo, São Paulo, SP. | **05.** Jean-Baptiste Debret. *Aclamação do Rei Dom João VI no Rio de Janeiro.* 1839. Fundação Biblioteca Nacional, Rio de Janeiro, RJ. | **06.** Jean-Baptiste Debret. *Vista exterior da arquitetura efêmera erguida para a aclamação de d. João VI.* 1839. Fundação Biblioteca Nacional, Rio de Janeiro, RJ. | **07.** Marcello Casal Jr. Presidente Fernando Henrique Cardoso passa a faixa ao presidente Luiz Inácio Lula da Silva no Parlatório do Palácio do Planalto. Marcello Casal Jr./Agência Brasil. | **08.** Maximiliano de Wied-Neuwied. *Capitão Bento Louren o abrindo uma nova estrada nas florestas perto de Mucuri, de Porto Alegre a Minas Novas.* Reprodução/Pinacoteca do estado de São Paulo, São Paulo, SP. | **09.** Jean-Baptiste Debret. *Bailado Histórico, que ocorreu no Teatro da Corte, no Rio de Janeiro, em 13 de maio de 1818, por ocasião da aclamação do Rei Dom João VI e do casamento do Príncipe Real Dom Pedro, seu filho.* s.d. Reprodução/Fundação Biblioteca Nacional, Rio de Janeiro, RJ. | **10.** Tomas Marie Hippolyte Taunay. *Memorável aclamação do Senhor D. João VI, Rei do Reino unido Portugal, Brasil e Algarve.* s.d. Reprodução/Fundação Biblioteca Nacional, Rio de Janeiro, RJ. | **11.** Tomas Marie Hippolyte Taunay. *Passagem de S. S. M. M. e A. A. R. R. por debaixo do arco da rua Direita, em frente da rua de Ouvidor.* s.d. Reprodução/Fundação Biblioteca Nacional, Rio de Janeiro, RJ. | **12.** Tomas Marie Hippolyte Taunay. *Desembarque de S. A., a Princesa Real do Reino Unido, Portugal Brasil e Algarves, na cidade do Rio.* s.d. Reprodução/Fundação Biblioteca Nacional, Rio de Janeiro, RJ.

1819

01. Carl Friedrich Philipp von Martius. *O cume do monte Itacolomi na província de Minas.* 1855. Reprodução/Fundação Biblioteca Nacional, Rio de Janeiro, RJ. | **02.** Frans Post. *Rio São Francisco e o Forte Maurício.* [c. 1625-1650]. Reprodução/Museu do Louvre, Paris, França. | **03.** Johann Moritz Rugendas. *Embocadura do Rio Cachoeira.* 1802. Reprodução/Fundação Biblioteca Nacional, Rio de Janeiro, RJ. | **04.** Johann Moritz Rugendas. *Lavagem do minério de ouro, proximidades da montanha de Itacolomi.* [c. 1820-1825]. Reprodução/Coleção Brasiliana Itaú, São Paulo, SP. | **05.** Aldemir Cardozo Nunes. *View of Pico do Itacolomy and the Basilica of Nossa Senhora do Pilar in the city of Ouro Preto.* Aldemir Cardozo Nunes/Shutterstock. | **06.** John Mawe. *Carte de la rou-te de l'auteur de Rio Janeiro, à Canta-Gallo, et à Villa-Rica, et par le milieu du Pays des Mines d'Or, à Tejuco Capitale du District des Mines de Diamans appellé Cerro do Frio.* s.d. Reprodução/Biblioteca Nacional, Lisboa, Portugal. | **07.** Denis Castro. Estrutura comprometida da barragem Cava de Gongo Soco, explorada pela Vale. 2019. Denis Castro/Futura Press. | **08.** Eduard Hildebrandt. *Enterro d'Anginho.* [c. 1846-1849]. Reprodução/Fundação Biblioteca Nacional, Rio de Janeiro, RJ. | **09.** Johann Moritz Rugendas. *Enterro de um negro.* 1835. Reprodução/Coleção Particular. | **10.** Thierry Frères. *Enterro de uma negra e Enterro do filho de um rei negro.* 1839. Reprodução/Coleção particular. | **11.** Jean-Baptiste Debret. *Sinal combate (coroados).* [c. 1834-1839]. Reprodução/Fundação Biblioteca Nacional, Rio de Janeiro, RJ. | **12.** Charles Étienne Pierre Motte. *Chefe dos guaicurus saindo para negociar com os europeus.* 1834. Reprodução/Fundação Biblioteca Nacional, Rio de Janeiro, RJ. | **13.** Thomas Ender. *Cidade de Goyaz, antiga Villa Boa.* 1832. Reprodução/Acervo da Pinacoteca do Estado de São Paulo, São Paulo, SP. | **14.** Johann Jacob Steinmann. *Washer-women (lavandeiras).* 1846. Reprodução/Fundação Biblioteca Nacional, Rio de Janeiro, RJ. | **15.** Thierry Frères. *Lavadeiras à beira-rio.* 1835. Reprodução/Fundação Biblioteca Nacional, Rio de Janeiro, RJ. | **16.** C. Shoosmith. *A sesta brasileira.* 1821. Reprodução/Fundação Biblioteca Nacional, Rio de Janeiro, RJ. | **17.** Friedrich Salathé. *Nova Friburgo (Colonia Suissa, ao Morro Queimado).* 1820. Reprodução/Fundação Biblioteca Nacional, Rio de Janeiro, RJ. | **18.** Jean-Baptiste Debret. *Colônia suíça de Cantagalo [Nova Friburgo].* [c. 1834-1839]. Reprodução/Coleção Particular. | **19.** John Mawe. *Negros lavando diamantes (...) no Rio Jequitinhonha em Cerro Frio, de John Mawe (esboço).* s.d. Reprodução/Coleção particular.

1820

01. A. Kraft & F. Hohe. *Rancho ao pé da serra do Caraça.* [c. 1826]. Reprodução/Fundação Biblioteca Nacional, Rio de Janeiro, RJ. | **02.** Hermann Burmeister. *Seminário da Boa Morte de Mariana.* 1853. Reprodução/Biblioteca Brasiliana Guita e José Mindlin - USP, São Paulo, SP. | **03.** Anônimo. *Vista do Colégio do Caraça – século XIX.* Wikipedia/Wikimedia Commons 1.0. | **04.** *Tabula geographica Brasiliae et terrarum adjacentium exhibens itenera botanicorum et florae brasiliensis quinque provincias.* Reprodução/Fundação Biblioteca Nacional, Rio de Janeiro, RJ. | **05.** Auguste de Saint-Hilaire. *Voyage à Rio-Grande do Sul (Brésil).* Orléans: H. Herluison. 1887. Reprodução/Fundação Biblioteca Nacional, Rio de Janeiro, RJ. | **06.** Ferdinand (gravador); Sarlhes (desenhista). *Gaucho de la Republica de Paraguay (América).* Século XIX. Reprodução/Fundação Biblioteca Nacional, Rio de Janeiro, RJ. | **07.** Adolphe Portier (gravador); D'Hastrel (desenhista). *Gaúcho ao campo, Rio da la Plata (America).* Século XIX. Reprodução/Fundação Biblioteca Nacional, Rio de Janeiro, RJ. | **08.** Jean-Baptiste Debret. *Engenho de carne-seca brasileiro.* 1829. Reprodução/Coleção Particular. | **09.** António Cândido Cordeiro Pinheiro Furtado. *A faustíssima e memorável reunião dos ilustríssimos membros da Junta Provisional do Governo Supremo do Reino & Regência Interina de Lisboa no Palácio da Regência na Praça do Rossio de Lisboa, em o dia 1.º de Outubro de 1820.* 1820. Museu de Lisboa. Reprodução/

Índice de Imagens

Museu de Lisboa, Lisboa, Portugal. | **10.** Oscar Pereira da Silva. *Sessão das Cortes de Lisboa*. 1922. Reprodução/Museu Paulista da Universidade de São Paulo (USP), São Paulo, SP. | **11.** C. Frederic Sorrieu. *Trabalhadores da roça*. [c. 1859-1861]. Reprodução/Biblioteca Brasiliana Guita e José Mindlin, USP, São Paulo, SP. | **12.** C. Shoosmith. *A casa de um senhor de engenho de torre. Próximo a Pernambuco (Recife)*. 1821. Reprodução/Fundação Biblioteca Nacional, Rio de Janeiro, RJ. | **13.** Philippe Benoist. *Encaissage et pesage du sucre*. 1861. Reprodução/Biblioteca Brasiliana Guita e José Mindlin, USP, São Paulo, SP. | **14.** Henri L'Évêque. *Vista do Porto*. 1817. Reprodução/Biblioteca Nacional de Portugal, Lisboa, Portugal (foto) / Reprodução/Publicdomainvectors.org (moldura).

1821

01. Antônio Parreiras. *O primeiro passo para a Independência da Bahia*. Palácio do Rio Branco, Salvador, Bahia. 1931. Reprodução/Palácio Rio Branco, Salvador, Bahia. | **02.** Johann Moritz Rugendas. *San-Salvador*. 1835. Fundação Estudar. Doação da Fundação Estudar, 2007/Acervo da Pinacoteca do Estado de São Paulo, Brasil. | **03.** Félix-Émile Taunay. *Juramento à Constituição*. Museu Histórico Nacional. Dom Pedro, príncipe regente, faz um juramento de lealdade à Constituição portuguesa em nome de seu pai, em 26 de fevereiro de 1821. Reprodução/Coleção Particular. | **04.** Leandro Joaquim. *Revista militar no Largo do Paço*. 1790. Reprodução/Museu Histórico Nacional, Rio de Janeiro, RJ. | **05.** Thomas Ender. *Largo da Carioca*. 1817. Reprodução/Academia de Belas-Artes de Viena, Áustria. | **06.** Jean-Baptiste Debret. *Aceitação provisória da Constituição de Lisboa*. 1839. Reprodução/Fundação Biblioteca Nacional, Rio de Janeiro, RJ. | **07.** Pierre Charles Comte. *Coroação de Inês de Castro em 1361*. 1849. Reprodução/Museu de Belas Artes de Lyon, França. | **08.** *Sketches of Portuguese Life, Manners, Costume and Character*. 1826. Reprodução/Fundação Biblioteca Nacional, Rio de Janeiro, RJ. | **09.** Augusto Malta. *Convento de Santo Antônio*. 1930. Reprodução/Fundação Biblioteca Nacional, Rio de Janeiro, RJ. | **10.** Revert Henry Klumb. *Convento de S. Antônio e Igreja dos Terceiros de S. Franco da Penitência*. [c. 1845-1846]. Reprodução/Fundação Biblioteca Nacional, Rio de Janeiro, RJ. | **11.** Ludwig e Briggs. *Antigo Chafariz da Carioca e Novo Chafariz da Carioca*. 1845. Reprodução/Fundação Biblioteca Nacional, Rio de Janeiro, RJ. | **12.** Jean-Baptiste Debret. *Vista do Largo do Palácio do Rio de Janeiro*. [c. 1834-1839]. Reprodução/Coleção Particular. | **13.** Pieter Gotfred Bertichen. *Praça do Commercio Rua Direita*. 1856. Reprodução/Fundação Biblioteca Nacional, Rio de Janeiro, RJ. | **14.** Alfred Martinet. *Chafariz do Largo do Paço*. [c. 1821-1875]. Reprodução/Fundação Biblioteca Nacional, Rio de Janeiro, RJ. | **15.** Jean-Baptiste Debret. *Partida da rainha da Portugal*. 1835. Reprodução/Coleção particular. | **16.** Franz Joseph Frühbeck. *Nau D. João VI*. 1817. Reprodução/Coleção particular. | **17.** *Exame analítico-crítico da solução da questão: o rei e a família real de Bragança devem nas circunstâncias presentes voltar a Portugal ou ficar no Brasil?* Bahia: Typ. da viúva Serva e Carvalho. 1821. Reprodução/Fundação Biblioteca Nacional, Rio de Janeiro, RJ (foto) / Reprodução/Publicdomainvectors.org (moldura). | **18.** Constantino de Fontes. *Desembarque d'El Rei Dom João. Acompanhado por uma Deputação das Cortes. Na Magnífica Praça do Terreiro do Paço em 4 de Julho d'1821, regressando do Brazil*. [c. 1821]. Reprodução/Fundação Biblioteca Nacional, Rio de Janeiro, RJ. | **19.** José Daniel Rodrigues da Costa. *Portugal convalescido pelo prazer que presentemente desfruta na desejada e feliz vinda do seu amabilíssimo monarca o sr. d. João VI e da sua augusta família*. Lisboa: Tip. Lacerdina. 1821. Reprodução/Fundação Biblioteca Nacional, Rio de Janeiro, RJ. | **20.** Augustus Earle. *Portão e mercado de escravos em Pernambuco*. [c. 1821-1825]. Reprodução/Biblioteca do Congresso, Washington, EUA. | **21.** Charles Landseer. *Castigo de um escravo*. 1825. Reprodução/Coleção particular. | **22.** José dos Reis Carvalho. *Chafariz do Lagarto*. [c. 1841-1889]. Reprodução/Fundação Biblioteca Nacional, Rio de Janeiro, RJ. | **23.** Augustus Earle. *Punindo negros em Cathabouco, Rio de Janeiro*. 1822. Reprodução/Galeria Nacional da Austrália, Camberra, Austrália. | **24.** Carlos Julião. *Cadeira*. [c. 1740-1811]. Reprodução/Fundação Biblioteca Nacional, Rio de Janeiro, RJ. | **25.** Frederico Guilherme Briggs. *Cadeirinha, 1845*. Reprodução/Fundação Biblioteca Nacional, Rio de Janeiro, RJ. | **26.** Henry Chamberlain. *The chege and the cadeira*. 1821. Reprodução/Fundação Biblioteca Nacional, Rio de Janeiro, RJ. | **27.** Henry Thomas Alken. *A rede*. 1822. Reprodução/Fundação Biblioteca Nacional, Rio de Janeiro, RJ. | **28.** Visconde de J. Villiers de L'Ile-Adam. *Carta topográfica e administrativa da província de São Paulo: Gravada na Litografia imperial de Vr. Larée*. 1847. Reprodução/Fundação Biblioteca Nacional, Rio de Janeiro, RJ. | **29.** C. Shoosmith. *Paulista e um mendicante brasileiro*. 1821. Reprodução/Fundação Biblioteca Nacional, Rio de Janeiro, RJ.

1822

01. Jean-Baptiste Debret. *Aclamação de Dom Pedro II, segundo Imperador do Brasil*. [c. 1834-1839]. Reprodução/Coleção particular. | **02.** A. Morand e J. Smith. *Paço da Cidade, Rio de Janeiro*. [c. 1842-1843]. Reprodução/Acervo Grão Pará, Petrópolis, RJ. | **03.** Princesa Isabel surge num dos balcões do Paço da Cidade e aplaudida pela multidão logo depois de sancionar a Lei Áurea em 1888. 1888. Marc Ferrez/Coleção particular. | **04.** Paço Imperial, Rio de Janeiro. 2010. A.PAES/Shutterstock. | **05.** Victor Meirelles. *Estudo para o Panorama do Rio de Janeiro – Morro do Castelo*. 1885. Reprodução/Museu Nacional de Belas Artes – Iphan/Ministério da Cidadania, Rio de Janeiro, RJ. | **06.** Oscar Pereira da Silva. *Príncipe regente dom Pedro e Jorge de Avilez a bordo da fragata União*. 1922. Reprodução/Museu Paulista da USP, São Paulo, SP. | **07.** Benjamin Murlock. *A cidade da Bahia vista do Forte do Mar*. [c. 1859-1861]. Reprodução/Fundação Biblioteca Nacional, Rio de Janeiro, RJ. | **08.** Louis-Julien Jacottet. *Hospício de Nossa Senhora da Piedade na Bahia*. [c. 1806-1880]. Reprodução/Coleção particular. | **09.** Anônimo. *Martírio de Joana Angélica*. 1821. Reprodução/Coleção particular. | **10.** Pedro Gonsalves da Silva. *Forte de Santa Maria na Barra*. [c. 1912-1919]. Reprodução/Fundação Biblioteca Nacional, Rio de Janeiro, RJ. | **11.** Johann Moritz Rugendas. *Costumes da Bahia*. 1835. Reprodução/Coleção Particular. | **12.** Nicolas-Eustache Maurin. *Negro e negra da Bahia*. 1835. Reprodução/Coleção Particular. | **13.** Luciano Gavarni. Ilustração para o *L'Illustration Journal Universel* do desfile de Dois de Julho de 1866. A cena se passa na descida da Ladeira da Soledade, vendo-se parte da lateral Convento. 1866. Reprodução/Acervo particular. | **14.** Presciliano Silva. *Entrada do Exército Libertador de Presciliano Silva*. 1930. Reprodução/Câmara Municipal de Salvador, Salvador, BA. | **15.** *Mapa do Recôncavo da Bahia*. 1899. Reprodução/Arquivo Nacional, Rio de Janeiro, RJ. | **16.** Frederico Guilherme Briggs. *Uma jovem liberta*. 1845. Reprodução/Fundação Biblioteca Nacional, Rio de Janeiro, RJ. | **17.** Benedito Calixto. *Porto de Santos*. 1895. Reprodução/Acervo Pinacoteca do estado de São Paulo, São Paulo, SP. | **18.** Carlos Frederico Rath. *Planta da cidade de São Paulo*. 1868. Reprodução/Arquivo Histórico de São Paulo, São Paulo, SP. | **19.** Militão Augusto de Azevedo. *Largo de S. Gonçalo em 1858*. 1862. Reprodução/Fundação Biblioteca Nacional, Rio de Janeiro, RJ. | **20.** Henrique José da Silva. *Dom Pedro I. Imperador, e defensor perpétuo do Brasil*. 1831. Reprodução/Acervo da Pinacoteca do estado de São Paulo, São Paulo, SP. | **21.** Thomas Ender. *Vista da Serra das Figuras desde o rio Maranhão*. 1832. Reprodução/Acervo da Pinacoteca do estado de São Paulo, São Paulo, SP. | **22.** Jules A. Monthelier. *Sabará*. 1804-1883. Reprodução/Coleção Particular. | **23.** Francisco Antonio Marques Giraldes. *Prospecto da Villa da Fortaleza de Nossa Senhora d'Assunção ou Porto do Ceará*. 1811. Reprodução/Arquivo Histórico do Exército, Rio de Janeiro, RJ. | **24.** Luis Schlappriz. *Rua do Crespo*. [c. 1863-1865]. Reprodução/Coleção particular. | **25.** José Joaquim Freire. *Prospecto da Villa do Camotá e da entrada que fez o Exmo. sr. Martinho de Souza Albuquerque, governador e capitão-general do Estado, na tarde do dia 19 de janeiro de 1784*. Reprodução/Fundação Biblioteca Nacional, Rio de Janeiro, RJ. | **26.** François-René Moreau. *Proclamação da Independência*. 1844. Reprodução/Museu Imperial, Petrópolis, RJ. | **27.** Pedro Américo. *Independência ou morte*. 1888. Reprodução/Museu Paulista da USP, São Paulo, SP. | **28.** Jean-Louis-Ernest Meissonier. *Napoleão III na Batalha de Solferino*. 1863. Reprodução/Museu d'Orsay, Paris, França. | **29.** Georgina de Albuquerque. *Sessão do Conselho de Ministros*. 1922. Reprodução/Museu Histórico Nacional, Rio de Janeiro, RJ. | **30.** Augusto Malta. *Vista parcial da Exposição Internacional do Centenário da Independência do Brasil*. 1922. Reprodução/Acervo particular. | **31.** Centenário da Independência do Brasil – Exposição Nacional – De 7 de setembro a 15 de novembro de 1922 – 1822-1922 – Selo Comemorativo de 300 réis. 1922. Reprodução/Acervo particular. | **32.** Exposição Internacional do Centenário da Independência. Pavilhões do Brasil. 1922. Reprodução/Coleção particular. | **33.** Capa da Revista *Manchete*, n. 1045, Rio de Janeiro, 29 de abril de 1972. Reprodução/Bloch Editores. | **34.** Jean-Baptiste Debret. *Aclamação de Dom Pedro I no Campo de Santana*. 1834-1839. Reprodução/Acervo particular. | **35.** Jean-Baptiste Debret. *Coroação de Dom Pedro, Imperador do Brasil*. 1839. Reprodução/Fundação Biblioteca Nacional, Rio de Janeiro, RJ. | **36.** Félix-Émile Taunay. *Acclamação de S.M.O Snr. D. Pedro I imperador Cal. Do Brasil*. 1822. Reprodução/Fundação Biblioteca Nacional, Rio de Janeiro, RJ. | **37.** Domenico Failutti. *Dona Maria Quitéria de Jesus Medeiros*. 1820. Reprodução/Museu Paulista da USP, São Paulo, SP. | **38.** Igreja de São Bartolomeu de Pirajá, Salvador. Reprodução/UFBA Pirajá. | **39.** Frans Post. *Engenho*. Século XVII. Reprodução/Museu Boijmans Van Beuningen, Roterdã, Países Baixos. | **40.** Jules Marie Vincent de Sinety. *Bahia*. 1838. Reprodução/Pinacoteca do estado de São Paulo, São Paulo, SP. | **41.** Charles Landseer. *Escravo segurando tocha*. [c. 1825-1826].

E A HISTÓRIA CONTINUA...

01. Franz Xaver Nachtmann. *S. Maria de Belem do Gram Pará*. Reprodução/Fundação Biblioteca Nacional, Rio de Janeiro, RJ. | **02.** Giuseppe Leone Righini. *Vista panorâmica da baía de Belém*. 1870. Reprodução/Coleção Brasiliana Itaú, São Paulo, SP. | **03.** Felipe Augusto Fidanza. *Reduto (Belém-PA)*. 1875. Felipe Augusto Fidanza/Acervo do Instituto Moreira Salles. | **04.** Anônimo. *Antigo Igarapé das Almas, no Reduto Antigo (Belém), início do século XX*. Reprodução/Coleção particular. | **05.** Murillo La Greca. *A execução de Frei Caneca*. 1924. Reprodução/Museu Murillo La Greca, Recife, PE. | **06.** Confederação do Equador. Panfleto. 1824. Reprodução/Arquivo Nacional, Rio de Janeiro, RJ. | **07.** Antônio Parreiras. *O julgamento de Frei Caneca*. 1918. Reprodução/Museu Antônio Parreiras, Niterói, RJ. | **08.** Augusto Malta. Cadeia Velha, que deu lugar ao atual Palácio Tiradentes, sede da Assembleia Legislativa do Estado. 1919. Reprodução/Coleção Pedro Corrêa do Lago, Acervo do Instituto Moreira Salles. | **09.** Antonio Luiz Ferreira. Sessão do Senado em que se aprovou a Lei Áurea, a 13 de maio de 1888. Antônio Luiz Ferreira/Coleção Princesa Isabel, Rio de Janeiro, RJ. | **10.** Robert Walsh. *Câmara dos Deputados em 1830*. 1830. Reprodução/Fundação Biblioteca Nacional, Rio de Janeiro, RJ. | **11.** George Cooke. *Cidade de Washington vista do estaleiro da Marinha*. 1833. Reprodução/Biblioteca do Congresso, Washington, EUA. | **12.** Robert Cruikshank. President's Levee, or All Creation Going to the White House. 1829. Reprodução/Biblioteca do Congresso, Washington, EUA. | **13.** Anne-Marguerite Hyde de Neuville. *Washington City 1821 June Esquissé en 1820*. 1821. Reprodução/Biblioteca Pública de Nova York, EUA.

Referências Bibliográficas

ABREU, Martha. *O Império do divino*: festas religiosas e cultura popular no Rio de Janeiro (1830-1900). Rio de Janeiro: Nova Fronteira, 2000.

ALBUQUERQUE JR., Durval Muniz de. *A invenção do nordeste e outras artes*. São Paulo: Cortez, 1999.

ALENCASTRE, José Martins Pereira de. Anais da Província de Goiás (cont.). *RIHGB*, Rio de Janeiro, t. XXVIII, p. 5-168, 1865.

ALMANAQUE da cidade do Rio de Janeiro para 1811. *RIHGB*, Rio de Janeiro, v. 282, p. 97-236, jan./mar. 1969.

ALMANAQUE do Rio de Janeiro para o ano de 1817. *RIHGB*, Rio de Janeiro, v. 270, p. 211-370, jul./set., 1967.

AMARAL, Braz do. *História da Independência na Bahia*. Salvador: Prefeitura do Município do Salvador, 1957.

ANDRADE, Ayres de. *Francisco Manuel da Silva e seu Tempo – 1808-1865*: uma fase do passado musical do Rio de Janeiro à luz de novos documentos. Rio de Janeiro: Tempo Brasileiro, 1967.

ANDRADE, Carlos Drummond de. 2 ed. São Paulo: Record, 1990, *passim*.

ANDRADE, Mariza Guerra de. *A educação exilada*: Colégio do Caraça. Belo Horizonte: Autêntica, 2000.

ARQUIVO NACIONAL DO RIO DE JANEIRO (ARQUIVO NACIONAL DO RIO DE JANEIRO (ANRJ). Cod. 323. Registro da correspondência da Polícia. 1809. v. 1.

ANRJ. Mss. Códice 327. Registro de ofícios da Polícia ao comandante da real e depois Imperial Guarda da Polícia.

ANRJ. Cod. 329. 329. Registro dos ofícios e ordens [da Polícia] expedidos aos ministros criminais dos bairros e mais ministros da corte e câmeras. 1811-12. v.1.

ANTONIL, André João. *Cultura e opulência no Brasil por suas drogas e minas*. São Paulo: Edusp, 2007.

ARCEBISPO na Bahia entra em roda de capoeira e viraliza com ginga. *UOL*, 9 fev. 2021. Disponível em: https://noticias.uol.com.br/cotidiano/ultimas-noticias/2021/02/09/arcebispo-na-bahia-entra-em-roda-de-capoeira-e-viraliza-com-ginga-video.htm?cmpid=copiaecola. Acesso em: 28 out. 2021.

ARQUIVOS Nacionais da Torre do Tombo. Lisboa. Torre do Tombo. Casa real. Lv. 2986.

ASSIS, Machado de. *Obras completas*. Rio de Janeiro: Nova Aguilar, 1994. v. 1. Disponível em: http://machado.mec.gov.br/obra-completa-lista/item/download/13_7101e1a36cda79f6c97341757dc-c4d04. Acesso em: 28 out. 2021.

ASSIS, Machado de. Um dia de entrudo. *Jornal das Famílias*, Rio de Janeiro, jun./ago. 1874.

AUGUSTIN, Kristina Neves. *Os castrati e a prática vocal no espaço luso-brasileiro (1752-1822)*. Tese (Doutorado). Aveiro, 2013. Disponível em: https://ria.ua.pt/handle/10773/11961. Acesso em: 28 out. 2021.

BARROSO, Daniel Souza. *O cativeiro à sombra*: estrutura da posse de cativos e família escrava no Grão-Pará (1810-1888). São Paulo, 2017.

BIANCARDI, Theodoro José. *Reflexões sobre alguns sucessos do Brasil*. Rio de Janeiro: Tipografia Nacional, 1821.

BIBLIOTECA NACIONAL DIGITAL. *O Pasquim*. [s.d.]. Disponível em: https://bndigital.bn.gov.br/dossies/o-pasquim/memorias/jaguar/. Acesso em: 28 out. 2021

BIBLIOTECA NACIONAL. Série Periódicos Brasileiros C – *Gazeta do Rio de Janeiro*, 10 set. 1808. Disponível em: www.bn.gov.br/es/node/2176. Acesso em: 28 out. 2021.

BOCCANERA JUNIOR, Sílio. *O teatro na Bahia*:livro do centenário (1812-1912). Bahia: Diário da Bahia, 1915.

BONAVIDES, Paulo; AMARAL, Roberto. *Textos políticos da história do Brasil*. Brasília: Senado Federal, 2002.

BRACKENRIDGE, Henry Marie. *Voyage to Buenos Ayres performed in the years 1817 and 1818, by order of the American government, by...* Londres: Richard Phillips & C., 1820.

BRASIL — Estados Unidos, 1824-1829. Rio de Janeiro: Centro de História e Documentação Diplomática; Brasília: Fundação Alexandre de Gusmão, 2009. p. 19-20. Disponível em: http://funag.gov.br/biblioteca/download/592-Brasil_-_Estados_Unidos_1824-1829_v.1.pdf. Acesso em: 28 out. 2021.

BRASIL. *Coleção de leis do império do Brasil*. Rio de Janeiro: Imprensa Nacional, 1808-1889. Disponível em: www2.camara.leg.br/atividade-legislativa/legislacao/colecao-anual-de-leis. Acesso em: 28 out. 2021.

CALDCLEUGH, Alexander. *Travels in South America, during the years 1819-20-21*. Containing an account of the present state of Brazil, Buenos Ayres, and Chile... Londres: Jon Murray, 1825.

CARNEIRO, Davi. *História da Província Cisplatina*. Brasília: Editora UnB, 1983.

CARTAS baianas, 1821-1824: subsídios para o estudo dos problemas da opção na independência brasileira. Organização de António d'Oliveira Pinto da França. São Paulo: Editora Nacional; [Rio de Janeiro]: Núcleo Editorial da Universidade do Estado do Rio de Janeiro, 1980. Disponível em: https://bdor.sibi.ufrj.br/handle/doc/421. Acesso em: 28 out. 2021.

Referências Bibliográficas

CARVALHO, José Murilo; BASTOS, Lúcia; BASILE, Marcelo (org.). *Às armas, cidadãos!* Panfletos manuscritos da independência do Brasil (1820-1823). São Paulo: Companhia das Letras; Belo Horizonte: Editora UFMG, 2012.

CARVALHO, Manuel Emílio Gomes de. *Os deputados brasileiros nas Cortes Gerais de 1821*. Brasília: Senado Federal/ Conselho Editorial, 2003.

CARVALHO, Marcus Joaquim Maciel de; ALBUQUERQUE, Aline Emanuelle de Biase. Os desembarques de cativos africanos e as rotinas médicas no Porto do Recife antes de 1831. *Almanack*, n. 12, p. 44-64, 2016.

CASTRO, Ramiro Berbert de. *Histórico e descrição dos edifícios da Cadeia Velha, Palácio Monroe e Biblioteca Nacional*. Separata do "Livro do Centenário da Câmara dos Deputados". Rio de Janeiro: Brazil Editora, 1926.

COELHO, Romualdo de Sousa. *Oração fúnebre da Fidelíssima rainha do Reino Unido de Portugal, do Brasil, e dos Algarves. A senhora d. Maria I. Nas solenes exéquias, que celebrou o Excelentíssimo e Reverendíssimo bispo do Grão-Pará. d. Manuel de Almeida Carvalho. Recitada pelo seu provisor e vigário-geral, Romualdo de Sousa Coelho, cavaleiro professo na Ordem de Cristo, arcipreste da mesma Catedral*. Rio de Janeiro: Imprensa Régia, 1817.Coleção das decisões do governo do Império do Brasil de 1822. Rio de Janeiro: Imprensa Nacional, 1877.

COLEÇÃO DE LEIS DO IMPÉRIO DO BRASIL - 1808. p. 37. (Publicação original). v. 1. Disponível em: https://www2.camara.leg.br/legin/fed/carreg_sn/anterioresa1824/cartaregia-40169-13-maio--1808-572129-publicacaooriginal-95256-pe.html. Acesso em: 28 out. 2021.

COLEÇÃO DE LEIS DO IMPÉRIO DO BRASIL – 1/8/1822. p. 125. v. 1. Disponível em: www2.camara.leg.br/legin/fed/procla_sn/anterioresa1824/proclamacao-41282-1-agosto-1822-575736-publicacaooriginal-99010-pe.html. Acesso em: 28 out. 2021.

CORNWELL, Bernard. *Waterloo*. Rio de Janeiro: Record, 2015.

COUTINHO, Gastão Fausto da Câmara, d. *O triunfo da América*. Drama. Para se recitar no Real Teatro do Rio de Janeiro. Composto e oferecido a S.A.R. o P.R.N.S., por... Rio de Janeiro: Impressão Régia, 1810.

CUNHA, Manuela Carneiro da. *História dos índios no Brasil*. 2. ed. São Paulo: Companhia das Letras, 1992.

DEBRET, Jean-Baptiste. *Viagem pitoresca e histórica ao Brasil*. Tradução de Sérgio Milliet. Belo Horizonte: Itatiaia, 1989. 3 v.

DENIS, Fernand. *Brasil*. Lisboa: L. C. da Cunha, 1844. 2 v.

DIÁRIO do padre Jacob Joye. 1819. Documento guardado no Arquivo do Estado de Fribourg-Suíça. Tradução do original feita por Vera de Siqueira Jaccoud. Centro de Documentação D. João VI. Pró-memória de Nova Friburgo. Disponível em: www.djoaovi.com.br/index.php?cmd=content%3Adiario_do_padre_jacob_joye/. Acesso em: 28 out. 2021.

DICIONÁRIO Aulete digital. Disponível em: www.aulete.com.br/. Acesso em: 28 out. 2021.

DICIONÁRIO biográfico do Núcleo Caravelas. CESEM; Universidade de Lisboa. s.d. Disponível em: https://dicionario-biografico.caravelas.fcsh.unl.pt/node/51. Acesso em: 28 out. 2021.

DORATIOTO, Francisco. *O Brasil no Rio da Prata (1822-1994)*. 2. ed. Brasília: FUNAG, 2014.

DUARTE, Constância Lima. *Nísia Floresta*. Recife: Fundação Joaquim Nabuco/ Editora Massangana, 2010.

EBEL, Ernst. *O Rio de Janeiro e seus arredores em 1824*. Tradução de Joaquim de Sousa Leão Filho. São Paulo: Cia Editora Nacional, 1972.

ESCHWEGE, Wilhelm Ludwig von. *Pluto brasiliensis*. Tradução de Domício de Figueiredo Murta. Brasília: Senado Federal/Conselho Editorial, 2011.

FAZENDA, José Vieira. Antiqualhas e memórias do Rio de Janeiro. *Revista do Instituto Histórico e Geográfico Brasileiro*, Rio de Janeiro, t. 86, v. 140, 1919; t. 88, v. 142, 1920; t. 89, v. 143, 1921; t. 93, v. 147, 1923; t. 95, v. 149, 1924.

FAZENDA, José Vieira. Uma casa histórica. *Kósmos*, a. 2, n. 4, abr. 1905. Disponível em: https://reficio.cc/wp-content/uploads/2018/03/vieira_fazenda_kosmos_casa_historica.pdf. Acesso em: 28 out. 2021.

FIGUEIREDO, Aldrin Moura de. Memórias cartaginesas: modernismo, Antiguidade clássica e a historiografia da Independência do Brasil na Amazônia, 1823-1923. *Estudos Históricos*, Rio de Janeiro, v. 22, n. 43, 2009.

FIGUEIREDO, Luciano (org.). *História do Brasil para ocupados*: os mais importantes historiadores apresentam de um jeito original os episódios decisivos e os personagens fascinantes que fizeram o nosso país. Rio de Janeiro: Casa da Palavra, 2013.

FITTKAU, Ernst Josef. Johann Baptist Ritter von Spix: primeiro zoólogo de Munique e pesquisador no Brasil. *História, Ciências, Saúde – Manguinhos*, Rio de Janeiro, v. 8, supl., p. 1109-1135, 2001.

Referências Bibliográficas

FLORENTINO, Manolo. Tráfico Atlântico, mercado colonial e famílias escravas no Rio de Janeiro, Brasil, c. 1790-c. 1830, *História: Questões & Debates*, Curitiba, n. 51, p. 77, 2009.

FREITAS, Caio de. *George Canning e o Brasil*. São Paulo: Companhia Editora Nacional, 1958.

FREYCINET, Louis de. *Voyage autour du monde*. Interpris par ordre du Roi (...) Executé sur les corvettes de S. M. L'Oranie et la Physicienne, pendant les années 1817, 1818, 1819 et 1820. Paris: Chez Pillet Aîné Imprimeur-Libraire, 1827. 8 v.

FREYRE, Gilberto. *Casa-grande & senzala*. 7. ed. Rio de Janeiro: José Olympio, 1952.

FREYRE, Gilberto. *O escravo nos anúncios de jornais brasileiros do século XIX*. 2. ed. aum. São Paulo: Ed. Nacional; Recife: Instituto Joaquim Nabuco de Pesquisas Sociais, 1979.

FRONTIN, Paulo de. Sessão Magna do Centenário no dia 4 de maio de 1900. *In*: ASSOCIAÇÃO DO QUARTO CENTENÁRIO DO DESCOBRIMENTO DO BRASIL. *Livro do Centenário (1500-1900)*. Rio de Janeiro: Imprensa Nacional, 1910.

GASPAR, Lúcia. *Entrudo*. Fundação Joaquim Nabuco. s.d. Disponível em: http://basilio.fundaj.gov.br/pesquisaescolar/index.php?option=com_content&view=article&id=262#:~:text=O%20Entrudo%2C%20do%20latim%20introitu,colonizadores%20portugueses%2C%20no%20s%C3%A9culo%20XVI. Acesso em: 28 out. 2021.

GASPAR, Lúcia. Sebastianismo no Nordeste brasileiro. *Pesquisa Escolar Online*, Fundação Joaquim Nabuco, Recife. s.d. Disponível em: http://basilio.fundaj.gov.br/pesquisaescolar/index.php?option=com_content&view=article&id=419&Itemid=1. Acesso em: 28 out. 2021.

GAZETA do Rio de Janeiro. s.d. Disponível em: http://objdigital.bn.br/acervo_digital/div_periodicos/gazeta_rj/gazeta.htm. Acesso em: 28 out. 2021.

GAZETA do Rio de Janeiro, 16 out. 1813. Disponível em: http://objdigital.bn.br/acervo_digital/div_periodicos/gazeta_rj/gazeta.htm. Acesso em: 28 out. 2021.

GAZETA Extraordinária do Rio de Janeiro. n. 2, 24 fev. 1809, p. 4.

GALVÃO, Joaquim de Santo Agostinho de Brito Franca. *Reflexões sobre o Correio Braziliense*. Lisboa: Impressão Régia, 1809.

GRAHAM, Maria. *Diário de uma viagem ao Brasil*. Tradução de Américo Jacobina Lacombe. Belo Horizonte: Itatiaia, 1990.

HENDERSON, James. *A history of Brazil, comprising its geography, commerce, colonization, aboriginal inhabitants, &c. Londres, Longman, Hurst, Rees, Orme and Brown*, 1821, p. 63.

HISTOIRE de Jean VI roi de Portugal depuis sa naissance jusqu'a sa mort, en 1826; avec des particularités sur sa vie privée et sur les principales circonstances de son régne. Paris: Pontihieu et Campagnie, 1827.

HOLANDA, Aurélio. *Novo dicionário Aurélio da língua portuguesa*. 2. ed. Rio de Janeiro: Nova Fronteira, 1986.

HOLANDA, Sérgio Buarque de. *Raízes do Brasil*. 17. ed. Rio de Janeiro: José Olympio, 1984.

IDADE D'OURO DO BRAZIL. Disponível em: https://bndigital.bn.gov.br/artigos/idade-douro-do-brazil/. Acesso em: 28 out. 2021.

JORNAL de Coimbra. n. 12, p. 25 e 205, 1818.

KARASCH, Mary. Rethink the conquest of Goiás 1775--1819. *The Americas*, n. 61, v. 3, p. 463-492, 2005.

KRAAY, Hendrik. A Bahia pela liberdade. *In*: FIGUEIREDO, Luciano (org.). *História do Brasil para ocupados*: os mais importantes historiadores apresentam de um jeito original os episódios decisivos e os personagens fascinantes que fizeram o nosso país. Rio de Janeiro: Casa da Palavra, 2013, p. 325-328.

KRAAY, Hendrik. A Independência delas. *Revista de História da Biblioteca Nacional*, n. 117, p. 12-15, 2015.

KURY, Lorelai (org.). *Usos e circulação de plantas no Brasil*: séculos XVI-XIX. Rio de Janeiro: Andrea Jakobsson, 2014.

LEITHOLD, Theodor von. Minha excursão ao Brasil ou viagem de Berlim ao Rio de Janeiro... *In*: LEITHOLD, Theodor von; RANGO, Ludwig von. *O Rio de Janeiro visto por dois prussianos em 1819*. Tradução de Joaquim de Sousa Leão Filho. São Paulo: Cia. Editora Nacional, 1966.

LENTZ, Thierry. *Napoleão*. Tradução de C. Egrejas. São Paulo: Unesp, 2008.

LIMA, Alice Santana de. *O Quinze de Rachel de Queiroz*: a gênese da seca. Disponível em: https://blog.bbm.usp.br/2019/a-genese-da-seca-de-rachel-de-queiroz-em-o-quinze/. Acesso em: 28 out. 2021.

LIMA, José Joaquim Lopes de. *Dicionário carcundático ou explicações das frases dos carcundas*. Rio de Janeiro: Imprensa Nacional, 1821.

LIMA, Manuel de Oliveira. *D. João VI no Brasil (1808-1821)*. 2. ed. Rio de Janeiro: José Olímpio, 1945. 3 v.

LISBOA, José da Silva. *História dos sucessos políticos do Império do Brasil*. Rio de Janeiro: Tipografia Imperial e Nacional, 1829, p. 83.

LISBOA, José da Silva. *Memória dos benefícios políticos do governo de el-rey nosso senhor d. João VI*. Rio de Janeiro: Impressão Régia, 1818. Disponível em: https://digital.bbm.usp.br/handle/bbm/4232. Acesso em: 28 out. 2021.

LISBOA, José da Silva. Observações sobre a franqueza da indústria e estabelecimento das fábricas no Brasil. *In*: ROCHA, Antonio Penalves. *Visconde de Cairu*. São Paulo: Editora 34, 2001. p. 211-322.

LISBOA, José Maria. *Almanaque literário de São Paulo para o ano de 1881*. São Paulo: Imesp/ Daesp/ IFGSP, 1982. (Ed. fac-similar.)

LOUSADA, Maria Alexandra. A contrarrevolução e os lugares da luta política. Lisboa em 1828. *In*: FERREIRA, Maria de Fátima de Sá e Melo (coord.). *Contrarrevolução, espírito público e opinião no sul da Europa (séculos XVIII e XIX)*. Lisboa: CEHCP; Iscte; IUL, 2009.

LUCCOCK, John. *Notas sobre o Rio de Janeiro e partes meridionais do Brasil*. Tradução de Milton da S. Rodrigues. São Paulo: Edusp; Belo Horizonte: Itatiaia, 1975.

MACEDO, Joaquim Manoel de. *Um passeio pela cidade do Rio de Janeiro*. Rio de Janeiro: Garnier, 1991.

MALERBA, Jurandir. *A corte no exílio*. Civilização e poder no Brasil às vésperas da Independência. São Paulo: Companhia das Letras, 2000.

MANFREDINI, Fábio Navarro. *A história ambiental de Sorocaba*. Sorocaba: Unesp, Campus Experimental de Sorocaba, 2015.

MARROCOS, Luís Joaquim dos Santos. *Cartas*. Separata do volume LVI dos "Anais da Biblioteca Nacional", Rio de Janeiro, 1939.

MATTOS, Cleofe Person de. *José Maurício Nunes Garcia*: biografia. Rio de Janeiro: Fundação Biblioteca Nacional; Dep. Nacional do Livro, 1996.

MAWE, John. *Viagens ao interior do Brasil*. São Paulo: Edusp; Belo Horizonte: Itatiaia, 1978.

MAZUI, Guilherme. Bolsonaro determinou que Defesa faça as 'comemorações devidas' do golpe de 64, diz porta-voz. *O Globo*, 25 set. 2019.

MEDAGLIA, Júlio. Os 200 anos da composição de "O amor brasileiro" por Sigismund Ritter von Neukomm. *Concerto*, p. 10, mar. 2019.

MELLO, Evaldo Cabral de. *A outra independência*. O federalismo pernambucano de 1817 a 1824. São Paulo: Editora 34, 2004.

MELLO, Marcia Eliane A. de S.; BARROSO, Daniel S. Não somente indígenas como também africanos: uma introdução à demografia do estado do Grão-Pará e Rio Negro (1778-1823).

Revista Maracanã, Rio de Janeiro, n. 15, p. 141-160, jul./dez. 2016.

MENUCCI, Sud. *O precursor do abolicionismo no Brasil*. São Paulo: Companhia Editora Nacional, 1938.

MINISTÉRIO DA EDUCAÇÃO E SAÚDE; BIBLIOTECA NACIONAL. *Documentos históricos*. V. CI (Revolução de 1817). Rio de Janeiro: Biblioteca Nacional/Divisão de Obras Raras, 1953.

MONTENEGRO, Manuel Januário Bezerra. *Lições acadêmicas sobre os artigos do Código Criminal*. Recife: Universal, 1860.

MORAES, Rubem Borba de. *Livros e bibliotecas no Brasil colonial*. Brasília: Briquet de Lemos, 2006.

MOREIRA, Vânia Maria Losada. 1808: a guerra contra os botocudos e a recomposição do império português nos trópicos. *In*: CARDOSO, José Luis; MONTEIRO, Nuno Gonçalo; SERRÃO, José Vicente (org.). *Portugal, Brasil e a Europa napoleônica*. Lisboa: Imprensa de Ciências Sociais, 2010. p. 391-413.

MOTA, Carlos Guilherme. *1822*: dimensões. São Paulo: Perspectiva, 1972.

MUNIZ TAVARES, Francisco. *História da Revolução de Pernambuco em 1817*. 3. ed. comemorativa do 1º Centenário. Revista e anotada por Oliveira Lima. Recife: Imprensa Nacional, 1917.

O PADRE Amaro. Ou Sovela política, histórica e literária. *Periódico Mensal*. Londres: R. Greenlaw, t. VI, 1823.

OBRAS políticas e literárias de frei Joaquim do Amor Divino Caneca. Recife: Typ. Mercantil, 1875. Disponível em: www2.senado.leg.br/bdsf/handle/id/221676. Acesso em: 28 out. 2021.

OLIVEIRA, Antonio Rodrigues Veloso. A igreja no Brasil. *Revista do IHGB*, t. 29, p. 159-200, 1866.

OTONI, Teófilo. Notícia sobre os selvagens do Mucury.

OLIVEIRA LIMA, Manuel de. *O império brasileiro, 1822-1889*. São Paulo: Melhoramentos, 1927.

OLIVEIRA LIMA, Manuel de. *O movimento da Independência 1821-1822*. São Paulo: Melhoramentos: 1922.

PAIXÃO E DORES, Manuel Moreira da, frei. *Diário da armada da Independência*. 2. ed. Brasília: MEC/INL, 1972.

PASSARINHO, Nathalia. Tragédia com barragem da Vale em Brumadinho pode ser a pior no mundo em 3 décadas. *BBC News*, 29 jan. 2019.

PAULA, Rodrigo Teodoro de. *Os sons da morte*: estudo sobre a sonoridade ritual e o cerimonial fúnebre por D. Maria I, no Brasil e em Portugal (1816-1822). Tese (Doutorado) – Universidade Nova, Lisboa, 2017. Disponível em: https://run.unl.pt/handle/10362/28839. Acesso em: 28 out. 2021.

PINHEIRO, Ana Virgínia. Da Real Biblioteca à Biblioteca Nacional. *In*: ROBERTO, Paulo (org.). *Brasiliana da Biblioteca Nacional*: guia das fontes sobre o Brasil. Rio de Janeiro: Fundação Biblioteca Nacional, 2001. p. 241-250.

POHL, Johann Emanuel. *Viagem ao interior do Brasil (1817-1821)*. Belo Horizonte: Itatiaia; Edusp, 1976.

PRESAS, José. *Memorias secretas de la princesa del Brasil, actual Reina Viuda de Portugal, la Señora Carlota Joaquina de Borbon*: escritas por su antiguo secretario... Bordéus: Lawalle Jóven, 1830.

PURIFICAÇÃO, João Baptista da. *Discurso pela fausta aclamação d'el-rei N. S., que no plausível dia de 13 de maio recitou em a matriz do Recife...* Lisboa: Impressão Régia, 1818.

QUEIRÓS, Eça de. Almanaques. *In*: ALMANAQUE Enciclopédico. Lisboa: Livraria Antonio Maria Pereira, 1895.

QUEIROZ, Rachel de. *O quinze*. Fortaleza: Urania, 1930. Disponível em: https://digital.bbm.usp.br/handle/bbm/2875. Acesso em: 28 out. 2021.

RAMOS, Graciliano. *Vidas secas*. São Paulo: Record, 1996.

REFERÊNCIAS bibliográficas do Nordeste seco. *Estudos Avançados*, São Paulo, v. 13, n. 36, maio/ago. 1999. Disponível em: https://doi.org/10.1590/S0103-40141999000200007. Acesso em: 28 out. 2021.

REIS, João José. Há duzentos anos: a revolta escrava de 1814 na Bahia. *Topoi*, Rio de Janeiro, v. 15, n. 28, p. 68--115, jan./jun. 2014.

RELAÇÃO das festas que se fizeram no Rio de Janeiro, quando o príncipe regente N. S. e toda sua família chegaram pela primeira vez àquela capital. Ajuntando-se algumas particularidades igualmente curiosas, e que dizem respeito ao mesmo objeto. Lisboa, Impressão Régia, 1810.

RESENDE, Maria Leônia Chaves de (org.). *Ameríndia*: entre saberes, culturas e história dos mundos nativos. Rio de Janeiro: Autografia, 2020.

REVISTA do Instituto Histórico e Geográfico Brasileiro, Rio de Janeiro, t. 21, 1853.

RIBEIRO, René. O episódio da Serra do Rodeador (1817--1820): um movimento milenar e sebastianista. *Revista De Antropologia*, v. 8, n. 2, p. 133-144.

RODRIGUES, Domingos. *Arte de cozinha, dividida em quatro partes*. Por Domingos Rodrigues, mestre de cozinha de Sua Majestade. Rio de Janeiro: J. J. Barroso, [1680], 1838.

ROMEIRO, João. De dom João VI à Independência. *Revista do Instituto Histórico e Geográfico Brasileiro*, Rio de Janeiro, 1914.

ROSA, Francisco Ferreira da. *Rio de Janeiro em 1922-1924*. Rio de Janeiro: Tipografia do Anuário do Brasil (*Almanak Laemmert*), 1924.

RUGENDAS, Johann Moritz. *Viagem pitoresca através do Brasil*. 2. ed. São Paulo: Livraria Martins, 1940.

RUY, Affonso. O teatro na Bahia. *In*: HISTÓRIA das artes na cidade de Salvador. Salvador: Prefeitura Municipal de Salvador, 1967. p. 109-171.

SAINT-HILAIRE, Auguste. *Viagem ao Espírito Santo e Rio Doce*. Tradução de Milton Amado. Belo Horizonte: Itatiaia; São Paulo: Edusp, 1974.

SAINT-HILAIRE, Auguste de. *Viagem ao Rio Grande do Sul*. Brasília: Senado Federal, Conselho Editorial, 2002.

SAINT-HILAIRE, Auguste de. *Viagem pelas províncias do Rio de Janeiro e Minas Gerais*. São Paulo: Companhia Editora Nacional, 1938.

SAINT-HILAIRE, Auguste de. *Viagens pelas províncias do Rio de Janeiro e Minas Gerais*. Belo Horizonte: Itatiaia, 1975.

SANTOS, Luís Gonçalves dos. *Memórias para servir à história do Brasil*. Belo Horizonte, Itatiaia; São Paulo, Edusp, 1981. 2 t.

SANTOS, Luiz Gonçalves dos. *Memórias para servir à história do reino do Brasil*. Brasília: Senado Federal, Conselho Editorial, 2013.

SCHLICHTHORST, Carl. *O Rio de Janeiro como é, 1824--1826 (Uma vez e nunca mais)*. Tradução de Emmy Dodt e Gustavo Barroso. Rio de Janeiro: Getúlio Costa, s.d.

SCHWARCZ, Lilia Moritz. *A longa viagem da biblioteca dos reis*. São Paulo: Companhia das Letras, 2002.

SCHWARCZ, Lilia Moritz. *O sol do Brasil*: Nicolas Antoine Taunay e as desventuras dos artistas franceses na corte de d. João. São Paulo: Companhia das Letras, 2008.

SCHWARTZ, Stuart B. Contos and quilombos. A Hausa rebellion in Bahia, 1814. *In*: LANDERS, J. G.; ROBINSON, B. M. *Slaves, subjects, and subversives*. Blacks in colonial America. Albuquerque: UNM Press, 2006. p. 147-272.

SILVA, Antonio de Morais e. *Dicionário da língua portuguesa, composto pelo padre d. Rafael Bluteau, reformado e acrescentado por...* Lisboa, Oficina de S. T. Ferreira, 1789. 2 v.

SILVA, Danuzio Gil Bernardino da. (org.). *Os diários de Langsdorff* [online]. Tradução de Márcia Lyra Nascimento Egg et al. Campinas: Associação Internacional de Estudos Langsdorff; Rio de Janeiro: Editora Fiocruz, 1997.

SILVA, Ignácio Accioli de Cerqueira e. *Memórias históricas e políticas da província da Bahia*. Salvador: Tipografia do Correio Mercantil de Précourt, 1826. 6 t.

SILVA, Joaquim Norberto de Sousa. *Brasileiras célebres*. Rio de Janeiro: Garnier, 1862.

Silva, Joaquim Norberto de Souza e. *Investigações sobre os recenseamentos da população total do império e de cada. provincia de per si tentados desde os tempos coloniaes até hoje*. Rio de Janeiro: Conselho Nacional de Estatística; Serviço Nacional de Recenseamento, 1951. (Documentos Censitários Série B – Número 1).

SILVA, Luiz Geraldo. Um projeto para a nação. Tensões e intenções políticas nas "provincias do Norte" (1817-1824), *Revista de História,* São Paulo, n. 158, p. 199-216, 2008.

SILVA, Danuzio Gil Bernardino da (org.). Os Diários de Langsdorff. Campinas: Associação Internacional de Estudos Langsdorff; Rio de Janeiro: Fiocruz, 1997.

SILVA, Maria Beatriz Nizza da. *A primeira gazeta da Bahia: Idade d'Ouro do Brasil*. São Paulo: Cultrix, 1978.

SILVA, Maria Beatriz Nizza da. *Cultura e sociedade no Rio de Janeiro (1808-1821)*. 2. ed. São Paulo: Companhia Editora Nacional, 1978.

SILVA PORTO, Manoel Joaquim da. *Elogio por ocasião do fausto, e glorioso sucesso das armas portuguesas contra os insurgentes de Pernambuco*, composto e oferecido ao muito alto, e muito poderoso senhor d. João VI... Rio de Janeiro: Impressão Régia, 1817.

SOUSA, Bernardo Avelino F. de. *Relação dos festejos, que a feliz aclamação do muito alto, muito poderoso, e fidelíssimo sr. d. João VI, Rei do Reino Unido de Portugal, Brasil e Algarves. Na noite do indelével, e faustíssimo dia 6 de fevereiro, e nas duas subsequentes com tanta cordialidade, como respeito notarão os habitantes do Rio de Janeiro; seguida das poesias dedicadas ao mesmo venerando objeto, coligidas por...* Rio de Janeiro: Typographia Real, 1818.

Sousa, Marina de Melo e. *Reis negros no Brasil escravista:* história da Festa de Coroação de Rei Congo. Belo Horizonte: Editora UFMG, 2002.

Souza, Ana Guiomar Rêgo. O espetáculo das pompas fúnebres: o réquiem de 1816 de José Maurício Nunes Garcia. *Per Musi – Scholarly Journal*, n. 39, 2019. Disponível em: https://periodicos.ufmg.br/index.php/permusi/article/view/5310. Acesso em: 28 out. 2021.

SOUZA, Márcio. *Lealdade*. 2. ed. São Paulo: Marco Zero, 1997.

SPIX, Johann Baptist von. *Simiaru, et vespertilionum rasiliensum species novae, ou rasiliensium species novae, ou Histoire naturelle des espèces nouvelles de singes et de chauves-souris observées et recueillies pendant le voyage dans l'intérieur du Brésil exécuté par ordre de S.M. le roi de Bavière dans les annéss 1817, 1818, 1810, 1820*, publiée par Jean de Spix. Munique: F.S. Hubschmann, 1823.

SPIX, Johann Baptist von; MARTIUS, CARL, Friedrich Philipp von. *Viagem pelo Brasil*: 1817-1820. 3. ed. São Paulo: Melhoramentos; MEC, 1981.

SPIX, Johann Baptist von; MARTIUS, CARL, Friedrich Philipp von. *Viagem pelo Brasil (1817-1820)*. Tradução de Lúcia Furquim Lahmeyer. Brasília: Senado Federal, Conselho Editorial, 2017.

TAUNAY, Alfredo d'Escragnolle. A missão artística de 1816. *RIHGB*, Rio de Janeiro, v. 74, 1a. parte, p. 5-202, 1911.

TAVARES, Luis Henrique Dias. *História da Bahia*. 10. ed. Salvador: Edufba; São Paulo: UNESP, 2001.

TEXTOS clássicos brasileiros. *Revista de Ciência Política*, Rio de Janeiro, v. 25, n. 3, p. 178-220, set./dez. 1982.

TINHORÃO, José Ramos. *Os negros em Portugal:* uma presença silenciosa. Lisboa: Caminho, 1988.

TOLLENARE, Louis-François de. *Notas dominicais 1816, 1817, 1818*. Tradução deAlfredo de Carvalho. Recife: Revista do IHAGP, 1906, p. 151. Disponível em: http://objdigital.bn.br/acervo_digital/div_obrasgerais/drg114650/drg114650.pdf. Acesso em: 28 out. 2021.

VARNHAGEN, Francisco Adolfo de. *História da Independência do Brasil*. 4. ed. São Paulo: Melhoramentos, s.d.

VILLA, Marco Antônio. *Vida e morte no sertão*: história das secas no Nordeste nos séculos XIX e XX. São Paulo: Ática, 2000.

VON IHERING, Hermann. A antropologia do estado de São Paulo. *Revista do Museu Paulista*, n. 7, 1907. p. 202-257.

WETHERELL, James. *Brazil*. Stray notes from Bahia. Liverpool: Webb and Hunt, 1860.

WIED NEUWIED, Maximiliano de. *Viagem ao Brasil*. Tradução de Edgar Süssekind de Mendonça e Flávio Poppe de Figueiredo. São Paulo: Companhia Editora Nacional, 1940. (Brasiliana, Série 5ª, Grande Formato, v. 1).

Este livro foi composto com a família tipográfica Freight. O miolo foi impresso em papel couché fosco 115g/m² e a capa em papel cartão 250 g/m², em 2022.